民法典
知识竞赛1000题

席志国 主 编

巴桑旺堆 郭宝辰 刘 浪 徐瑞杰
徐 菁 薛峻瑜 余 婷 张亦衡 参 编
郑钰莹

中共中央党校出版社

图书在版编目（CIP）数据

民法典知识竞赛1000题 / 席志国主编 . -- 北京：中共中央党校出版社, 2021.1
ISBN 978-7-5035-6994-4

Ⅰ. ①民… Ⅱ. ①席… Ⅲ. ①民法—法典—中国—竞赛题 Ⅳ. ① D923-44

中国版本图书馆 CIP 数据核字（2021）第 004062 号

民法典知识竞赛1000题

责任编辑	蔡锐华
版式设计	李晓壮
责任印制	陈梦楠
责任校对	魏学静
出版发行	中共中央党校出版社
地　　址	北京市海淀区长春桥路 6 号
电　　话	（010）68922815（总编室）　（010）68922233（发行部）
传　　真	（010）68922814
经　　销	全国新华书店
印　　刷	北京中科印刷有限公司
开　　本	710 毫米 ×1000 毫米　1/16
字　　数	415 千字
印　　张	22.5
版　　次	2021 年 1 月第 1 版　2021 年 1 月第 1 次印刷
定　　价	68.00 元

网　　址	www.dxcbs.net	邮　　箱	zydxcbs2018@163.com
微 信 ID	中共中央党校出版社	新浪微博	@党校出版社

版权所有·侵权必究
如有印装质量问题，请与本社发行部联系调换

序 言

编纂一部真正属于中国人民自己的民法典,是新中国几代民法学人的夙愿。党和国家曾于1954年、1962年、1979年和2001年先后4次启动民法典制定工作,但是四次都未能得偿所愿。第一次开始于1954年,到1956年12月完成草稿,计525条,包括总则、所有权、债、继承四编,主要参考1922年的苏俄民法典。第二次开始于1962年,到1964年完成草案试拟稿,计262条,包括总则、所有权和财产流转三编。这两次民法典的起草均由于政治原因而未能取得实际成果。改革开放以后,新中国历史上第三次民法典起草工作拉开帷幕。1979年8月,全国人大常委会成立民法起草小组,到1982年5月,完成了民法(草案)第四稿,包括8编,43章,计465条。然而,由于改革开放初期政治、经济、社会、文化等诸方面的制度尚未固定下来,作为上层建筑的法律制度亦无法得以确定,故最终并未能够提交全国人民代表大会予以表决。不过此次民法典编纂却形成了1985年的继承法、1986年的民法通则、1995年的担保法、1999年的合同法等单行法律制度。2001年,九届全国人大常委会组织起草了《中华人民共和国民法(草案)》,并于2002年进行了一次审议,经讨论,仍确定继续采取分别制定单行法的做法。后来又于2007年通过了物权法、2009年通过了侵权责任法等单行法。

党的十八大以来,以习近平同志为核心的党中央把全面依法治国摆在突出位置,推动党和国家事业发生历史性变革、取得历史性成就,中国特色社会主义已经迈入新时代。2015年3月20日,《中华人民共和国民法典》编纂工作正式启动。此次民法典的编纂分两步进行:第一步,起草民法总则;第二步,编纂民法典各分编。《中华人民共和国民法总则》已于2017年3月15日审议通过,同年10月1日开始施行,民法典的编纂迈出关键的第一步。2018年8月,十三届全国人大常委会第五次会议对民法典各分编草案进行了初次审议,民法典编纂迈出了第二步。2019年12月,民法典(草案),全文公布,依次为总则编、物权编、合同编、人格权编、婚姻家庭编、继承编、侵权责任编7编以及附则,共84章,1260个条文。2020年5

民法典知识竞赛1000题

月28日，十三届全国人大三次会议表决通过了《中华人民共和国民法典》，自2021年1月1日起施行。并规定：婚姻法、继承法、民法通则、收养法、担保法、合同法、物权法、侵权责任法、民法总则同时废止。

民法典被喻为"社会生活的百科全书"，是"人民权利的宣言书与守护神"，也是社会主义市场经济的"基本法"。它诞生之前，经历了4次孕育过程中的大起大落，历时66年，一部适应新时代中国特色社会主义发展要求、真正属于中国人民的民法典才得以问世。而在这风雨一甲子中，老中青三代民法学人付出了无数的艰辛。饮水思源，在学习民法典的同时，让我们在此对所有为中国法治建设以及民法典之诞生作出贡献的法律人致以崇高的敬意，同时吾辈学人亦须为社会主义法治建设而鞠躬尽瘁。

法律是善良与公正的艺术，让我们怀着一颗善良与公正的心一同走进民法典，聆听民法典在新时代跳动的脉搏，喊出民法典在新时代的最强音，学习并应用好这部"权利保障宣言书"，时刻准备好"为权利而斗争"。本书遵照民法典的篇章结构，通过1000个知识问答题，以苏格拉底式对话模拟生活场景，讲述了民法典中1000个与您休戚相关的民法知识。仓促成书，失误之处在所难免，欢迎广大读者批评指正。

是为序！

席志国
2020年11月20日
于中国政法大学研究生院

目　录

第一编　总　则 ··· 001

 第一章　基本规定 ··· 002

 第二章　自　然　人 ·· 004

 第三章　法　人 ··· 015

 第四章　非法人组织 ·· 023

 第五章　民事权利 ··· 025

 第六章　民事法律行为 ·· 026

 第七章　代　理 ··· 034

 第八章　民事责任 ··· 037

 第九章　诉讼时效 ··· 040

 第十章　期间计算 ··· 044

第二编　物　权 ··· 047

 第一分编　通　则 ··· 048

  第一章　一般规定 ··· 048

  第二章　物权的设立、变更、转让和消灭 ····················· 049

  第三章　物权的保护 ·· 054

1

第二分编　所有权·····057
第四章　一般规定·····057
第五章　国家所有权和集体所有权、私人所有权·····059
第六章　业主的建筑物区分所有权·····061
第七章　相邻关系·····066
第八章　共　有·····071
第九章　所有权取得的特别规定·····075

第三分编　用益物权·····084
第十章　一般规定·····084
第十一章　土地承包经营权·····085
第十二章　建设用地使用权·····090
第十三章　宅基地使用权·····093
第十四章　居住权·····097
第十五章　地役权·····101

第四分编　担保物权·····106
第十六章　一般规定·····106
第十七章　抵押权·····110
第十八章　质权·····118
第十九章　留置权·····124

第五分编　占　有·····129
第二十章　占　有·····129

第三编 合同 ··· 135

第一分编 通则 ··· 136
- 第一章 一般规定 ··· 136
- 第二章 合同的订立 ··· 140
- 第三章 合同的效力 ··· 148
- 第四章 合同的履行 ··· 150
- 第五章 合同的保全 ··· 154
- 第六章 合同的变更和转让 ··· 156
- 第七章 合同的权利义务终止 ··· 158
- 第八章 违约责任 ··· 161

第二分编 典型合同 ··· 166
- 第九章 买卖合同 ··· 166
- 第十章 供用电、水、气、热力合同 ··· 175
- 第十一章 赠与合同 ··· 176
- 第十二章 借款合同 ··· 178
- 第十三章 保证合同 ··· 180
- 第十四章 租赁合同 ··· 185
- 第十五章 融资租赁合同 ··· 192
- 第十六章 保理合同 ··· 195
- 第十七章 承揽合同 ··· 198
- 第十八章 建设工程合同 ··· 202

第十九章　运输合同 …………………………………… 205

第二十章　技术合同 …………………………………… 209

第二十一章　保管合同 ………………………………… 213

第二十二章　仓储合同 ………………………………… 216

第二十三章　委托合同 ………………………………… 220

第二十四章　物业服务合同 …………………………… 225

第二十五章　行纪合同 ………………………………… 228

第二十六章　中介合同 ………………………………… 232

第二十七章　合伙合同 ………………………………… 234

第二十八章　无因管理 ………………………………… 237

第二十九章　不当得利 ………………………………… 241

第四编　人格权 …………………………………………… 245

第一章　一般规定 ……………………………………… 246

第二章　生命权、身体权和健康权 …………………… 251

第三章　姓名权和名称权 ……………………………… 255

第四章　肖像权 ………………………………………… 257

第五章　名誉权和荣誉权 ……………………………… 260

第六章　隐私权和个人信息保护 ……………………… 263

第五编　婚姻家庭 ········· 267

第一章　一般规定 ········· 268
第二章　结　婚 ········· 270
第三章　家庭关系 ········· 273
第四章　离　婚 ········· 279
第五章　收　养 ········· 284

第六编　继　承 ········· 293

第一章　一般规定 ········· 294
第二章　法定继承 ········· 296
第三章　遗嘱继承和遗赠 ········· 299
第四章　遗产的处理 ········· 302

第七编　侵权责任 ········· 309

第一章　一般规定 ········· 310
第二章　损害赔偿 ········· 316
第三章　责任主体的特殊规定 ········· 319
第四章　产品责任 ········· 325
第五章　机动车交通事故责任 ········· 327
第六章　医疗损害责任 ········· 330

第七章　环境污染和生态破坏责任 …………………… 334
第八章　高度危险责任 …………………………………… 338
第九章　饲养动物损害责任 ……………………………… 342
第十章　建筑物和物件损害责任 ………………………… 346

第一编 总 则

第一章　基本规定

1.《中华人民共和国民法典》是新中国第一部被冠以"法典"的法律文件，该法典是何时决定编纂的？何时表决通过的？将于何时生效？

答：2014年10月23日党的十八届四中全会通过《中共中央关于全面推进依法治国若干重大问题的决定》，明确提出"编纂民法典"。此后十二届全国人大常委会将"编纂民法典"列入了立法规划，并确定了"两步走"的编纂思路，正式开始了民法典的编纂工作。2020年5月28日，由十三届全国人民代表大会第三次会议通过《中华人民共和国民法典》。2020年5月28日，国家主席习近平签发第四十五号国家主席令，公布了《中华人民共和国民法典》，同时决定于2021年1月1日起施行。

2.《中华人民共和国民法典》生效的同时，哪些法律将失去效力？

答：根据民法典第一千二百六十条的规定，自2021年1月1日起民法典施行时，《中华人民共和国婚姻法》《中华人民共和国继承法》《中华人民共和国民法通则》《中华人民共和国收养法》《中华人民共和国担保法》《中华人民共和国合同法》《中华人民共和国物权法》《中华人民共和国侵权责任法》《中华人民共和国民法总则》同时废止。

3.民法典与单行法相比较具有哪些特征？

答：首先，表现在其内容的全面性上，其内容涵盖民法的整个范围，这就如同词典一样，民法典是民法法律全书。这一点完全可以由民法典的条文数看出，《中华人民共和国民法典》共有1260条，这是目前为止我国任何一部法律书籍都无法比拟的。也正是在这一意义上，民法典被称为"社会生活的百科全书"。

其次，民法典是以其体系性著称的，民法典并不是所有民事法律规范的汇编，或者说仅仅是法律条文的简单罗列，而是按照一定的逻辑结构进行的体系性安排，这也正如词典一样是按照一定的顺序进行排列的，也只有这样才能够便于查阅和适用。更为重要的是，只有这样才能保障法律本身的无矛盾性以及尽量减少法律的漏洞，并且在存在漏洞时亦得以借助体系的力量加以解决。

我国民法典所采纳的基本逻辑结构就是从一般到特殊，或者说是从抽象到具体的逻辑结构。这样的结构也被称为"提取公因式的方法"（学术上称之为"潘德克吞的立法模式"），即由总则和分则构成，总则是适用于全部法典的共同性的规定，而分则规定的是某一个类型的民事法律关系，分则中仍然再分为通则与具体章节。整个民法典被分为总则编与六个分则编，共计七编，具体为总则编、物权编、合同编、人格权编、婚姻家庭编、继承编、侵权责任编。

最后，民法典所规定之内容的基础性。在民法典通过以后，并非不会再有其他民事法律文件，而是仍然会有大量的单行法，如消费者权益保护法、产品质量法、食品安全法、劳动合同法，等等。民法典与这些民事单行法相比较，在于民法典所规范的是整个民事领域中对于全体社会成员一体适用的一般性、基础性的法律规范，单行法则系针对某一特殊领域或者某些特殊主体之间的法律关系，从而不能纳入民法典中。

4. 习近平总书记关于《中华人民共和国民法典》有哪些重要论述？

答： 2020年6月16日，《求是》杂志上发表习近平总书记题为《充分认识颁布实施〈民法典〉重大意义，依法更好保障人民合法权益》的重要文章，对民法典的历史发展、重要意义进行阐释并对民法典的保障实施作出了重要指示。

（一）文章首先指出了民法典在我国社会主义法治建设中的重大意义。文章指出：民法典在中国特色社会主义法律体系中具有重要地位，是一部固根本、稳预期、利长远的基础性法律，对推进全面依法治国、加快建设社会主义法治国家，对发展社会主义市场经济、巩固社会主义基本经济制度，对坚持以人民为中心的发展思想、依法维护人民权益、推动我国人权事业发展，对推进国家治理体系和治理能力现代化，都具有重大意义。

（二）文章回顾了中国共产党带领中国人民进行社会主义法治建设的奋斗历程以及民法典编纂的历史，指出：民法典系统整合了新中国成立70多年来长期实践形成的民事法律规范，汲取了中华民族5000多年优秀法律文化，借鉴了人类法治文明建设有益成果，是一部体现我国社会主义性质、符合人民利益和愿望、顺应时代发展要求的民法典。

（三）文章就保障民法典的实施作出了重要指示：

首先，要进一步完善民事立法。民法典颁布实施，并不意味着一劳永逸解决了民事法治建设的所有问题，仍然有许多问题需要在实践中检验、探索，还需要不断配套、补充、细化。

其次，要加强民法典执法司法活动。各级政府要以保证民法典有效实施为重要抓手推进法治政府建设,把民法典作为行政决策、行政管理、行政监督的重要标尺。各级司法机关要秉持公正司法,提高民事案件审判水平和效率。

再次,要加强民法典普法工作。加强民法典重大意义的宣传教育,全国人民都要树立起社会主义法治意识。

最后,要加强我国民事法律制度理论研究。为有效实施民法典,要加强我国民事法律制度的完善并提供理论支撑。

5.什么是民法的基本原则?《中华人民共和国民法典》规定了哪些基本原则?

答:所谓民法的基本原则,是指反映民法典的基本价值追求适用于整个民法领域中的根本性的准则。基本原则与法律规范不同,它是积极抽象的,不具有具体的构成要件和具体的法律效果,因此不能直接用来裁判案件,但它却为法律的制定以及案件的处理指出了总的方向。《中华人民共和国民法典》规定了六个基本原则,分别是民事主体地位平等原则、自愿原则、公平原则、诚实信用原则、公序良俗原则、绿色环保原则。

第二章 自 然 人

6.王先生与李小姐是一对情侣,交往3个月后王先生出车祸去世,留下遗产500万元。李小姐在悲痛之余,发现自己怀上了王先生的孩子,遂与王先生的父母商量孩子的抚养问题,但王父王母不愿意出钱。李小姐苦于自己没有抚养能力,又不忍心将孩子打掉。对于李小姐目前的困境,从法律方面可以提出什么建议?为什么?

答:李小姐可以生下王先生的孩子,并以孩子的名义要求分割王先生的遗产,以此解决孩子的抚养问题。

民法典第十六条规定:涉及遗产继承、接受赠与等胎儿利益保护的,胎儿视为具有民事权利能力。但是,胎儿娩出时为死体的,其民事权利能力自始不存在。

因此针对王先生遗产的继承事宜,李小姐腹中的孩子被法律视为具有民事权利能力,可以作为第一顺序继承人继承王先生的遗产。

7. 什么是民事行为能力？它与民事权利能力有何关系？

答：民事行为能力是指能够独立实施有效的民事法律行为的资格，即指民事主体能够通过自己的意思表示行为，为自己取得民事权利、创设民事义务的资格。

民事行为能力的享有以享有民事权利能力为前提条件，没有权利能力就没有行为能力；反过来，有权利能力并不意味着有行为能力。根据民法典第一编第二章第一节中的相关规定，自然人的民事权利能力自出生时起到死亡时止，不满18周岁的未成年人为无民事行为能力人。

8. 什么是限制民事行为能力？根据民法典相关规定，哪些人为限制民事行为能力人？

答：限制行为能力是指能够独立实施部分民事法律行为的能力，其余的民事法律行为则需要征得其法定代理人的同意、追认或由其法定代理人代理实施。

限制行为能力人主要包括：

（一）8周岁以上无精神障碍的未成年人，若有精神障碍，会被认定为无民事行为能力，且要排除16周岁以上，18周岁以下，能够以自己的劳动收入为主要生活来源的未成年人。

（二）8周岁以上有一定精神障碍者。若8周岁以下，无论是否有精神障碍，均为无民事行为能力人。有一定精神障碍，是指其精神障碍还没有严重到使其毫无意识能力，完全无法作出正确判断的程度。

9. 下列人中谁是限制民事行为能力人？为什么？

20岁的自由职业者小红、19岁的无业青年小明、17岁的中学生小张、18岁的电竞选手小豪。

答：17岁的中学生小张。

民法典第十七条规定：十八周岁以上的自然人为成年人。不满十八周岁的自然人为未成年人。第十八条规定：成年人为完全民事行为能力人，可以独立实施民事法律行为。

十六周岁以上的未成年人，以自己的劳动收入为主要生活来源的，视为完全民事行为能力人。

因此，小红、小明、小豪年满18周岁，属于成年人，为完全民事行为能力人。

10. 10岁的小明与14岁的小红去商场采购学习物资，小明买了圆珠笔和英语书，小红买了电脑。请问：谁的购物行为发生了法律效力？为什么？

答：小明的行为。

民法典第十九条规定：八周岁以上的未成年人为限制民事行为能力人，实施民事法律行为由其法定代理人代理或者经其法定代理人同意、追认；但是，可以独立实施纯获利益的民事法律行为或者与其年龄、智力相适应的民事法律行为。

小明与小红的年龄介于10周岁以上，16周岁以下，均为限制民事行为能力人，购买圆珠笔和英语书属于与其年龄、智力相适应的民事法律行为，而购买电脑不是。

民法典第一百四十五条第一款规定：限制民事行为能力人实施的纯获利益的民事法律行为或者与其年龄、智力、精神健康状况相适应的民事法律行为有效；实施的其他民事法律行为经法定代理人同意或者追认后有效。

因此小明购买圆珠笔和英语书的民事法律行为有效，而小红购买电脑的行为则需要其法定代理人同意或追认，否则不发生法律效力。

11. 刘大爷早年经商有成，身家丰厚。在其爱人逝世后就将企业交给了自己的儿子刘甲，自己安享晚年生活。近几年，刘大爷开始痴迷于去地摊"淘宝"，但由于缺乏相关知识，加上年事已高且罹患老年痴呆症，经常上当受骗。刘甲出于孝顺之心，不愿断掉或减少给刘大爷的生活费，但看着家中堆积如山的"宝贝"，也大感头痛。请问，有什么方法可以帮刘甲减少损失？

答：刘甲可以申请法院认定刘大爷为限制民事行为能力人。

民法典第二十四条第一款规定：不能辨认或者不能完全辨认自己行为的成年人，其利害关系人或者有关组织，可以向人民法院申请认定该成年人为无民事行为能力人或者限制民事行为能力人。

第二十八条规定：无民事行为能力或者限制民事行为能力的成年人，由下列有监护能力的人按顺序担任监护人：

（一）配偶；

（二）父母、子女；

（三）其他近亲属；

（四）其他愿意担任监护人的个人或者组织，但是须经被监护人住所地的居民委员会、村民委员会或者民政部门同意。

据此，刘甲可以向法院申请认定刘大爷为限制民事行为能力人。法院认定后，刘甲作为刘大爷的子女，可以担任刘大爷的监护人。今后刘大爷再去"淘宝"，刘甲可以向商贩主张自己未同意或未追认刘大爷的行为，刘大爷的"淘宝"行为没有法律效力，以此退回"宝贝"并要求商贩还钱。

12. 李老师是一所小学的语文老师。最近她发现，班上的小红上课经常迟到。李老师仔细询问小红后才得知，小红的母亲与父亲吵架后离家出走，不知所踪，她的父亲因为母亲的事常常向她撒气。看着小红身上的伤痕，李老师深感痛心。请问，从法律的角度，李老师应如何帮助小红？

答：李老师应将小红的事情反馈给学校，由学校向法院申请，撤销小红父母的监护资格，并要求法院另行为小红指定监护人。

民法典第三十六条规定：监护人有下列情形之一的，人民法院根据有关个人或者组织的申请，撤销其监护人资格，安排必要的临时监护措施，并按照最有利于被监护人的原则依法指定监护人：

（一）实施严重损害被监护人身心健康的行为；

（二）怠于履行监护职责，或者无法履行监护职责且拒绝将监护职责部分或者全部委托他人，导致被监护人处于危困状态；

（三）实施严重侵害被监护人合法权益的其他行为。

本条规定的有关个人、组织包括：其他依法具有监护资格的人，居民委员会、村民委员会、学校、医疗机构、妇女联合会、残疾人联合会、未成年人保护组织、依法设立的老年人组织、民政部门等。

小红的母亲现已不知所踪，属于上述情形二：怠于履行或无法履行监护职责。而父亲常常殴打小红，属于情形一：实施严重损害被监护人身心健康的行为。因此，小红所在的学校有权向法院申请撤销小红父母的监护人资格。待撤销后，法院还会按照最能保护小红的原则为其指定监护人。

13. 接上题。小红的父母被撤销监护人资格后，由于小红并无其他近亲属，法院指令小红所在社区的居委会作为小红的监护人。但居委会经费有限，居委会主任王大妈只能将小红接到自己家居住，并自掏腰包负责其一日三餐，这引起了王大妈儿女的不满，双方为此爆发了家庭矛盾。请问，王大妈该如何解决小红的生活费？

答：王大妈可要求小红的父亲支付抚养费。

民法典第三十七条规定：依法负担被监护人抚养费、赡养费、扶养费的父母、子女、配偶等,被人民法院撤销监护人资格后,应当继续履行负担的义务。

因此虽然小红的父亲被撤销了监护人资格,但其仍有向小红支付抚养费的义务。王大妈作为代表社区照顾小红的人,有权向其父主张抚养费。

14. 仍接上题。两年后小红的母亲从外地回来,得知小红父亲虐待小红后,与其大吵一架并离婚。现小红母亲找到社区,希望接小红去外地生活。小红很想念母亲,但社区王大妈在这两年里已对小红产生舐犊之情,不同意小红母亲接走人。请问,小红母亲该如何接走小红?依据是什么?

答:小红母亲可向法院申请恢复其监护资格,之后再接走小红。

民法典第三十八条规定:被监护人的父母或者子女被人民法院撤销监护人资格后,除对被监护人实施故意犯罪的外,确有悔改表现的,经其申请,人民法院可以在尊重被监护人真实意愿的前提下,视情况恢复其监护人资格,人民法院指定的监护人与被监护人的监护关系同时终止。

因此,若法院判决恢复小红母亲的监护人资格,之前法院指定的社区居委会与小红之间的监护关系即告终止。小红母亲作为小红的监护人,可以接走小红。

15. 张先生是一名外贸商人,三年前去某国谈生意后下落不明。这三年以来,张先生的生意伙伴屡次打听张先生的下落,并要求张先生的父母偿还张先生欠的货款。但由于不知道张先生的银行卡密码,钱取不出来。看着欠款利息越滚越高,张先生的父母也开始担心今后一家人的生计。请问,张先生的父母该怎么解决眼前的危机?

答:张先生的父母应该向法院申请宣告张先生为失踪人,并要求法院指定自己为张先生的财产代管人。之后以财产代管人的名义向银行申请获得张先生的存款密码,再为张先生还清欠款。

民法典第四十条规定:自然人下落不明满二年的,利害关系人可以向人民法院申请宣告该自然人为失踪人。

民法典第四十二条第一款规定:失踪人的财产由其配偶、成年子女、父母或者其他愿意担任财产代管人的人代管。

张先生下落不明已满两年,张先生的父母作为利害关系人,可以向法院申请宣告张先生为失踪人。之后法院指定张先生的父母为财产代管人,财产代管人有权利管理失踪人的财产,也自然能够向银行要回张先生的密码。这样方能还清欠款,减少利息损失,维护张先生及其家人的利益。

16.接上题。一年后,张先生的父亲做生意失败,欠下他人巨额债务。请问,张先生的父亲可以拿张先生的财产还债吗?若不能,张先生的父亲应该如何做?

答:张先生的父亲不能拿张先生的财产还债,但其可以宣告张先生死亡,继承其遗产用来还债。

民法典第四十三条规定:财产代管人应当妥善管理失踪人的财产,维护其财产权益。

失踪人所欠税款、债务和应付的其他费用,由财产代管人从失踪人的财产中支付。

财产代管人因故意或者重大过失造成失踪人财产损失的,应当承担赔偿责任。

因此,财产代管人只能用失踪人的财产支付失踪人所欠的债务,而不能用其偿还财产代管人自己的债务。

民法典第四十六条第一款规定:自然人有下列情形之一的,利害关系人可以向人民法院申请宣告该自然人死亡:

(一)下落不明满四年。

…………

现在张先生已经下落不明满四年,符合宣告死亡的条件,且宣告死亡后,张先生的父亲可以作为继承人继承张先生的财产。因此对于继承来的财产,张先生的父亲可以用其还债。

17.仍接上题。原来张先生出国后并非失踪,而是与父母有了矛盾,因此不愿再与家里联系,自己一直在某国做生意。来到某国5年后张先生与某国女子朴小姐结婚,3年后张先生去世,去世前张先生告知朴小姐,自己在中国还有一笔财产,扣掉欠朋友的货款后还剩500万元左右。朴小姐遂来到中国,向张先生的父母要求分割张先生的遗产,但张先生的父亲认为,儿子已于4年前被宣告死亡,死亡的人没有民事权利能力,其与朴小姐的婚姻是宣告死亡后缔结的,因此是无效的,朴小姐不能继承张先生的遗产。请问,朴小姐能够继承张先生的遗产吗?为什么?

答:能。

民法典第四十九条规定:自然人被宣告死亡但是并未死亡的,不影响该自然人在被宣告死亡期间实施的民事法律行为的效力。

因此,虽然张先生已于4年前被宣告死亡,但之后其与朴小姐的婚姻行为仍有效。朴小姐作为张先生的配偶，有权继承张先生的遗产。

18. 以下谁是完全民事行为能力人？

8周岁的童星小红

12周岁的神童小丁

23周岁的研究生小明

32周岁的精神病人小刘

答：23周岁的研究生小明。小红与小丁为未成年人，小刘是精神病人，因此只有小明为完全民事行为能力人。

19. 下列人士中，谁的住所在北京？

户籍登记在北京的王先生，近三年在上海居住生活

户籍登记在湖南的小刘，近七年在北京上学

户籍登记在山西的小周，近两年在北京治病

户籍登记在陕西的小李，近三年在北京工作

答：小李。

民法典第二十五条规定：自然人以户籍登记或者其他有效身份登记记载的居所为住所；经常居所与住所不一致的，经常居所视为住所。

20. 小王出车祸后成为植物人，其法定监护人是谁？

小王的配偶小汪

小王的儿子小小王

小王的父亲大王

小王的大哥王大

答：小王的配偶小汪。

民法典第二十八条规定：无民事行为能力或者限制民事行为能力的成年人，由下列有监护能力的人按顺序担任监护人：

（一）配偶；

（二）父母、子女；

（三）其他近亲属；

（四）其他愿意担任监护人的个人或者组织，但是须经被监护人住所地的居民委员会、村民委员会或者民政部门同意。

21. 郑先生收养了孤儿小丁。由于自己从事建筑工作，风险较大，郑先生十分忧虑自己一旦发生意外，小丁的生活该怎么办。问：郑先生该采取何种措施？为什么？

答：通过遗嘱为小丁指定监护人。

民法典第二十九条规定：被监护人的父母担任监护人的，可以通过遗嘱指定监护人。

22. 王先生一家坐游览车时发生事故，留下两名子女，分别是两岁的儿子小王与20岁的女儿小丁。小王一家就小王的监护问题进行协商。小王的奶奶表示，自己年纪较大，行动不便，无法照顾小王。小王的外公认为，自己已经再婚多年，不想管这边的事情。小丁表示，自己愿意抚养小王。请问，小王一家该如何处理小王的监护问题？

答：由小王的奶奶、外公与小丁签订协议，确定小丁为监护人。

民法典第三十条规定：依法具有监护资格的人之间可以协议确定监护人。协议确定监护人应当尊重被监护人的真实意愿。

23. 接上题。若小王的奶奶与外公均想做监护人，双方互不退让，应该如何解决？

答：由小王所在的民政部门或居民委员会、村民委员会指定监护人。

民法典第三十一条规定：对监护人的确定有争议的，由被监护人住所地的居民委员会、村民委员会或者民政部门指定监护人，有关当事人对指定不服的，可以向人民法院申请指定监护人；有关当事人也可以直接向人民法院申请指定监护人。

24. 独居30余年的王先生近日睡眠很不好，去医院检查后才发现自己罹患早期阿尔茨海默病。为避免今后无人照料，王先生可采取何种措施？

答：王先生可与社区居委会协商，预先指定居委会为其监护人。

民法典第三十三条规定：具有完全民事行为能力的成年人，可以与其近亲属、其他愿意担任监护人的个人或者组织事先协商，以书面形式确定自己的监护人，在自己丧失或者部分丧失民事行为能力时，由该监护人履行监护职责。

25. 对同一自然人，有的利害关系人申请宣告死亡，有的利害关系人申请宣告失踪，且相关条件均符合的，人民法院应当如何处理？

答：宣告死亡。

民法典第四十七条规定：对同一自然人，有的利害关系人申请宣告死亡，有的利害关系人申请宣告失踪，符合本法规定的宣告死亡条件的，人民法院应当宣告死亡。

26. 小明被宣告死亡，之后其妻子改嫁，子女被收养，留下的房子被继承。3年后小明出现并向法院撤销了死亡宣告。请问，下列哪些判断是正确的？

婚姻关系当然恢复

婚姻关系不得恢复

收养关系当然无效

其对房屋的所有权当然恢复

答：婚姻关系不得恢复，其对房屋的所有权当然恢复。

民法典第五十一条规定：被宣告死亡的人的婚姻关系，自死亡宣告之日起消除。死亡宣告被撤销的，婚姻关系自撤销死亡宣告之日起自行恢复。但是，其配偶再婚或者向婚姻登记机关书面声明不愿意恢复的除外。

民法典第五十二条规定：被宣告死亡的人在被宣告死亡期间，其子女被他人依法收养的，在死亡宣告被撤销后，不得以未经本人同意为由主张收养行为无效。

27. 两个月前，小明因飞机失事下落不明，请问，小明的家人是否可向法院申请宣告小明死亡？

答：可以。

民法典第四十六条第二款规定：因意外事件下落不明，经有关机关证明该自然人不可能生存的，申请宣告死亡不受二年时间的限制。

28. 下列哪些人的利害关系人可申请宣告该自然人死亡？

去美国经商下落不明满3年的小芳

去神农架探险下落不明满1年的小明

失足落水下落不明满3年的小李

跌落悬崖下落不明满1年的小张

答：失足落水下落不明满3年的小李，跌落悬崖下落不明满1年的小张。

民法典第四十六条规定：自然人有下列情形之一的，利害关系人可以向人民法院申请宣告该自然人死亡：

（一）下落不明满四年；

（二）因意外事件，下落不明满二年。

因意外事件下落不明，经有关机关证明该自然人不可能生存的，申请宣告死亡不受二年时间的限制。

据此，小芳下落不明不满4年，小明下落不明不满2年，应排除。

29.出现以下哪些情形，监护关系终止？

A.被监护人取得或者恢复完全民事行为能力

B.监护人丧失监护能力

C.被监护人死亡

D.监护人死亡

答：A、B、C、D。

民法典第三十九条规定：有下列情形之一的，监护关系终止：

（一）被监护人取得或者恢复完全民事行为能力；

（二）监护人丧失监护能力；

（三）被监护人或者监护人死亡；

（四）人民法院认定监护关系终止的其他情形。

监护关系终止后，被监护人仍然需要监护的，应当依法另行确定监护人。

30.以下关于民事行为能力的说法，哪个正确？

A.未成年人都是限制民事行为能力人

B.未成年人都不是完全民事行为能力人

C.成年人可能是限制民事行为能力人

D.成年人都是完全民事行为能力人

答：C。

成年人不能完全辨认自己行为的，可以被宣告为限制民事行为能力人，故C项正确。

31.什么是宣告死亡？宣告死亡与宣告失踪在制度价值上有什么区别？

答：宣告死亡是指自然人失踪达到法定期间，经利害关系人申请，由人民法院宣告其死亡并结束其以住所地为中心的一切法律关系的一种法律制度。

在制度价值上，宣告失踪制度首先是为了保护失踪人的利益，通过为失踪人设置财产代管人，避免失踪人财产因无人管理遭受损害。其次是保护因失踪人失踪而遭受不利影响的人。而宣告死亡制度，主要是为了保护与失踪人有法律上利害关系的人，尤其是失踪人的配偶的再婚权利、继承人的继承利益等。因为此时失踪的时间过长，失踪人生还的可能性已不大，其相对人的利益自然要优先于失踪人受保护。

32.自然人的住所有何法律意义？

答：自然人住所的法律意义主要体现在以下几个方面：

（一）确定诉讼管辖法院，民事诉讼一般由被告人住所地的法院管辖；

（二）确定债务履行地，若当事人对履行地点没有特别约定，则应当根据当事人的住所地确定债务履行地；

（三）确定婚姻登记地，结婚登记应在男女一方的住所地进行。

33.小红8岁时其父去世，其母改嫁。尚在世的亲人还有奶奶和已成年的哥哥。请问，谁是小红的监护人？

答：小红的母亲。

民法典第二十七条第一款规定：父母是未成年子女的监护人。

34.接上题。3年后小红母亲患上精神疾病，被依法宣告为限制民事行为能力人。请问，谁应担任小红的监护人？

答：小红的奶奶。

民法典第二十七条第二款规定：未成年人的父母已经死亡或者没有监护能力的，由下列有监护能力的人按顺序担任监护人：

（一）祖父母、外祖父母。

…………

35.仍接上题。小红的母亲为小红留下银行存款10万元，价值5万元的黄金首饰一套，在奶奶担任监护人期间，以下哪些行为为法律所禁止？

A.用母亲留下的存款为小红报兴趣班

B.将黄金首饰质押，换得借款5万元为小红治病

C.变卖黄金首饰，给小红的哥哥买房

D.为获得较高利息，将母亲留下的存款由活期改为定期

答：C。

民法典第三十五条第一款规定：监护人应当按照最有利于被监护人的原则履行监护职责。监护人除为维护被监护人利益外，不得处分被监护人的财产。

给小红哥哥买房，与小红的利益无关，因此为法律所禁止，该处分行为无效。

36.个体工商户小张一家经营张氏杂货店。该店常年从"利民批发部"进货。2020年3月，张氏杂货店关门，尚欠批发部5万元货款。请问，"利民批发部"该向谁主张债务？

一家之主老张。

老张的配偶红姐。

在外读大学的小张。

答：向他们全部人均可主张债务。

民法典第五十六条第一款规定：个体工商户的债务，个人经营的，以个人财产承担；家庭经营的，以家庭财产承担；无法区分的，以家庭财产承担。

老张一家经营"张氏杂货店"，应以家庭财产承担债务。

第三章 法 人

37.小王、小张想开一家公司做生意，但是他们都担心公司经营亏损后连累到自己。请问，作为他们的法律顾问，从民事主体的角度，你有何建议？

答：建议他们设立有限责任公司。

民法典第六十条规定：法人以其全部财产独立承担民事责任。

因此，若小王、小张想要让设立公司的经营风险不连累到自己，应该设立法人。

民法典第七十六条第一款规定：以取得利润并分配给股东等出资人为目的成立的法人，为营利法人。

民法典第八十七条第一款规定：为公益目的或者其他非营利目的成立，不向出资人、设立人或者会员分配所取得利润的法人，为非营利法人。

据此，法人分为营利法人与非营利法人，非营利法人不得向出资人分配利润。小王、小张开公司做生意，是为了获得收益，因此应该设立营利法人。而在营利法人中，股份有限公司的设立条件较严格，因此他们应该设立有限责任公司。

38. 接上题。小张、小王准备设立小小有限责任公司。在设立过程中，小张为公司租赁了办公场所。现在公司已经设立，出租人找到公司，要求其支付租金。小王觉得这些合同都是小张签的字，与小小有限责任公司无关，小张应该自己拿钱。请问，作为小张的法律顾问，你觉得小王的说法正确吗？为什么？

答：不正确。

民法典第七十五条第一款规定：设立人为设立法人从事的民事活动，其法律后果由法人承受；法人未成立的，其法律后果由设立人承受，设立人为二人以上的，享有连带债权，承担连带债务。

据此，小小有限责任公司已经成立，且已实际使用办公场地，小张签署的租赁合同的法律后果应由小小有限责任公司承担。

39. 仍接上题。小小有限责任公司的法定代表人与执行董事是小王，小张是该公司的经理。小张认为小王在公司的权限太大，小王则建议他，可以通过公司章程限制法定代表人的权限，对于金额200万元以上的合同，法定代表人须取得全体股东一致同意才能签署。章程修改后，小王以公司名义签订了一份300万元的购货合同，请问，合同相对人能要求公司履行吗？

答：能。

法人章程是划分法人内部机构职责、权利义务的规范，通过修改章程限制小王的权限，在法人内部是可行的。但章程的修改无法对抗善意相对人。换言之，若小王无视章程限制，未经小张同意，以小小有限责任公司名义签订了价值300万元的合同，合同相对人仍可要求小小有限责任公司履约。

40. 继续接上题。小张觉得法定代表人的权限太大了，因此不放心小王来做。小王遂提出，在公司章程里面改一下，让小张做法定代表人。请问，作为小张的法律顾问，你觉得小王的建议可行吗？为什么？

答：不可行。

民法典第六十五条规定：法人的实际情况与登记的事项不一致的，不得对抗善意相对人。

据此，只修改公司章程，该修改的内容也不得对抗善意相对人。因此，即便小王签合同时已经不是公司法定代表人，无权代表公司，但由于工商登记没有变更，在相对人看来，小王仍然是法定代表人。该合同还是有效的，善意的合同相对方仍能够要求公司履行合同。

41. 继续接上题。小小有限责任公司不断发展壮大，小张与小王决定拓展经营范围，因此决定吸收合并大大公司。大大公司历史悠久，规模较大，名下有多家分公司、子公司。请问，作为小张的法律顾问，你觉得收购大大公司有什么风险？

答：小小有限责任公司将对大大公司的债务承担责任。

民法典第六十七条第一款规定：法人合并的，其权利和义务由合并后的法人享有和承担。

大大公司历史悠久，且结构复杂，必然存在大量债权债务关系。而吸收合并后，大大公司的债权债务将全部由小小有限责任公司承担。

42. 继续接上题。小张未听取你的建议，执意收购大大公司，导致公司资不抵债，濒临破产。小张心灰意冷，小王建议直接注销公司，收回投资。请问，作为小张的法律顾问，你觉得小王的建议可行吗？为什么？

答：不可行。

民法典第七十条规定：法人解散的，除合并或者分立的情形外，清算义务人应当及时组成清算组进行清算。

法人的董事、理事等执行机构或者决策机构的成员为清算义务人。法律、行政法规另有规定的，依照其规定。

清算义务人未及时履行清算义务，造成损害的，应当承担民事责任；主管机关或者利害关系人可以申请人民法院指定有关人员组成清算组进行清算。

据此，小张、小王不应该直接注销公司，而应该先清算，用公司财产偿还债务后再注销。否则，小小有限责任公司债权人可以要求清算义务人，即小张、小王对其损害承担民事责任。

43. 小明、小红、小刚欲设立一家有限责任公司。请问，有限责任公司应当设置哪些机构？

答：需要设立权力机构、执行机构与监督机构。

民法典第八十条规定：营利法人应当设权力机构。

权力机构行使修改法人章程,选举或者更换执行机构、监督机构成员,以及法人章程规定的其他职权。

民法典第八十一条规定:营利法人应当设执行机构。

该法条第二款规定:执行机构行使召集权力机构会议,决定法人的经营计划和投资方案,决定法人内部管理机构的设置,以及法人章程规定的其他职权。

民法典第八十二条规定:营利法人设监事会或者监事等监督机构的,监督机构依法行使检查法人财务,监督执行机构成员、高级管理人员执行法人职务的行为,以及法人章程规定的其他职权。

44. 成立后的红明公司,小明、小红、小刚分别占20%、30%、50%股份。2019年2月,小红在未通知小明的情况下,与小刚召开了红明公司股东会,决定去年公司的利润不对股东分配。小明不认同该决议,但小红、小刚表示,小明的股份只占20%,无法否决拥有80%股份的股东所做出的决议。请问,小明可采取何种方式救济?

答:小明可提起撤销股东会决议之诉。

民法典第八十五条规定:营利法人的权力机构、执行机构作出决议的会议召集程序、表决方式违反法律、行政法规、法人章程,或者决议内容违反法人章程的,营利法人的出资人可以请求人民法院撤销该决议。但是,营利法人依据该决议与善意相对人形成的民事法律关系不受影响。

根据公司法的规定:召开股东大会应当通知全体股东,否则该股东会即属程序违法。即使从内容上说,公司利润分配所要求的表决权比例已经达到条件,小明依然可以提起撤销决议之诉,否决小红、小刚作出的决议。

45. 王先生欲拿出500万元设立一家慈善基金会。请问,该慈善基金会应当设置哪些机构?

答:决策机构、执行机构与监督机构。

民法典第九十三条规定:设立捐助法人应当依法制定法人章程。

捐助法人应当设理事会、民主管理组织等决策机构,并设执行机构。理事长等负责人按照法人章程的规定担任法定代表人。

捐助法人应当设监事会等监督机构。

46. 接上题。小红向王先生的慈善基金会捐了1000元,用于帮助农村女童上大学。近日新闻报道说王先生的慈善基金会存在问题,小红十分担心自己的捐款被挪用。请问,小红该怎么办?

答: 小红可向基金会了解其捐款的使用与管理情况。

民法典第九十四条第一款规定:捐助人有权向捐助法人查询捐助财产的使用、管理情况,并提出意见和建议,捐助法人应当及时、如实答复。

47. 宋庄居民委员会为举办宋庄美食节,向宋庄公司租借写字楼一周,双方签订《租赁协议》。美食节举办完毕后,宋庄居委会主任认为,居委会不是民事主体,无权签订《租赁协议》,因此拒绝向宋庄公司支付租金。请问,公司有权向居委会催讨租金吗?为什么?

答: 有权。

民法典第一百零一条第一项规定:居民委员会、村民委员会具有基层群众性自治组织法人资格,可以从事为履行职能所需要的民事活动。

居民委员会为弘扬社区文化,举办美食节活动,是履行其职能的民事活动,因此其签订的《租赁协议》有效,宋庄公司有权向其催讨租金。

48. 接上题。在举办宋庄美食节的过程中,朝东区非物质遗产宣传办也向宋庄公司租借了场地,用于推广宋庄所属的朝东区非物质文化遗产,并与宋庄公司签订了《写字间租赁协议》。现朝东区非物质遗产宣传办已被朝东区政府撤销。据悉,原朝东区非物质遗产宣传办由区财政拨款,有独立的办公经费,专门负责朝东区的非物质文化遗产保护宣传活动。请问,宋庄公司应向谁催讨租金?

答: 向朝东区政府讨要租金。

民法典第九十七条规定:有独立经费的机关和承担行政职能的法定机构从成立之日起,具有机关法人资格,可以从事为履行职能所需要的民事活动。

民法典第九十八条规定:机关法人被撤销的,法人终止,其民事权利和义务由继任的机关法人享有和承担;没有继任的机关法人的,由作出撤销决定的机关法人享有和承担。

据此,朝东区非物质遗产宣传办有独立的办公经费,具有机关法人资格,有权从事其职能范围内的民事活动。因此其与宋庄公司签订的《写字间租赁协议》有效。现该机构也被朝东区政府撤销,区政府因此将承担其民事义务。

49.设立法人应当具备下列哪些要素?

A.名称　　B.组织机构　　C.住所　　D.财产或者经费

答：A、B、C、D。

民法典第五十八条第二款规定：法人应当有自己的名称、组织机构、住所、财产或者经费。

50.刘庄公司注册于刘庄，2019年将其产品中心从刘庄迁移到宋庄，将其董事会与经理办公室迁移到赵庄，也将其员工宿舍迁移到马庄。请问，刘庄公司的住所为何地?

A.刘庄　　B.赵庄　　C.宋庄　　D.马庄

答：A。

民法典第六十三条规定：法人以其主要办事机构所在地为住所。依法需要办理法人登记的，应当将主要办事机构所在地登记为住所。

51.出现以下哪些情形，法人解散?

A.法人章程规定的存续期间届满

B.法人的权力机构决议解散

C.法人依法被吊销营业执照

D.被责令关闭或者被撤销

答：A、B、C、D。

民法典第六十九条规定：有下列情形之一的，法人解散：

（一）法人章程规定的存续期间届满或者法人章程规定的其他解散事由出现；

（二）法人的权力机构决议解散；

（三）因法人合并或者分立需要解散；

（四）法人依法被吊销营业执照、登记证书，被责令关闭或者被撤销；

（五）法律规定的其他情形。

52.下列哪一法人终止的顺序是正确的?

A.法人机关决定解散—清算—注销登记—法人终止

B.法人被宣告破产—注销登记—清算—法人终止

C.法人被吊销营业执照—法人终止—清算—注销登记

D.法人被责令关闭—法人终止—注销登记—清算

答：A。

民法典第六十八条第一款规定：有下列原因之一并依法完成清算、注销登记的，法人终止：

（一）法人解散；

（二）法人被宣告破产；

（三）法律规定的其他原因。

53.以下哪些情形无需清算？

A.法人合并

B.法人被撤销

C.法人分立

D.法人被宣告破产

答：A、C。

民法典第七十条第一款规定：法人解散的，除合并或者分立的情形外，清算义务人应当及时组成清算组进行清算。

54.刘庄公司因资不抵债，被法院宣告破产。若你是刘庄公司清算组成员，以下哪一行为是法律禁止的？

A.支付公司水电费

B.履行刘庄公司已签订的供货合同

C.出售公司办公楼

D.支付员工工资

答：C。

民法典第七十二条第一款规定：清算期间法人存续，但是不得从事与清算无关的活动。

出售办公楼将导致公司资产减少，影响清算时公司的财产状况。

55.刘庄公司欠宋庄公司50万元货款，后刘庄公司分立为刘庄公司与小小公司，双方约定，对于宋庄公司的债务，全部由刘庄公司承担。后宋庄公司要求小小公司偿还全部货款，作为小小公司的法律顾问，你认为小小公司应偿还吗？为什么？

答：应该偿还。

根据民法典第六十七条第二款的规定，法人分立后，其权利义务由分立后的法人享有连带债权，承担连带债务。

因此，小小公司与刘庄公司对分立前刘庄公司的50万元债务承担连带责任。

56. 以下哪一项为营利法人执行机构的职权？

A. 修改法人章程

B. 监督机构成员

C. 决定法人的经营计划和投资方案

D. 决定法人内部管理机构的设置

答：C、D。

民法典第八十一条第二款规定：执行机构行使召集权力机构会议，决定法人的经营计划和投资方案，决定法人内部管理机构的设置，以及法人章程规定的其他职权。

57. 营利法人的出资人不得从事以下哪些行为？

A. 滥用出资人权利损害法人或者其他出资人的利益

B. 滥用法人独立地位损害法人债权人的利益

C. 滥用出资人有限责任损害法人债权人的利益

D. 滥用法人独立地位逃避债务

答：A、B、C、D。

民法典第八十三条规定：营利法人的出资人不得滥用出资人权利损害法人或者其他出资人的利益；滥用出资人权利造成法人或者其他出资人损失的，应当依法承担民事责任。

营利法人的出资人不得滥用法人独立地位和出资人有限责任损害法人债权人的利益；滥用法人独立地位和出资人有限责任，逃避债务，严重损害法人债权人的利益的，应当对法人债务承担连带责任。

58. 营利法人的哪些人员不得利用其关联关系损害法人的利益？

A. 实际控制人　　　B. 董事

C. 监事　　　　　　D. 高级管理人员

答：A、B、C、D。

民法典第八十四条规定：营利法人的控股出资人、实际控制人、董事、监事、高级管理人员不得利用其关联关系损害法人的利益；利用关联关系造成法人损失的，应当承担赔偿责任。

59.关于事业法人的设立,以下哪个观点是正确的?

A.必须办理登记

B.无需办理登记

C.可办理登记,但不登记不得对抗善意相对人

D.有的需要办理登记,有的不需要

答:D。

民法典第八十八条规定:具备法人条件,为适应经济社会发展需要,提供公益服务设立的事业单位,经依法登记成立,取得事业单位法人资格;依法不需要办理法人登记的,从成立之日起,具有事业单位法人资格。

60.法人的民事权利能力与自然人的民事权利能力相比,有哪些区别?

答:区别主要为以下两个方面:

(一)法人的民事权利能力从法人成立时产生,于法人终止时消灭。而自然人的权利能力则从出生时起到死亡时止;

(二)法人的民事权利能力不完全,受到一定限制。如性质上的限制,法人没有血肉之躯,因此自然人能享有的生命权、健康权、身体权等法人均不得享有。法人的人身权只限于名称权、名誉权与荣誉权。

61.因一起民事纠纷,刘庄公司欲起诉区政府。刘庄公司的法律顾问在撰写起诉状时,需要填写区政府的法定代表人。请问,区政府的法定代表人是谁?

答:区政府区长。在司法实践中,一般认为机关法人的正职首长即为机关法人的法定代表人。

第四章　非法人组织

62.根据新出台的民法典,以下哪一组织形式不是法人组织?

A.有限责任公司　　B.股份有限公司

C.个人独资企业　　D.慈善基金会

答:C。

民法典第一百零二条规定:非法人组织是不具有法人资格,但是能够依法

以自己的名义从事民事活动的组织。

非法人组织包括个人独资企业、合伙企业、不具有法人资格的专业服务机构等。

63.为管理××小区内的公共用地，小区业主委员会将部分用地免费提供给小区业主停车，剩余部分交由小区物业作为收费停车场，并与物业签订了《停车场合作经营协议》，约定物业应将停车费的30%作为租金支付给业主委员会。后小区物业认为，业主委员会不具有独立的法人地位，不是民事主体，无权与其签订协议，因此拒不向其支付租金。请问，小区物业的观点正确吗？为什么？

答：不正确。

民法典第一百零二条第一款规定：非法人组织是不具有法人资格，但是能够依法以自己的名义从事民事活动的组织。

小区业主委员会是小区业主为管理共同事务成立的非法人组织，虽无独立法律人格，在司法实践中一般被认定为民事主体，能够以自己的名义从事民事活动。

64.根据民法典相关规定，非法人组织的财产不足以清偿债务的，债权人可要求谁承担责任？

A.非法人组织的出资人　　B.非法人组织的设立人
C.非法人组织的高级管理人员　　D.批准非法人组织设立的机关

答：A、B。

民法典第一百零四条规定：非法人组织的财产不足以清偿债务的，其出资人或者设立人承担无限责任。法律另有规定的，依照其规定。

65.根据民法典相关规定，在以下哪些情形下非法人组织解散？

A.章程规定的存续期间届满
B.章程规定的解散事由出现
C.出资人决定解散
D.设立人决定解散

答：A、B、C、D。

民法典第一百零六条规定：有下列情形之一的，非法人组织解散：

（一）章程规定的存续期间届满或者章程规定的其他解散事由出现；

（二）出资人或者设立人决定解散；

（三）法律规定的其他情形。

第五章　民事权利

66.民法典民法总则编第五章为"民事权利"，这一章规定了哪些民事权利？

答：民法典民法总则编"民事权利"一章共规定了7种民事权利类型：

第一百零九条与第一百一十条规定了人格权；

第一百一十二条规定了身份权，即基于婚姻家庭关系所产生的配偶权、亲权与亲属权，人格权与身份权在我国学理中被统称为人身权；

第一百一十四条至第一百一十六条规定了物权，具体包括所有权、用益物权和担保物权三个亚类型；

第一百一十八条至第一百二十二条规定了债权；

第一百二十三条规定了知识产权；

第一百二十四条规定了继承权；

第一百二十五条规定了股权和其他投资性权利。

此外，民法典总则编民事权利一章中还规定了其他受法律保护的利益，包括民法典第一百一十一条规定的"个人信息"，第一百二十七条规定的"数据"与"网络虚拟财产"。这三种合法利益受法律保护，但是还不能达到民事权利的高度，因此其保护程度上要低于民事权利。

67.民法典第一百一十六条规定"物权的种类和内容，由法律规定"，对此应当如何理解？

答：本法条规定被法学理论称为"物权法定"原则，该原则与民法典第二百零八条规定的"公示原则"、第三百一十一条规定的"公信原则"以及学说上所公认的"一物一权原则"共同构成了物权法的基本原则，整个物权法就是建立在这些原则之上的。

"物权法定"原则由两个方面组成：

首先是物权的种类法定，即当事人只能创设民法典和其他法律所明确规定的物权种类，不得创设法律所未规定的新的物权种类。

其次是内容法定，即每一种物权的具体内容和效力只能由法律规定；当事人不能通过合同约定和法律规定不一致的物权内容。物权法定原则是强制性法律规范，当事人不得通过约定予以排除。但需要注意的是当事人违反物权法定原则所做的约定并不直接导致合同无效，而是不发生物权效力，如果不违反其他效力性规定或者公序良俗的则在当事人之间产生债之效力。

68. 民法典总则编民事权利一章关于民事权利的行使规定了哪些原则？

答：民法典总则编民事权利一章关于民事权利的行使规定了如下三项原则：

首先是权利自由行使原则，也被称为"自我决定原则"。

民法典第一百三十条规定：民事主体按照自己的意愿依法行使民事权利，不受干涉。权利是法律保护的自由，是法律上的可为，权利人可以行使也可以不行使。

其次是权利与义务相一致的原则。

民法典第一百三十一条规定：民事主体行使权利时，应当履行法律规定的和当事人约定的义务。

最后是禁止权利滥用原则。民法典第一百三十二条规定：民事主体不得滥用民事权利损害国家利益、社会公共利益或者他人合法权益。任何权利都有其界限，法律赋予民事主体权利在于保障其正当利益。

"行使权利对任何人都不意味着不正义"，然而正如没有绝对的自由一样，也没有无界限的权利。民事权利的界限就是他人同等的权利与自由应当不受侵害，当然更不得侵害国家和集体的利益。凡是行使权利损害了国家利益、公共利益或者他人合法权益就构成了滥用权利，不但不发生行使权利的效果反而对于造成的损害应当承担相应的法律责任。

第六章 民事法律行为

69. 下列哪一行为是民事法律行为？
A. 小马制作杯子　　　　B. 小明送杯子给小红
C. 小刚摔碎小红的杯子　D. 小红要求小刚赔杯子

答：B。

民法典第一百三十三条规定：民事法律行为是民事主体通过意思表示设立、

变更、终止民事法律关系的行为。

制作杯子与打碎杯子没有意思表示，要求赔偿虽然有意思表示，但是该意思表示不足以形成一个法律行为，属于事实行为。

70.小刚与小明正在学习民法典。针对民事法律行为与意思表示的关系，小刚认为，民事法律行为就是合同，只能依据双方的意思表示成立。小明则认为，民事法律行为除了合同以外，还包括多方法律行为，因此可以依据多方的意思表示成立。请问，小刚、小明说得对吗？

答：都不对。

民法典第一百三十四条第一款规定：民事法律行为可以基于双方或者多方的意思表示一致成立，也可以基于单方的意思表示成立。

因此，单方、双方、多方的意思表示都能形成民事法律行为。

71.小明在地摊上看到一个香炉，当时欲购买者众多，小明求购心切，允诺买下该香炉，并立即赶回家拿钱。回家途中，小明觉得这个香炉品相不太好，遂息了购买之心。第二天，摊主找到小明，要求其付款并拿货。小明说，我们又没有签合同，这买卖根本没成。请问，小明有义务付款吗？

答：有。

民法典第一百三十五条规定：民事法律行为可以采用书面形式、口头形式或者其他形式；法律、行政法规规定或者当事人约定采用特定形式的，应当采用特定形式。

据此，小明口头允诺后，其与摊主间的买卖合同即告成立。

72.小明在微信中看到有人卖手机，遂在其朋友圈写下留言：来一部手机，送到以下地址……留言后，卖家向小明表示已发货。后小明觉得自己的手机还能用，没有买新手机的需求，遂将该信息删除。现卖家要求小明付款。请问，小明应该付款吗？

答：应该。

民法典第一百三十七条第二款规定：以非对话方式作出的意思表示，到达相对人时生效。以非对话方式作出的采用数据电文形式的意思表示，相对人指定特定系统接收数据电文的，该数据电文进入该特定系统时生效；未指定特定系统的，相对人知道或者应当知道该数据电文进入其系统时生效。当事人对采用数据电文形式的意思表示的生效时间另有约定的，按照其约定。

小明已向卖家发送留言，该意思表示自到达卖家数据系统时即告生效，卖家对小明的承诺也自到达小明的数据系统时即告生效，因此双方间的买卖合同已经成立。小明的删除行为发生在卖家承诺后，此时小明既无权撤销，也无权撤回其意思表示。

73. 小刚与小红喜结连理，远在国外的小涛为表达祝福，向A市蛋糕店订购一个婚庆蛋糕，并让其次日送到婚礼现场。后蛋糕店于次日下午三点将蛋糕送到，此时婚礼已经结束。小涛得知后非常气愤，认为蛋糕店未按时送蛋糕，应该退钱。蛋糕店则认为，小涛只是说第二天将蛋糕送到，未告知具体时间，因此蛋糕店可以于下午送达。而根据当地风俗，婚礼都是在上午举行。请问，根据意思表示的解释规则，小涛与蛋糕店所约定的送达时间是什么时候？

答：应为次日上午。

民法典第一百四十二条第一款规定：有相对人的意思表示的解释，应当按照所使用的词句，结合相关条款、行为的性质和目的、习惯以及诚信原则，确定意思表示的含义。

小涛虽未明确说明是上午还是下午送蛋糕，但根据当地风俗，婚礼都是在上午举行，因此送达时间应解释为次日上午。

74. 张先生收到某商家寄来的商品优惠目录，按该目录的要求，张先生将想购买的商品打钩后寄回商家。寄出后第二天张先生反悔，遂又寄了一封信，表示取消购买。当天张先生收到商家的付款通知。请问，张先生有权拒绝付款吗？

答：无权。

民法典第一百四十一条规定：行为人可以撤回意思表示。撤回意思表示的通知应当在意思表示到达相对人前或者与意思表示同时到达相对人。

张先生撤回要约的信件刚寄出就收到了商家的付款通知，表示其要约已先于要约的撤回到达商家，因此撤销行为无效，其与商家的买卖合同成立。

75. 民事法律行为的生效，需满足哪些条件？
A. 行为人具有相应的民事行为能力
B. 意思表示真实
C. 不违反法律、行政法规的强制性规定

D. 不违背公序良俗

答：A、B、C、D。

民法典第一百四十三条规定：具备下列条件的民事法律行为有效：

（一）行为人具有相应的民事行为能力；

（二）意思表示真实；

（三）不违反法律、行政法规的强制性规定，不违背公序良俗。

76. 赵某作为主演，参与宋庄电影公司投资的《宋庄英雄》。双方为避税签订了阴阳合同。阳合同记载的演出报酬为1000万元，阴合同则约定为1亿元。赵某使用阳合同申报个人所得税。请问，哪一份合同有效？为什么？

答：阴合同。

民法典第一百四十六条规定：行为人与相对人以虚假的意思表示实施的民事法律行为无效。

以虚假的意思表示隐藏的民事法律行为的效力，依照有关法律规定处理。

赵某签订的阳合同约定的报酬并非其与宋庄电影公司间真实的意思表示，而阴合同中的报酬才符合双方的真实意思，因此阴合同有效，阳合同无效。

77. 小王购买电饭煲时，将热水壶误认作电饭煲购买。请问，小王可要求退款退货吗？

答：可以。

民法典第一百四十七条规定：基于重大误解实施的民事法律行为，行为人有权请求人民法院或者仲裁机构予以撤销。

所谓重大误解，是指当事人对对方的意思表示发生了认识上的错误，而基于该认识错误作出了意思表示。一般认为，我国民法所规定的重大误解，是指对行为的性质、对方当事人、标的物的品种、质量、规格和数量等的错误认识。小王将热水壶当成了电饭煲而购买，是对所购标的之品种发生了误解，表明其实施法律行为是基于重大误解，因此有权撤销该合同。

78. 王先生近日失眠多梦，遂向某气功大师求解。该大师耗费若干功力为其排毒，收费1万元。又告知王先生服板蓝根清热解毒，能够治疗失眠，可每日晚间服用一包。王先生遂购买了200元的板蓝根。后王先生意识到自己被骗，遂要求该大师退款。请问，王先生的请求有法律根据吗？

答：有。

民法典第一百四十八条规定：一方以欺诈手段，使对方在违背真实意思的情况下实施的民事法律行为，受欺诈方有权请求人民法院或者仲裁机构予以撤销。

所谓欺诈，根据我国民法需满足四个要件。

首先，要有欺诈行为，即为使他人发生认识错误，故意做出的与事实不相符的陈述，或者负有告知义务而故意不告知事实的行为。

其次，欺诈人要有欺诈的故意。

再次，相对人要因欺诈而陷入错误，这里的错误不仅包括内容错误，还包括动机错误，在范围上比重大误解大。

最后，相对人因该错误而做出了意思表示。

据此，气功不能治病应为常识，该大师以治病为由故意欺骗王先生，诱使王先生相信并向其付费，符合欺诈的构成要件。

79. 接上题。王先生可向药店退还板蓝根并要求药店退款吗？

答：不能。

民法典第一百四十九条规定：第三人实施欺诈行为，使一方在违背真实意思的情况下实施的民事法律行为，对方知道或者应当知道该欺诈行为的，受欺诈方有权请求人民法院或者仲裁机构予以撤销。

板蓝根不具备治疗失眠的功效，王先生购买显然违背了其真实意思。但药店并未欺诈王先生，且王先生在购买时只是对板蓝根的功效发生误解，对于所购标的之品种、质量、数量，以及交易相对人等未发生误解，因此王先生无权撤销其与药店间的法律行为。

80. 什么是受胁迫的意思表示？其构成要件有哪些？

答：受胁迫的意思表示是指表意人因他人之胁迫而陷入恐惧状态，且基于该恐惧做出迎合相对人之利益的意思表示。其构成要件有四个：

须有胁迫行为，该胁迫行为必须是人的行为，不能是天灾等自然力，另外该胁迫必须是不法的；

须有胁迫的故意；

须表意人因胁迫陷入恐惧；

表意人因恐惧而迎合胁迫人作出意思表示。

81.王先生的妻儿被劫匪绑架,劫匪要求其交出10根金条。王先生遂在金店购买了10根金条交给劫匪。后王先生报案,妻儿被顺利救回,金条也由警方还给了王先生。现由于金店的收购价与出售价相差悬殊,王先生回售损失颇大。请问,王先生可采取何种措施?

答:撤销与金店间购买金条的合同。

民法典第一百五十条规定:一方或者第三人以胁迫手段,使对方在违背真实意思的情况下实施的民事法律行为,受胁迫方有权请求人民法院或者仲裁机构予以撤销。

据此,与第三人欺诈不同,即使金店不知道劫匪的胁迫行为,王先生也有权撤销其与金店的合同。

82.以下哪些情况下撤销权消灭?

A.重大误解的小王,知道撤销事由3个月后行使撤销权

B.重大误解的小王,知道撤销事由4个月后行使撤销权

C.受胁迫的小张,自恢复自由2年内行使撤销权

D.受欺诈的小张,自知道被骗6个月内行使撤销权

答:A、B、C。

民法典第一百五十二条规定:有下列情形之一的,撤销权消灭:

(一)当事人自知道或者应当知道撤销事由之日起一年内、重大误解的当事人自知道或者应当知道撤销事由之日起九十日内没有行使撤销权;

(二)当事人受胁迫,自胁迫行为终止之日起一年内没有行使撤销权;

(三)当事人知道撤销事由后明确表示或者以自己的行为表明放弃撤销权。

当事人自民事法律行为发生之日起五年内没有行使撤销权的,撤销权消灭。

83.已婚的王大将其财产赠与其情人小红。请问,该行为是否有效?

答:无效。

民法典第一百五十三条第二款规定:违背公序良俗的民事法律行为无效。

一般认为婚内将财产赠与第三者是违背公序良俗的。

84.接上题。王大除在赠与协议中将部分财产赠与小红外,还将一套房产赠与其子小王。请问,该赠与是否有效?

答:有效。

民法典第一百五十六条规定:民事法律行为部分无效,不影响其他部分效

力的，其他部分仍然有效。

因此，虽然该赠与协议中涉及小红的部分因违背公序良俗而无效，但该部分的无效不会影响到协议的其他部分，因此王大对小王的赠与仍有效。

85.小明为追求小红许下重诺：若小红嫁给他，就给小红10万元。后小明与小红结为夫妇，但小明一直未向小红支付这笔钱。小红认为，自己嫁给小明的条件就是他给自己10万元，现在他没给钱，自己与他的婚姻还没发生法律效力。请问，小红的观点正确吗？

答：不正确。

民法典第一百五十八条规定：民事法律行为可以附条件，但是根据其性质不得附条件的除外。附生效条件的民事法律行为，自条件成就时生效。附解除条件的民事法律行为，自条件成就时失效。

结婚依其性质不能附条件，因此小明是否支付不影响双方婚姻的效力。

86.宋庄公司与刘庄公司签订《建设用地使用权转让合同》，约定宋庄公司将其名下一块建设用地使用权转让给刘庄公司，价款1亿元。该合同自宋庄公司主管部门批准之日起生效。后因地价上涨，宋庄公司不愿卖地，因此不向其主管部门申请。请问，刘庄公司能要求宋庄公司交地吗？

答：能。

民法典第一百五十九条规定：附条件的民事法律行为，当事人为自己的利益不正当地阻止条件成就的，视为条件已经成就；不正当地促成条件成就的，视为条件不成就。

据此，虽然该合同以宋庄公司主管部门批准为其生效条件，但宋庄公司为了自己的利益，长时间不履行报批手续，应视为条件已成就。据此该合同生效，刘庄公司有权要求宋庄公司交地。

87.下列民事法律行为，哪些是附条件的民事法律行为，哪些是附期限的？

A.甲向乙购买雨伞，约定北京明天下雨该购伞协议才生效

B.甲向乙购买雨伞，约定北京下雨了该购伞协议才生效

C.甲向乙卖房，但目前房屋在甲父名下，双方约定甲父去世后该协议生效

D.甲向乙卖房，但目前房屋在甲父名下，双方约定甲继承该房屋后该协议生效

答：A、D属于附条件，B、C属于附期限。附条件与附期限法律行为中的条件与期限都是未来将要发生的事实，区别是条件的发生是不确定的，而期限的发生则是确定的。北京明天下雨是一个不确定的事实，相反北京下雨则是可确定的。同理，甲父去世是确定的，而甲父去世后甲能否继承该房屋，要看继承法的相关规定，并非确定的事实。

88.刘庄公司与宋庄公司就刘庄公司向宋庄公司以1亿元的价格出售厂房达成协议，双方约定该协议自刘庄公司完成剩余订单之日起生效。后刘庄公司得知该厂厂址被政府纳入了城市改造的范围内，因此不愿意履行与宋庄公司的协议，遂遣散公司员工，不再完成剩余订单，据协议签订至今已有1年时间，刘庄公司以订单尚未生产完成为由拒不履行协议。问：购房协议生效了吗？

答：已生效。

民法典第一百五十九条规定：附条件的民事法律行为，当事人为自己的利益不正当地阻止条件成就的，视为条件已经成就；不正当地促成条件成就的，视为条件不成就。

现刘庄公司为了自己的利益，遣散员工，不生产剩余订单，应视为条件已成就，协议生效。

89.小明父亲患癌后急需一大笔钱治病，小明因此欲出售自家房子。小刚得知小明父亲患癌的情况后，向小明出价5万元，目前与该房同地段、同面积的房子市价约为20万元，但由于情况紧急，小明只得向小刚出售。三个月后，小明收到爱心人士捐款10万元，小明父亲的病况在手术后也逐渐好转。现小刚向小明要求交房并变更登记。请问，小明该如何处理？

答：小明可向法院申请撤销该购房协议。

民法典第一百五十一条规定：一方利用对方处于危困状态、缺乏判断能力等情形，致使民事法律行为成立时显失公平的，受损害方有权请求人民法院或者仲裁机构予以撤销。

小刚利用小明父亲急需用钱治疗这一危难境地，迫使小明与其签订购房协议，且该协议约定的购房价格显著低于市价，显示交易严重不公平，因此小明享有撤销权。

第七章 代 理

90.小明与小红结婚后长期分居两地，双方感情日渐淡薄，遂决定去民政局办理离婚手续。为方便小红，双方同意周三去小红所在地的民政局办手续，小明特委托其在当地的好哥们儿小刚代其办理。请问，小刚能代理小明吗？

答：不能。

民法典第一百六十一条规定：民事主体可以通过代理人实施民事法律行为。

依照法律规定、当事人约定或者民事法律行为的性质，应当由本人亲自实施的民事法律行为，不得代理。

离婚行为依其性质不能由他人代理实施。

91.杨先生作为郑先生的代理人，为其在市场上寻找一批价格合适的雨伞。杨先生联系若干卖家后发现，他们的货要么价格高，要么质量差，均不符合郑先生的要求，相反自己名下雨伞厂的产品符合要求。请问，杨先生可以以郑先生的名义与自己签订购货协议吗？为什么？

答：可以，但必须征得郑先生的同意。

民法典第一百六十八条第一款规定：代理人不得以被代理人的名义与自己实施民事法律行为，但是被代理人同意或者追认的除外。

杨先生在征得郑先生同意的情况下，可以与自己交易。

92.近日高压开关价格急贬，王先生为把握时机，特授权郑先生作为其代理人，尽快与宋庄公司签订购货协议。郑先生接受委托后因个人琐事一直未与宋庄公司接洽，两个月后高压开关市场恢复稳定，王先生因此损失50万元。请问，王先生能向郑先生追偿吗？

答：能。

民法典第一百六十四条第一款规定：代理人不履行或者不完全履行职责，造成被代理人损害的，应当承担民事责任。

郑先生在接受授权后不履行其职责，使得王先生错过市场机会，应对王先生的损失承担赔偿责任。

《民法典知识竞赛1000题》综合测试卷答案

一、单项选择题（每题1分，共30分）

1–5. D C C D B　　　6–10. A A B C C
11–15. D D A D D　　16–20. C B D D D
21–25. A C B A C　　26–30. B A C A D

二、多项选择题（每题2分，共30分）

31.ABCD　32.BCD　33.AB　34.BD　35.ABC　36.AD
37.ABD　38.ABCD　39.ABCD　40.BCD　41.ABCD
42.ABCD　43.ABCD　44.ABCD　45.AC

三、问答题（每题10分，共40分）

46题：李先生可以向王先生说明情况，要求王先生向小张主张损失，但若王先生执意要求李先生承担责任，则李先生在赔偿王先生的损失后，可向小张追偿。

民法典第一千二百三十三条规定，因第三人的过错污染环境、破坏生态的，被侵权人可以向侵权人请求赔偿，也可以向第三人请求赔偿。侵权人赔偿后，有权向第三人追偿。本案中，因为小张的过错，李先生的污水产生了污染环境的后果，王先生可以向李先生或小张请求赔偿，李先生承担赔偿责任后，可以向小张追偿。

47题：（1）成立。

因为根据民法典第三百九十六条以及第四百零三条的规定，乙公司可以现有的以及将有的生产设备、原材料、半成品、产品设定抵押，而动产抵押，抵押权自抵押合同成立时生效，无需以登记为设立要件。

（2）不是。

因为甲公司房产抵押与乙公司现有的及将有的生产设备等动产的抵押没有明确约定抵押份额，属于连带抵押。抵押权人（即银行）可以选择就任一财产实现抵押权。

48题：用益物权作为一种他物权，是为了解决对于物的所有权限归属与对于物的需求利用之间的矛盾而产生发展的。是随着社会经济的发展，所有权与其权能相分离的必然结果。所有权人对于物的所有权限是静止的稳定的，在某种程度上并不利于物的充分流转与利用。通过设立用益物权，使得所有权人与使用人都取得利益，使物的使用价值得到更有效的实现。

同时，按照民法典的规定，我国的土地属于国家或者集体所有，因此对于土地的使用、收益权能，全部由所有权人即国家或集体来行使，显然是不现实的、不具有可行性的。此时只有通过创设用益物权，才能实现对土地资源的充分利用。

49题：民法典第三百三十五条规定：土地承包经营权互换、转让的，当事人可以向登记机构申请登记；未经登记，不得对抗善意第三人。

因此在土地承包经营权转让后，若未进行登记，则此时善意第三人无法从土地登记簿上查询到权利已经发生变更，基于不动产等级的公示公信效力，此时善意第三人有权相信土地承包经营权没有变动，其受让土地经营权应当受到法律的保护。故此时原土地承包经营权人的再次转让行为当然具有法律效力，不知情的第三人属于善意第三人，可以取得土地承包经营权，而原受让人此时则只能向原承包人主张损害赔偿。

6. 因受赠人的违法行为致使赠与人死亡或者丧失民事行为能力的，赠与人的继承人或者法定代理人可以撤销赠与。赠与人的继承人或者法定代理人的撤销权，自知道或者应当知道撤销事由之日起（　　）行使。

　　A. 六个月内

　　B. 一年内

　　C. 两年内

　　D. 三年内

7. 债权人武某下落不明，债务人王某难以履行债务，遂将标的物提存，王某将标的物提存后，该标的物如果意外毁损、灭失，其损失应由（　　）。

　　A. 武某承担

　　B. 王某承担

　　C. 武某和王某共同承担

　　D. 提存机关承担

8. 以下哪种情形不符合"一户一宅"原则？（　　）

　　A. 大娃由继承获得了两处宅基地使用权。

　　B. 小翠只有一处宅基地，不过因为历史上搭建，其占地面积超标。

　　C. 小王接受了同村好友的赠与，获得了两处宅基地。

　　D. 小萨受让了同村张三的宅基地，加上自身原来的一处宅基地，现有两处宅基地。

49. 土地承包经营权转让后并未登记，原土地经营权人又将其转让给不知情的第三人，此时土地承包经营权归谁所有？

D. 油气管道

33. 承租人未经出租人同意，对租赁物进行改善或者增设他物的，出租人可以要求承租人（　　）。

A. 恢复原状

B. 赔偿损失

C. 赔礼道歉

D. 解除合同

34. 下列关于债务转移的说法中，正确的是（　　）。

A. 债务的转移只需通知债权人即可

B. 债务的转移，必须经债权人同意

C. 所有债务都可以转移

D. 债务转移时，新债务人还应当承担与主债务有关的从债务

35. 以下哪些权利可以出质？（　　）

A. 未到期的汇票、本票、支票

B. 第三人有权处分的债券、存款单、仓单和提单

C. 可以转让的基金份额、股权、合伙企业中的财产份额

D. 可以转让的注册商标专用权、专利权、著作权等知识产权中的财产权

36. 融资租赁合同中，承租人的权利与义务包括（　　）。

A. 依合同规定支付租金的义务

22. 下列哪些不是婚姻无效的情形？（　　）

A. 重婚

B. 有禁止结婚的亲属关系

C. 婚姻一方隐瞒疾病

D. 未到法定婚龄

23. 产品责任属于什么责任？（　　）

A. 过错责任

B. 无过错责任

C. 公平责任

D. 替代责任

24. 根据民法典，谁能够代表非法人组织从事民事活动？（　　）

A. 律师事务所主任

B. 牙医协会员工

C. 会计师事务所员工

D. 有限合伙中的有限合伙人

25. 根据民法典，以下哪一权利自然人与法人均可享有？（　　）

A. 姓名权

B. 肖像权

C. 商标权

D. 婚姻自主权

D. 债权人可以使用该某种可能第三人使用的偿款

15. 关于右肩，以下哪种说法是错误的？（   ）
A. 右肩是指取占保物的右肩
B. 右肩是右保管物的所有权证
C. 右肩可以返押
D. 右肩不允许转让

16. 关于人的肩权，以下哪种说法是最正确的？（   ）
A. 人的肩权是绝对权
B. 人的肩权的权利主体特定
C. 人的肩权的义务主体特定
D. 人的肩权不能碰撞

17. 根据我国合同的规定，承担违约对违反合同中发生的下列哪些情形条件不是件亡事件且是顺应系在（   ）。
A. 一航空因制止上的飞行为接受任何占
B. 一航空在客正在飞行途中被击毁坠在心脏病身亡
C. 一航空在飞行途中与同类飞机发生口角被打伤
D. 一航班乘务员在飞行途中因图殴刺身亡

18. 下列哪种情形表能信权人可以依来精神损害赔偿？（   ）
A. 乙从小心爱惜了申家一只名贵花瓶
B. 陈某夫手打破了其某家的一块推搬

26. 植物的净初级物质,其中一部分将分解为CO_2,并经入到水的物质库,也该物质与其他分类重要标志物的循环或运转路径,构成人类、动植物等。( )

A. 只能从区物循环系在外围
B. 可以透过物质库环在外围
C. 不能循环在外围
D. 以上均不正确

27. 什么人为的并列物质解解制度,或论理意制化为,都可归为采集,并非常民事需作,他应如需求对他人损害人身安全成内容来发引起各种保护关系,则需要求和社会秩序,下列哪一内容不是米列采集物质人为,从认为是"个体保护关系",应当考虑的国家? ( )

A. 内容不致的多少
B. 内容来源的可信度
C. 内容的时限性
D. 采集能力知识家成本

28. 下列哪项不属于尤来源? ( )

A. 分取父母
B. 分权子女
C. 被证
D. 兄弟姐妹

44. 出现以下哪种情形，该人醉酒？（   ）
A. 该人喝酒超过规定年龄期间饮酒
B. 该人因饮酒能力较弱反应迟钝
C. 该人体内酒精含量超过规定标准
D. 据其今天因酒后未能驾驶机动车

45. 以下哪些情形不是酒驾？（   ）
A. 该人分开
B. 该人服镇静
C. 该人分叉
D. 该人服其他饮料

三、问答题（每题 10 分，共 40 分）

46. 李先生在山区开小厂，为了不污染环境，采集了很多野花野草。王先生在山区问采草时，某日小张跟过来浇水时，因野花王先生问采草把果吸入鼻中，被喷水池灌蔡覆盖，当较座水洗入鼻腔，给在王先生的鼻孔中，面脱死亡。王先生重来本先生承担以后污染事件，该先生应向何应对？

《民法典知识竞赛 1000 题》综合测试卷

一、单项选择题（每题 1 分，共 30 分）

1. 下列不属于建筑物区分所有权中业主共有部分的是（　　）。
A. 建筑物的承重结构
B. 建筑物的楼梯和通道
C. 小区内的公共绿地
D. 已登记为业主专有的车库车位

2. 下列哪种情形的所有权取得的特别规定中未得到明确规定是（　　）。
A. 漂流物
B. 漂流物
C. 埋藏物
D. 遗忘物

9. 地役权人有偿利用供役地，在约定的付款期限届满后发生（　　）情形的，供役地权利人有权解除地役权合同。

A. 在合理期限内未支付费用

B. 在合理期限内，经过一次催告未支付费用

C. 在合理期限内，经过两次催告未支付费用

D. 未支付费用

10. 甲公司于 2019 年 9 月 5 日电传给乙公司购买精盐 400 公斤，有效期限是 12 天。9 月 13 日，乙公司以快递通知甲公司接受该要约，但是由于各种原因，本应在 9 月 16 日到达的快递 9 月 20 日才到达甲公司。由于市场价格下跌，甲公司立即毫不迟延地复电乙公司，9 月 13 日的发盘已经失效，而乙公司认为自己在有效期内作出了承诺，合同已经成立，要求甲公司履约。下列选项正确的是（　　）。

A. 合同成立

B. 甲公司应当履约

C. 合同未成立

D. 合同是否成立应由双方协商确定

11. 融资租赁筹资的优点不包括（　　）。

A. 租金支付方式灵活

B. 简便快捷

C. 税收有优惠

D. 筹资成本低

C. 小黄骑电动车将小朱撞倒，导致其轻伤

D. 长跑运动员小范夜跑时被机动车撞倒导致截肢，小范被迫退役郁郁寡欢

19. 法定继承的第一顺序继承人不包括（ ）。

A. 父母

B. 子女

C. 配偶

D. 兄弟姐妹

20. 以下哪种侵权责任不属于无过错责任？（ ）

A. 产品责任

B. 监护人责任

C. 雇主责任

D. 安全保障义务人的侵权责任

21. 请补齐下面的法条，民法典第四百一十六条规定："_____抵押担保的主债权是抵押物的价款，标的物交付后_____内办理_____登记的，该抵押权人优先于抵押物买受人的其他担保物权人受偿，但是_____人除外。"（ ）

A. 动产；十日；抵押；留置权

B. 不动产；十日；抵押；已登记抵押权

C. 动产；十五日；债权；已登记抵押权

D. 不动产；十五日；债权；留置权

12. 中亮委托甲服装厂加工500套校服，约定半料由服装厂提供，等校服供货后，取货时付款，为节约时间，中亮委托乙服装厂收货并验收。乙服装厂加工100套后，××中亮将乙服来取货，发现乙服装厂加工的100套校服尺寸各有出入，遂拒绝付货款，由服装厂则拒绝交货。下列哪项说法正确？（ ）

A. ××中亮可以向服装厂提出分付为由拒绝履行合同
B. 如××中亮不支付货款乙，由服装厂可拒绝支付校服
C. 如××中亮不支付货款，由服装厂可对校服行使留置权
D. ××中亮有权要求乙服装厂承担违约责任

13. 甲多理发店签合同，为小小儿睡着了，待客户的家人习习了乙家得由要现场难看，于是让甲为甲做了发务，由剪来发出了一部分十分丑气，以下哪种说法是正确的？（ ）

A. 乙的行为经动丁甲的身体权
B. 乙的行为经动丁甲的健康权
C. 乙的行为没有经动甲的人格权
D. 乙的行为经动丁甲的名誉权

14. 在信誉各同中，关于信誉人的义务，以下哪种说法是最准确的？（ ）

A. 寄存人向信誉人交付信誉物的，信誉人应当出具信誉凭证
B. 信誉人应当妥善保管信誉物
C. 第三人错误认为未对信誉物申请扣押的，信誉人应及时通知寄存人

3. 本次民法典编纂中,对于农村土地,维体经济组织所有的财权机来源是( )。
A. 土地承包经营承包
B. 宅基地使用权
C. 土地经营权
D. 抵押权

4. 当事人对合同变更的条约定不明确的法律效果是( )。
A. 视为已变更
B. 按合同约定条约定不明处理
C. 条约不明的以法定为准
D. 推定为未变更

5. 甲与乙订立了合同,约定甲方及向履行债务,规定随行债务止并合名回约定,由方构道求( )。
A. 甲来担连带责任
B. 乙来担连带责任
C. 甲内来担连带责任
D. 乙承担连带责任

93.接上题。王先生在要求郑先生赔偿后,郑先生提出将功补过,为他谈一单大生意。王先生遂授权其作为代理人,向刘庄公司购买高压电线。在谈判过程中,刘庄公司示意,目前公司的高压电线有两种价格,一是正常市场价,二是回扣价,后者较前者高40%左右,但使用回扣价,经手人可以获得"返利"20%。郑先生遂按回扣价与刘庄公司签订协议,一个月后,双方钱货两清。请问,王先生得知这一情况后,应该如何维护自身权益?

答:王先生可要求郑先生与刘庄公司赔偿其高出市场价的部分。

民法典第一百六十四条第二款规定:代理人和相对人恶意串通,损害被代理人合法权益的,代理人和相对人应当承担连带责任。

94.仍接上题。经历前两次事件后,王先生断绝了与郑先生的来往,后郑先生以王先生代理人的名义,与电脑公司签订了一份购货协议。王先生得知该情况后大怒,准备起诉郑先生,但在此期间,电脑价格大涨。请问,王先生该如何维护自身权益?

答:追认郑先生的无权代理行为。

民法典第一百七十一条第一款规定:行为人没有代理权、超越代理权或者代理权终止后,仍然实施代理行为,未经被代理人追认的,对被代理人不发生效力。

换言之,若被代理人追认,该无权代理则变为有权代理。追认后,王先生与电脑公司的合同生效,王先生有权要求电脑公司交货。

95.继续接上题。作为电脑公司的法律顾问,你刚刚得知郑先生没有代理权,为维护电脑公司利益,应该怎么做?

答:通知郑先生,撤销双方之间的合同。

民法典第一百七十一条第二款规定:相对人可以催告被代理人自收到通知之日起三十日内予以追认。被代理人未作表示的,视为拒绝追认。行为人实施的行为被追认前,善意相对人有撤销的权利。撤销应当以通知的方式作出。

96.刘庄公司授权刘先生作为其代理人,向宋庄公司购货。后刘庄公司解除了对刘先生的授权,但未收回加盖了公司公章的授权委托书。刘先生据此与宋庄公司签订了购货合同,现宋庄公司要求刘庄公司付款。请问,刘庄公司应该付款吗?

答:应该。

民法典第一百七十二条规定：行为人没有代理权、超越代理权或者代理权终止后，仍然实施代理行为，相对人有理由相信行为人有代理权的，代理行为有效。

刘先生的代理权自刘庄公司解除授权时消灭，但刘庄公司未收回授权委托书，导致宋庄公司有理由相信刘先生有代理权，因此刘先生的代理行为有效，宋庄公司有权要求刘庄公司付款。

97. 根据民法典相关规定，授权委托书应记载哪些事项？

答：代理人的姓名或名称、代理事项、代理权限和期限以及被代理人的签名或盖章。

民法典第一百六十五条规定：委托代理授权采用书面形式的，授权委托书应当载明代理人的姓名或者名称、代理事项、权限和期限，并由被代理人签名或者盖章。

98. 王先生授权赵先生作为代理人，向孙先生购买一件古董。赵先生在代理期间发现，孙先生人在外地，且准备将该古董出售给李先生。赵先生遂紧急联系外地的刘先生，授权其以王先生的名义向孙先生购买。合同签订后，赵先生告知了王先生转委托事宜，但王先生表示其并未授权刘先生参与该事宜，因此刘先生代他签的合同无效。请问，王先生的观点正确吗？

答：不正确。

民法典第一百六十九条第三款规定：转委托代理未经被代理人同意或者追认的，代理人应当对转委托的第三人的行为承担责任；但是，在紧急情况下代理人为了维护被代理人的利益需要转委托第三人代理的除外。

由于孙先生准备将古董出售，赵先生为完成委托事项，必须转委托给外地的刘先生。此种情况下转委托无需被代理人的事先同意。

99. 根据民法典相关规定，委托代理终止的情形有哪些？

答：代理期限届满或者代理事务完成；被代理人取消委托或者代理人辞去委托；代理人丧失民事行为能力；代理人或者被代理人死亡；作为代理人或者被代理人的法人、非法人组织终止。

民法典第一百七十三条规定：有下列情形之一的，委托代理终止：

（一）代理期限届满或者代理事务完成；

（二）被代理人取消委托或者代理人辞去委托；

（三）代理人丧失民事行为能力；

（四）代理人或者被代理人死亡；

（五）作为代理人或者被代理人的法人、非法人组织终止。

100. 孙先生授权刘先生作为自己的代理人向宋庄公司购货。刘先生在与宋庄公司谈判过程中，孙先生发生意外去世。现刘先生已与宋庄公司签订合同，宋庄公司要求孙先生的继承人孙晓晓付款。请问，孙晓晓有付款的义务吗？

答：有。

民法典第一百七十四条第一款第一项规定：被代理人死亡后，有下列情形之一的，委托代理人实施的代理行为有效：

（一）代理人不知道且不应当知道被代理人死亡。

据此刘先生的代理行为有效，孙先生的继承人应以所继承财产为限，承担孙先生的债务。

101. 根据民法典相关规定，法定代理终止的情形有哪些？

答：被代理人取得或者恢复完全民事行为能力，代理人丧失民事行为能力，代理人或者被代理人死亡。

民法典第一百七十五条规定：有下列情形之一的，法定代理终止：

（一）被代理人取得或者恢复完全民事行为能力；

（二）代理人丧失民事行为能力；

（三）代理人或者被代理人死亡；

（四）法律规定的其他情形。

第八章　民事责任

102. 小红与小明因为工作原因对小芳心生不满，遂在下班之后将小芳的座椅弄坏。第二天座椅散架，小芳不慎摔倒，发生医药费2000元。查明真相后小芳要求小明赔偿其全部医药费，而小明认为，事情是他与小红两个人做的，自己只需要赔1000元。请问，小明的观点正确吗？

答：不正确。

民法典第一百七十八条第一款规定：二人以上依法承担连带责任的，权利人有权请求部分或者全部连带责任人承担责任。

小红与小明合谋将小芳的座椅弄坏，二人属于共同侵权，应对小芳承担连带责任，因此小芳有权要求小明承担全部责任。

103. 接上题。小明向小芳赔偿了全部医药费后找到小红，要求小红分担其中的1000元。小红表示，自己与小明都是侵权人，只有小芳有资格让她赔钱，而小明则没有资格。请问，小红的观点正确吗？

答：不正确。

民法典第一百七十八条第二款规定：连带责任人的责任份额根据各自责任大小确定；难以确定责任大小的，平均承担责任。实际承担责任超过自己责任份额的连带责任人，有权向其他连带责任人追偿。

小明与小红合谋侵权，二人的责任份额相等，在小明与小红之间，小明只需负担1000元的医药费，小明对其多支付的1000元，可向小红追偿。

104. 根据民法典相关规定，当事人承担民事责任的方式有哪些？

答：民法典第一百七十九条第一款规定：承担民事责任的方式主要有：

（一）停止侵害；

（二）排除妨碍；

（三）消除危险；

（四）返还财产；

（五）恢复原状；

（六）修理、重作、更换；

（七）继续履行；

（八）赔偿损失；

（九）支付违约金；

（十）消除影响、恢复名誉；

（十一）赔礼道歉。

105. 小红骑车时不慎撞伤了小芳，小芳找其理论，要求小红向其赔礼道歉，并支付医药费。小红认为，要么赔礼，要么赔钱，小芳只能要一样。请问，小红的观点正确吗？

答：不正确。

民法典第一百七十九条第三款规定：本条规定的承担民事责任的方式，可以单独适用，也可以合并适用。

106. 小明与小刚因琐事发生口角，小刚一时激动，拿起路边砖头拍向小明。情急之下，小明飞起一脚，将小刚踢倒，造成其肋骨骨折。小刚要求小明赔偿其医药费5000元。请问，小明应该赔偿吗？

答：不应该。

民法典第一百八十一条第一款规定：因正当防卫造成损害的，不承担民事责任。

小明是为了制止小刚的伤害行为才弄伤小刚，属于正当防卫，无需对小刚承担责任。

107. 接上题。若小刚只是伸手欲扇小明一巴掌，小明心生恐惧拿起砖头砸向小刚，造成小刚肋骨骨折。请问，小明应该赔偿吗？

答：应该。

民法典第一百八十一条第二款规定：正当防卫超过必要的限度，造成不应有的损害的，正当防卫人应当承担适当的民事责任。

108. 小明在餐馆抽烟，因乱丢烟头造成起火。为避免火烧到自己，邻座的小刚用小明的书包扑火。事后，小明要求小刚赔偿该书包。请问，小刚应该赔偿吗？

答：不应该。

民法典第一百八十二条规定：因紧急避险造成损害的，由引起险情发生的人承担民事责任。

小刚拿书包扑火，是为了避免火烧到自己，因此书包被烧坏的后果应由抽烟的小明承担。

109. 接上题。若火势进一步蔓延，餐厅员工小丁为了抢救餐厅收银机中的钱，奋不顾身，冲入火场。小丁因轻度烧伤花费了医药费1000元。请问，小丁应要求谁赔偿？

答：小明。

民法典第一百八十三条规定：因保护他人民事权益使自己受到损害的，由侵权人承担民事责任，受益人可以给予适当补偿。没有侵权人、侵权人逃逸或者无力承担民事责任，受害人请求补偿的，受益人应当给予适当补偿。

110.仍接上题。小丁在抢救出收银机里的钱后，发现了收银机下瑟瑟发抖的收银员小芳，遂扛起小芳冲出餐厅，途中小芳脑袋不慎磕到门板，造成轻微脑震荡，花费医药费1000元。小芳认为，自己躲在收银机柜台下本不会遭受伤害，反倒是小丁救助自己导致自己受伤，因此要求小丁赔偿医药费。请问，小丁应该赔偿吗？

答：不应该。

民法典第一百八十四条规定：因自愿实施紧急救助行为造成受助人损害的，救助人不承担民事责任。

第九章 诉讼时效

111.根据新出台的民法典，向人民法院请求保护民事权利的诉讼时效期间为几年？

答：三年。

民法典第一百八十八条第一款规定：向人民法院请求保护民事权利的诉讼时效期间为三年。法律另有规定的，依照其规定。

112.小明发现自家窗户被砸，报警后无法找到侵权人。三年后，小明与其邻居小红吵架，才得知自家窗户是被小红砸的，遂要求小红赔偿。小红认为，根据民法典的规定，诉讼时效为三年，时效已经过了，自己不用赔偿。请问，诉讼时效届满了吗？

答：没有。

民法典第一百八十八条第二款规定：诉讼时效期间自权利人知道或者应当知道权利受到损害以及义务人之日起计算。法律另有规定的，依照其规定。但是，自权利受到损害之日起超过二十年的，人民法院不予保护，有特殊情况的，人民法院可以根据权利人的申请决定延长。

虽然小明家窗户被砸发生在三年前，但小明现在才知道谁是侵权人，即小红。因此诉讼时效应于此时开始计算，并未届满。

113.宋庄汽车公司决定对其VIP客户推出"5年分期购买汽车"的服务。在调研中，客服部小刘提出，根据民法典的规定，诉讼时效的期间是3年，对于后两年的购车款，公司无权再向客户收取，因此建议将5年改为3年。请问，小刘的说法正确吗？

答：不正确。

民法典第一百八十九条规定：当事人约定同一债务分期履行的，诉讼时效期间自最后一期履行期限届满之日起计算。

客户的付款义务须分5年履行，因此诉讼时效从5年之后开始起算，并未届满。

114.大三学生小红想要出国留学，但其父母不同意，并拒绝为其支付留学费用。小红想到，自己以前每年生日都会收到长辈发来的红包，累计起来达20多万元，这些红包都由母亲暂时保管，遂向母亲索要红包，以供留学之用。她母亲认为，这些红包都是小红小时候收到的，现在法律不保护了。请问，小红母亲的说法对吗？

答：不对。

民法典第一百九十条规定：无民事行为能力人或者限制民事行为能力人对其法定代理人的请求权的诉讼时效期间，自该法定代理终止之日起计算。

小红的红包是小红长辈赠与她的，属于小红的财产。母亲代为保管，小红可以随时请求母亲返还。该诉讼时效自小红成年之日，即法定代理终止之日开始计算，并未届满。

115. 2008年，小明借给小刚10万元。2018年年初，双方协商还款事宜，小刚表示先还1万元，后续欠款2019年年初还。2019年年初，小明找小刚催要剩下的钱，小刚拒不还款，并表示，钱是2008年借的，早过了诉讼时效。请问，小明可请求小刚还钱吗？

答：可以。

民法典第一百九十二条规定：诉讼时效期间届满的，义务人可以提出不履行义务的抗辩。

诉讼时效期间届满后，义务人同意履行的，不得以诉讼时效期间届满为由抗辩；义务人已经自愿履行的，不得请求返还。

据此，由于2018年时小刚承诺还款，2019年时其不得再以诉讼时效届满为由进行抗辩，小明仍可要求小刚还钱。

116. 小明于2015年3月借给小红10万元，双方约定的还款期限是2016年3月。2018年11月，小明遭遇车祸，成为植物人。2019年8月，小明之子小小明被法院确认为小明的代理人。小小明遂请求小红还款。小红认为，诉讼时效已过。问：小红的说法正确吗？

答：不正确。

民法典第一百九十四条规定：在诉讼时效期间的最后六个月内，因下列障碍，不能行使请求权的，诉讼时效中止：

（一）不可抗力；

（二）无民事行为能力人或者限制民事行为能力人没有法定代理人，或者法定代理人死亡、丧失民事行为能力、丧失代理权；

（三）继承开始后未确定继承人或者遗产管理人；

（四）权利人被义务人或者其他人控制；

（五）其他导致权利人不能行使请求权的障碍。

自中止时效的原因消除之日起满六个月，诉讼时效期间届满。

小明请求小红还款的诉讼时效，自双方约定的还款日起算，至2019年3月止。小明发生车祸，丧失行为能力发生于原诉讼时效的最后六个月内。因此诉讼时效中止，自小小明成为代理人之后六个月届满，因此目前诉讼时效尚未届满。

117. 小红为中国香港公民，2000年在深圳购买了一套商品房。之后20年小红一直在香港工作，未再留意该套房产。2020年3月，小红想起在深圳的房子一直空置，遂准备将该房出售。但来到深圳才发现，该房自2004年起就一直被小刚一家占有居住。小红要求小刚搬离，但小刚认为，距离小红购房已过去近20年，由于小红未积极行使自己的权利，小红请求其搬离房屋的诉讼时效已经届满。请问，小刚的说法正确吗？

答：不正确。

民法典第一百九十六条规定：下列请求权不适用诉讼时效的规定：

（一）请求停止侵害、排除妨碍、消除危险；

（二）不动产物权和登记的动产物权的权利人请求返还财产；

（三）请求支付抚养费、赡养费或者扶养费；

（四）依法不适用诉讼时效的其他请求权。

据此，小红作为该房屋的所有权人，其请求他人搬离房屋的请求权不适用诉讼时效，也就不存在时效届满的问题。

118. 诉讼时效的期间、计算方法能由当事人自行约定吗？

答：不能。

民法典第一百九十七条规定：诉讼时效的期间、计算方法以及中止、中断的事由由法律规定，当事人约定无效。

当事人对诉讼时效利益的预先放弃无效。

119. 根据新出台的民法典，以下哪些权利适用中止、中断延长的规定：撤销权、解除权、债权请求权。

答：债权请求权。

民法典第一百九十九条规定：法律规定或者当事人约定的撤销权、解除权等权利的存续期间，除法律另有规定外，自权利人知道或者应当知道权利产生之日起计算，不适用有关诉讼时效中止、中断和延长的规定。存续期间届满，撤销权、解除权等权利消灭。

120. 2015年3月，小红向小明借款5万元，双方约定小明应于2016年3月还款。2019年10月，小红首次向小明催要借款，小明表示可先还2万元，剩余部分两年后再还。2020年1月，小红再次向小明催要借款，小明表示，诉讼时效已于2019年3月届满，自己没有还款义务。问：小明有还款义务吗？为什么？

答：有。

民法典第一百九十二条规定，诉讼时效期间届满的，义务人可以提出不履行义务的抗辩。诉讼时效期间届满后，义务人同意履行的，不得以诉讼时效期间届满为由抗辩；义务人已自愿履行的，不得请求返还。

虽然小红之请求权的诉讼时效已于2019年3月届满，但小明之后承诺还款，因此小明不得再以诉讼时效届满为由抗辩，小明仍有还款义务。

121. 根据民法典相关规定，权利人提起与诉讼或者申请仲裁具有同等效力的行为的，诉讼时效中断。请问，与诉讼或申请仲裁具有同一效力的行为有哪些？

答：申请调解、申请破产、申请支付令、申请诉前财产保全、申请强制执行、申请追加当事人、申请宣告义务人失踪或死亡等。

第十章 期间计算

122. 小明与小红是夫妻，2014年，小明向小刚借贷10万元用于购房，约定2015年2月归还，小明与小红对欠款承担连带责任。2018年1月，小明与小刚签订还款协议，小明承诺分期偿还欠款。2020年4月，小刚请求小红偿还欠款。小红认为，小刚一直未向自己主张，诉讼时效已届满。请问，小红的观点正确吗？为什么？

答：不正确。

连带债务人中有一人发生诉讼时效中断事由的，应当认定对其他连带债务人也发生诉讼时效中断的效力。小刚与小明于2018年1月签订还款协议，使得对小明的诉讼时效发生中断事由，因此小刚对小红的诉讼时效也发生中断效力。

123. 小明与小刚签订了一份借款合同，合同约定的还款日是2016年5月1日，而小明请求小刚还款的诉讼时效截止到哪一天？

答：2019年5月4日。

民法典第二百零三条第一款规定：期间的最后一日是法定休假日的，以法定休假日结束的次日为期间的最后一日。

5月1日为劳动节，法定假日为5月1日到5月3日，因此诉讼时效的届满日应为5月4日。

124. 对于民法典规定的期间计算方式，下列哪些表述是正确的？

A.按照年计算期间的，开始的当日不计入，自下一日开始计算

B.按照月计算期间的，开始的当日计入，结束的当日不计入

C.按照日计算期间的，开始的当日不计入，自下一日开始计算

D.按照日计算期间的，开始的当日计入，结束的当日不计入

答：A、C。

民法典第二百零一条规定：按照年、月、日计算期间的，开始的当日不计入，自下一日开始计算。

按照小时计算期间的，自法律规定或者当事人约定的时间开始计算。

125.小明向小刚借款1万元,约定3个月后还款。已知借款日为2018年3月31日,还款日是哪天?

A.2018年6月1日

B.2018年6月30日

C.2018年7月1日

D.2018年7月31日

答:B。

民法典第二百零二条规定:按照年、月计算期间的,到期月的对应日为期间的最后一日;没有对应日的,月末日为期间的最后一日。

第二编 物权

第一分编 通 则

第一章 一般规定

126. 什么是物权？我国民法典上规定了哪些具体物权？

答：民法典第一百一十四条第二款规定：物权是权利人依法对特定的物享有直接支配和排他的权利，包括所有权、用益物权和担保物权。

首先，物权是民事主体对于特定物所享有的权利，用专业术语来讲就是物权的客体是特定的物。

民法典第一百一十五条规定，物包括不动产和动产。

不动产就是不能移动或者移动会改变其性质、降低其价值的物，包括土地、房屋等地上建筑物、树木等定着物；动产是指所有不动产之外的有体物。

其次，物权是权利人直接支配特定物的权利。也即物权人可以直接作用于特定的物，而无需借助任何其他人的帮助。例如，所有人自己可以占有、使用标的物而无需任何人的协助。这与债权形成鲜明的对比，债权人债权的实现必须要借助债务人的履行，若债务人不履行债务，那么债权人的债权就不能得到实现。

再次，物权是排他的权利，也就是可以排除一切第三人干涉的权利，这也被称为"债权的绝对性"。物权人之外的所有人都是物权的义务人，所有人都负有尊重物权、不侵害物权、不干涉物权的消极的义务。这也与债权有所不同，债权是相对性权利，仅仅债务人自己对债权人负有义务，债务人之外的第三人原则上对债权人不负有任何义务。

民法典共规定了9种具体的物权，分别是所有权，土地承包经营权（含土地经营权）、建设用地使用权、宅基地使用权、居住权与地役权等5种用益物权，抵押权、质权和留置权3种担保物权。

127. 在我国法律上国家所有权的地位应该高于集体所有权，而集体所有权的地位应该高于个人所有权，这样的说法正确吗？

答：不正确。

首先，民法典第四条规定：民事主体在民事活动中的法律地位一律平等。

因此，在民事活动中，无论是国家还是集体，一旦其以民事主体的身份参与民事交往就必须遵守平等原则而与同样作为民事主体的个人、法人或者非法人组织处于平等的地位。

其次，民法典第二百零七条规定：国家、集体、私人的物权和其他权利人的物权受法律平等保护，任何组织或者个人不得侵犯。

由此可见，无论是国家所有权还是集体所有权抑或是私人所有权都完全平等地受法律保护。

128. 与2007年通过的物权法相比较，民法典物权编有哪些主要创新或进步？

答：民法典物权编的主要创新与进步主要表现在如下几个方面：

（一）在用益物中增加了一种全新的用益物权，也即"居住权"。实现党的十八大提出的"加快多主体供给、多渠道保障住房制度的要求"；

（二）将党中央、国务院提出的集体土地改革的新方针——农地"三权分置"以法典的形式固定下来，增加了"土地经营权"制度，从而实现农业用地的市场化；

（三）以优化营商环境为宗旨，完善了动产担保物权体系，明确了担保物权竞合时的优先受偿顺序，扩大了担保合同的范围，明确了融资租赁、保理、所有权保留等制度的担保功能，并按照担保物权的模式进行构造；

（四）进一步完善了建筑物区分所有制度，完善了对业主大会的表决机制，防止物业管理僵局的发生；

（五）增加了添附制度，以解决加工、附合、混合等所引起的所有权变动问题；

（六）立法技术上更加完善，法律表达更加精准。

第二章　物权的设立、变更、转让和消灭

129. 依法属于国家所有的自然资源应当登记，不登记的物权不生效。这句话是否正确？

答：错误。

民法典第二百零九条规定：不动产物权的设立、变更、转让和消灭，经依法登记，发生效力；未经登记，不发生效力，但是法律另有规定的除外。

依法属于国家所有的自然资源，所有权可以不登记。

130. 根据民法典，以下不属于不动产登记机构职责范围的是哪项？

A. 查验申请人提供的权属证明和其他必要材料

B. 就有关登记事项询问申请人

C. 对不动产进行评估

答：C。

民法典第二百一十二条第一款规定：登记机构应当履行下列职责：

（一）查验申请人提供的权属证明和其他必要材料；

（二）就有关登记事项询问申请人；

（三）如实、及时登记有关事项；

（四）法律、行政法规规定的其他职责。

民法典第二百一十三条规定：登记机构不得有下列行为：

（一）要求对不动产进行评估；

（二）以年检等名义进行重复登记；

（三）超出登记职责范围的其他行为。

131. 宋庄公司与刘庄公司签订了一份建设用地使用权转让合同，约定宋庄公司将其名下的建设用地使用权以1亿元的价格转让给刘庄公司。合同签订后，宋庄公司请求刘庄公司付款，但刘庄公司认为，根据民法典的规定，不动产物权的变动应当登记，不登记的不发生效力。因此双方签订的购地合同还未生效，刘庄公司没有付款义务。请问，刘庄公司的观点正确吗？

答：不正确。

民法典第二百一十五条规定：当事人之间订立有关设立、变更、转让和消灭不动产物权的合同，除法律另有规定或者当事人另有约定外，自合同成立时生效；未办理物权登记的，不影响合同效力。

132. 小红与小明结婚后一直吵吵闹闹，2020年4月两人开始分居，小明也不再向小红上交工资。听小刚说，小明给他买了一套房，他的工资都用来还房贷了。小红十分气愤，想去调查房子的情况，这时小红应该怎样做？

答：小红应去不动产登记机构查询房产信息。

民法典第二百一十八条规定：权利人、利害关系人可以申请查询、复制不动产登记资料，登记机构应当提供。

小红与小明并未离婚，小明所购房产为夫妻共同财产，小红作为共同所有人之一，有权去不动产登记机构查询该房产状况。

133. 接上题。小红到不动产登记中心查询，果然发现小明名下有一套婚后购买的房产，房产性质为小明个人所有。请问，小红该如何做？

答：小红可向不动产登记中心申请更正，将房屋登记更正为共同所有。

民法典第二百二十条第一款规定：权利人、利害关系人认为不动产登记簿记载的事项错误的，可以申请更正登记。不动产登记簿记载的权利人书面同意更正或者有证据证明登记确有错误的，登记机构应当予以更正。

小明名下房产为婚后购买，应为夫妻共同财产，而登记中心则记载该房产为小明个人所有，属于记载错误，小红有权要求其更正。

134. 小刚欲移民国外，因此向小明出售自家的房子，双方签订了购房合同，约定购房款为100万元。合同签订后小刚要求小明付款，小明担心自己付款后小刚再将房子卖给别人。请问，小明可采取何种措施维护自己的利益？

答：小明可向不动产登记中心申请预告登记。

民法典第二百二十一条第一款规定：当事人签订买卖房屋的协议或者签订其他不动产物权的协议，为保障将来实现物权，按照约定可以向登记机构申请预告登记。预告登记后，未经预告登记的权利人同意，处分该不动产的，不发生物权效力。

135. 接上题。小刚与小明办理预告登记后，小明一直未向小刚付款，但由于预告登记，小刚的房子也卖不出去。请问，小刚该如何维护自己的利益？

答：小刚可以小明不付款为由解除合同，解除后预告登记失效。

民法典第二百二十一条第二款规定：预告登记后，债权消灭或者自能够进行不动产登记之日起九十日内未申请登记的，预告登记失效。

据此，小刚解除合同后，小明请求小刚交付房屋并过户的债权消灭，预告登记因此也失效。

136. 以下哪一项是不动产登记费的收费方式？

A.按件收取

B.按照不动产的面积收取

C.按照不动产价值收取

D.按照不动产所在的区位收取

答：A。

民法典第二百二十三条规定：不动产登记费按件收取，不得按照不动产的面积、体积或者价款的比例收取。

137.小刚在北京购买了一套新房，以下哪一时点小刚取得新房所有权？
A.签订房屋买卖合同
B.小刚支付首付款
C.房地产公司向小刚交房
D.小刚作为产权人被记载于不动产登记簿

答：D。

民法典第二百一十四条规定：不动产物权的设立、变更、转让和消灭，依照法律规定应当登记的，自记载于不动产登记簿时发生效力。

138.对于船舶、航空器和机动车，其物权变动自交付时起生效。这句话对吗？

答：对。

民法典第二百二十五条规定：船舶、航空器和机动车等的物权的设立、变更、转让和消灭，未经登记，不得对抗善意第三人。据此，船舶等特殊动产，其物权变动也是以交付为准，只是不登记不得对抗善意第三人。

139.小刚准备出国留学，遂将出租屋内的一箱图书交由小王保存。来到国外后，小刚收到朋友小明购书的邮件，小明愿意出价1万元购买小刚的图书，小刚心动不已，但认为自己在国外，不可能亲自回国取回图书再交给小明。请问，小刚该如何处理？

答：小刚可与小明商量，通过转让自己对小王的请求权的方式交付图书。

民法典第二百二十七条规定：动产物权设立和转让前，第三人占有该动产的，负有交付义务的人可以通过转让请求第三人返还原物的权利代替交付。

140.小刚在自家宅基地上建了一栋房子。不久后小李酒后驾车，将小刚的房门撞坏。小刚要求小李赔偿。小李则认为，不动产物权的设立，不登记不发生效力，小刚拿不出房产证，不能证明自己是房子的主人，他没有资格要求赔偿。请问，小李的观点正确吗？

答：不正确。

民法典第二百三十一条规定：因合法建造、拆除房屋等事实行为设立或者消灭物权的，自事实行为成就时发生效力。

该宅基地上的房屋为小刚合法建造，自建造完毕时起小刚就取得了该房屋的所有权。

141. 接上题。若小刚建好房屋后将其卖给同村村民小明，小明已向小刚支付购房款并搬进该房屋，但双方未就此办理登记。请问，现在小明是房屋的所有权人吗？

答：不是。

民法典第二百三十二条规定：处分依照本节规定享有的不动产物权，依照法律规定需要办理登记的，未经登记，不发生物权效力。

据此，小刚若要将其建造的房屋的所有权转移给小明，仍要进行登记，否则该转让不发生物权效力。

142. 2016年3月16日，张大爷去世，其遗嘱载明，房子归张大所有。张二怀疑该遗嘱为张大伪造，遂向法院起诉。2018年2月7日，二审法院判决，张二享有宋庄路12号院201室房屋的所有权。2018年3月12日，张二拿着法院判决去不动产登记中心，将该房屋的产权人变更为自己。2018年6月30日，张二申请法院强制执行，将张大的家具全部搬离，自己于当天入住。请问，张二何时取得房屋所有权？

答：2018年2月7日。

民法典第二百二十九条规定：因人民法院、仲裁机构的法律文书或者人民政府的征收决定等，导致物权设立、变更、转让或者消灭的，自法律文书或者征收决定等生效时发生效力。

143. 王大捡到张二丢失的玉佩，联络张二后，张二同意以2000元的价格将玉佩出售。后张二反悔，以自己为玉佩所有人为由，要求王大返还玉佩。请问，张二的主张成立吗？

答：不成立。

民法典第二百二十六条规定：动产物权设立和转让前，权利人已经占有该动产的，物权自民事法律行为生效时发生效力。

王大在购买前即占有该玉佩，购买后王大即取得玉佩所有权。张二已非所有人，不能要求王大返还。

第三章　物权的保护

144. 宋庄公司享有对A地块的建设用地使用权，某日刘庄公司为建设自己的厂房，将建筑材料堆放在A地块上。请问，宋庄公司该如何处理？

答：宋庄公司可请求刘庄公司搬走建筑材料。

民法典第二百三十六条规定：妨害物权或者可能妨害物权的，权利人可以请求排除妨害或者消除危险。

刘庄公司将建筑材料堆放在A地块上，妨碍了宋庄公司对A地块的使用，宋庄公司作为A地块的权利人，可据此请求刘庄公司排除妨害。

145. 接上题。若刘庄公司在建设厂房的过程中，将部分厂房设施建在了A地块上。请问，宋庄公司该如何处理？

答：宋庄公司可请求刘庄公司返还被占有土地。

民法典第二百三十五条规定：无权占有不动产或者动产的，权利人可以请求返还原物。

刘庄公司将设施修建在A地块之上，实际上已经占有了宋庄公司的部分土地，宋庄公司作为A地块的权利人，可据此请求刘庄公司返还原物。

146. 仍接上题。刘庄公司为建设厂房，其建筑材料的运输需要通过宋庄公司的A地块。现双方就此设立地役权，宋庄公司允许刘庄公司的车辆通过A地块。不久之后，双方发生争议，刘庄公司认为自己可从A地块的任何地点通过，宋庄公司则认为，A地块的北侧与刘庄公司厂址相邻，刘庄公司只能通过A地块的北侧。请问，双方该如何解决纠纷？

答：双方可请求法院确认地役权的内容。

民法典第二百三十四条规定：因物权的归属、内容发生争议的，利害关系人可以请求确认权利。

现双方对地役权的设立没有争议，但对于地役权的内容有争议，可通过物权确认之诉解决。

147. 村民张三与李四的耕地相邻，秋收时张三已将水稻割完，李四则还剩三亩地没割完。现张三为了肥田，决定将自己地上的稻草点燃。李四见状，担心火势蔓延到他的稻田，立即阻止张三。张三则认为，自己没有烧李四的稻田，李四无权阻止自己。请问，张三的观点正确吗？为什么？

答：不正确。

根据民法典第二百三十六条的规定，李四享有消除危险请求权。

该请求权不以他人已对物权造成实际上的妨害为要件，只要他人之行为对物权人之物权具有现实危险性，不阻止该危险将极有可能转变为现实即可。现张三欲烧地，李四之耕地与其相邻，因此火极有可能蔓延到李四的耕地上并烧毁其还未割完的水稻，李四行使消除危险请求权，完全符合民法典此条规定的构成要件。

148. 小明将自己的房屋租赁给小丁。3个月后，小红也想租住小明的房子，且出价比小丁高。小明遂要求小丁搬离房子，并把已交的租金退给他。小丁认为，自己和小明之间有合同，小明无权让自己搬离。小明则认为，自己是房屋的所有权人，有权决定将房子租给谁。请问，小丁与小明谁正确？

答：小丁正确。

民法典第二百三十五条规定：无权占有不动产或者动产的，权利人可以请求返还原物。

换言之，若为有权占有，权利人则不得请求返还原物。小明与小丁之间有合法有效的租赁合同，据此小丁对房屋的占有为有权占有，小明无权请求小丁返还房屋。

149. 小王偷骑小明的单车，不料撞到花坛，单车散架。请问，小明应如何维护自身权益？

答：小明可要求小王修理单车或赔偿单车市价。

民法典第二百三十七条规定：造成不动产或者动产毁损的，权利人可以依法请求修理、重作、更换或者恢复原状。

民法典第二百三十八条规定：侵害物权，造成权利人损害的，权利人可以依法请求损害赔偿，也可以依法请求承担其他民事责任。

150.物权受到侵害的，当事人可以通过哪些途径解决纠纷?

A.和解　　　B.调解　　　C.仲裁　　　D.诉讼

答：A、B、C、D。

民法典第二百三十三条规定：物权受到侵害的，权利人可以通过和解、调解、仲裁、诉讼等途径解决。

第二分编 所有权

第四章 一般规定

151. 什么是所有权？

答：所有权是指权利人能够对其所有的动产或不动产进行直接、全面且排他性支配的权利。

所有权属于最为典型的物权，也是物权制度最初的原型之所在，因此所有权最能体现物权的特点与性质。也正因为如此，所有权是一种完全物权，具有物权所拥有的完整权能，两者在内涵上一致。而诸如用益物权和担保物权这样的定限物权，则仅仅在物权的部分权能范围内可得支配。

民法典第二百四十一条规定：所有权人有权在自己的不动产或者动产上设立用益物权和担保物权。

上述规定体现了定限物权仅涉及所有权权能的一部分这一特点。

152. 所有权具体包含哪些内容？

答：所有权的内容又可称为"所有权的权能"，可以分为积极权能与消极权能两个方面。

积极权能包含占有、使用、收益、处分四种。

民法典第二百四十条对所有权进行定义时即采取了此种方式。

占有是指对物的事实支配状态。民法典第二百三十五条规定的返还请求权即是指恢复所有权人对所有物的占有。

使用是指在不毁损物或更改其性质的前提下对物加以利用来满足生活生产的相关需要。

收益是指对物的天然孳息与法定孳息的收取。民法典第三百二十一条规定了原则上由所有权人对孳息进行收取。

处分包括事实上的处分与法律上的处分两个方面，对物的处分是所有权的重要体现，对所有物的直接支配和排他性处分从所有和使用两个层面直接反映出了权利人对所有人的绝对权利。

以上内容均是所有权在正常状态下的内容，无需他人协助即可实现，故可称为所有权的积极权能。除此之外所有权的权能还包括消极方面，即权利人可排除一切他人对物的干涉。当所有权的行使受到妨碍时，权利人可以采用民法典第二编第三章"物权的保护"中的物权请求权来对他人的干涉进行排除。

153.从上述问题中可以归纳出所有权的何种性质与特点？

答： 所有权具有整体性、弹力性、永久性以及社会性的性质与特点。

整体性是指所有权并不仅仅是占有、使用、收益、处分这些权能在量上的总和，其应当是一个浑然一体性的权利，这种整体性使得对所有权不能在内容或时间上进行分割，即便在所有物上设立定限物权，也并非将所有权一部分进行让与，而是在物上创设了一个新的权利。

弹力性是指若所有物上所存在的定限物权一旦除去，则其立即恢复到原有的圆满状态。弹力性在国家所有权中最为常见。

永久性是指所有权的存续不像债权一般具有时间上的限制，只要所有物在客观上存在，则所有权亦将一直存在，直到该物毁损、灭失，在物理上不复存在。

社会性乃是指由于其以上特性，故往往在公法、私法领域均受到多种限制，以维护社会公共利益。

154.行使所有权是否需要进行限制？如果需要，应当如何对其进行限制？

答： 上一问中曾提到所有权具有社会性，其作为一种效力强大的绝对权，在形式上若不加以限制，则很有可能会侵犯到其他人的合法权益，故对于所有权的行使，往往伴有各种限制。对所有权而言，其自罗马法中诞生以来，从来就不是一个不受限制、不负义务的权利，在所有权中，自由与限制往往相伴而生，这也是对其他人合法权利的尊重。

对所有权的限制可以分为公法与私法两个层面。公法上的限制多是出于保护公共利益的需要。私法上的限制如民法典上的禁止权利滥用原则、诚实守信原则等。

155.征收和征用如何界定，两者的区别在哪里？

答： 征收是指国家为了公共利益的需要，按照法律所规定的权限和程序对集体、个人的不动产进行取得，在取得财产的过程中需要国家对被征收人进行一定的补偿。

征用则是指出于抢险救灾、疫情防控等紧急需要，对组织或个人的动产、不动产临时调配使用，在紧急情况结束之后，被调配使用的物资需要及时返还给被征用人。

征收和征用的最大区别在于所有权是否转移，在征收中被征收人的物的所有权终局移转，被征收人不再是所有权人。而在征用之中，所有权并不移转，被征用人只是暂时丧失对该物的占有，交由征用人使用。

根据民法典第二百四十三条的规定，征收仅限于不动产，而征用由于其具有的紧急救险性质，不限于动产或不动产。此外，征收与征用对于费用的补偿也存在区别，征收所涉及客体均为不动产，故必须对被征收人进行补偿。

根据民法典第二百四十五条的规定，征用只有在涉及被征用财产毁损、灭失时，才属于必须给予补偿的范围。

第五章　国家所有权和集体所有权、私人所有权

156.民法典物权编明确规定为国家所有权的物有哪些？

答：民法典第二百四十六条第一款规定：法律规定属于国家所有的财产，属于国家所有即全民所有。

生产资料的公有制是经济基础制度的基础，而这其中，全民所有制所占比重更大。因此，我国的很多重要资源的所有权都应当属于国家所有权。

民法典将其规定在第二编第五章之中。具体包括：矿藏、水流、海域；无居民海岛；城市的土地以及法律规定由国家所有的农村和城市郊区的土地；森林、山岭、草原、荒地、滩涂等自然资源；野生动植物资源；无线电频谱；法律规定由国家所有的文物；国防资产、铁路公路、电力设施、电信设施和油气管道等基础设施。

157.国家机关能否享有法人所有权？

答：若仅仅从语义上理解民法典第二百五十五条，则往往以为该法条承认了国家机关对其支配的财产享有所有权。但实际上该条是为了规定国家所有权的行使方式，即由国家机关依法代行国家所有权。国家机关在此处仅仅是执行公务，占有和使用国有财产也是为了完成国家赋予其的使命，而非用于经营。其在使用处分过程中所得到的收益也并非归属于国家机关自身，而是仍然应该归属于国家享有。同时，按照该法条在民法典物权编所有权的体系来说，也是位于对于

国家所有权进行规范的条文之中。因此国家机关实际上仅仅是代表国家行使权力，而非国有财产的所有权人。

同理，对于民法典第二百五十六条关于国家举办事业单位支配财产的规范也应该按照此思路作出同等解释。

158. 由国家出资的企业是否享有法人所有权？

答：关于国家出资成立企业，可供参照的法条包括民法典第二百五十七条、第二百六十八条。前者规定由国务院和地方人民政府代表国家履行出资人职责，享有出资人权益。后者则声明由出资人按照约定或出资比例享有资产收益、重大决策以及选择经营管理者等权利并履行义务。后者的表述为关于出资人的权益表述，具体可参见公司法第四条。因此，该法条实际上区分了所有权和出资人的股权。国务院和地方人民政府享有出资人权益即股权，而由国家出资的企业则享有法人所有权。

159. 为了防止国有财产流失，民法典做了怎样的努力？

答：国有财产是由国家享有所有权，因此保护国有财产，就是保卫我们的社会主义制度与全民所有制。

民法典第二百五十八条规定：国家所有的财产受法律保护，禁止任何组织或者个人侵占、哄抢、私分、截留、破坏。

除此之外，民法典第二百五十九条进一步对管理、监督国有财产的主体提出了明确的要求。要求相关机构和工作人员应当依法加强对国有财产的管理和监督，促进国有财产保值增值。因为滥用职权、玩忽职守而造成国有财产损失的，应当依法承担法律责任。这里的法律责任，除民法外，还涵盖了行政责任与刑事责任。此外，在企业改制、合并分立、关联交易等行为过程中采取合谋私分、擅自担保等行为从而造成国有财产损失的，同样应当依法承担法律责任。

160. 集体所有权相较于国家所有权、个人所有权呈现出何种特点和区别？

答：集体所有权是指集体组织及其成员对集体财产享有占有、使用、收益和处分的权利。集体所有权同样是社会主义公有制的重要形态。

集体所有权在主体呈现复合形态，其主体既包括集体组织还包括集体组织的全体成员。

集体所有权的行使必须反映集体成员的共同意志，故其行使可以分为代表行使机制和民主决策机制，在涉及民法典第二百六十一条第二款第二项的相关内容时，就需要根据民主决策机制依照法定程序经集体成员共同决定。

161.对于农民集体所有的物，集体应当如何行使其所有权？

答：农民集体所有的不动产和动产，应当由集体成员集体所有。故行使所有权，也必须经过集体成员的同意，这样才能体现集体财产的共有性。这里集体成员的同意，是指需要集体组织成员通过民主程序讨论决定。

民法典第二百六十一条第二款规定：下列事项应当依照法定程序经本集体成员决定：

（一）土地承包方案以及将土地发包给本集体以外的组织或者个人承包；

（二）个别土地承包经营权人之间承包地的调整；

（三）土地补偿费等费用的使用、分配办法；

（四）集体出资的企业的所有权变动等事项；

（五）法律规定的其他事项。

162.集体成员在集体所有权受到侵害时是否有特殊的保护方式？

答：由于集体所有权在主体上具有双重性且集体组织行使该权利也是出于对于集体意志的代表，所以对于集体所有权的法律保护，除了物权请求权、侵权损害赔偿请求权以及不当得利请求权的保护方式外，集体成员还特别享有撤销权。若农村集体组织、村民委员会或其负责人作出的决定侵害集体成员合法权益，受侵害的集体成员可以依照民法典第二百六十五条请求法院予以撤销。此处的决定应当是指有关集体所有权行使的相关决定。同样，此处的合法权益并非集体成员的个人权益，而是集体组织成员在集体组织中所应当享有的合法权益。

第六章 业主的建筑物区分所有权

163.如何界定建筑物区分所有权中的专有权？

答：建筑物区分所有权中的专有权又称为"专有所有权"。根据民法典第二百七十一条的规定，业主对建筑物内的住宅、经营性用房等专有部分享有所有权。

构成建筑物的专有部分，需要满足构造上的独立性和空间上的独立性两个条件，前者是指建筑物能够通过区分而形成特定部分，尤其是能够通过墙壁、楼板等与其他部分相分开，达到明显可以区分的程度。后者则是指能够作为一个物被单独使用，满足其作为建筑物的社会生活经济目的。这里的社会经济目的，是指专有部分可以单独使用而且其与一般建筑物一样具有独立经济效用。

164. 业主对于其专有部分的权利相较于一般所有权是否有所限制？

答： 业主对于自己所享有的专有权部分，自然可以按照自己的意愿进行使用、修缮维护和管理。但同时专有部分又处于整个建筑物这个单一物的范畴之下，因此业主对于其专有部分的使用与处分，若可能影响到建筑物内其他业主之权益，则该种处分同样应当被法律所限制。

民法典中专门有一条是对于业主对其专有部分处分的限制。

民法典第二百七十九条规定：业主不得违反法律、法规以及管理规约，将住宅改变为经营性用房。

业主想要完成该改变，除管理规约同意外还需要有利害关系的业主一致同意。我国对于土地和房屋的用途有着严格规划与规定，将住宅私自改为经营性用房除不符合法律的规定和规划的设计之外，还会对同一建筑内其他业主的生活带来较大影响，故必须取得利害关系业主一致同意，否则即是对其他业主权利的损害。

165. 建筑物区分所有权中的共有与共有权有何区别？

答： 从概念的意义与内涵范围而言，两者其实并无实质性差别。均是指多个权利人共同对同一客体享有权利。只是前者由于其权利的复合性而具有一些独有的特征。

在主体上前者具有复合性，是共有权人、专有权人以及建筑物区分所有权人管理团队的一员。在客体上前者范围相对而言更为广泛，包括法定和约定两种形式。在具体的权利内容之上，前者相对来说更为丰富。在权利的变动规则上，前者并不具有一般共有权人所具有的优先购买权。

166. 业主的共有部分包含哪些？

答： 首先，建筑物的基础部分，如承重结构、外墙、屋顶等基础结构部分；通道、楼梯、大堂等公共通行部分；消防和公共照面等附属设施设备；避难层和设备间等结构部分以及建筑区划内的公共场所、公用设施和物业服务用房均属于共有部分。

其次，建筑区划内的土地如绿地和道路，除非属于城镇公共道路和绿地，否则均属于业主共有。此外，建筑区划内的绿地还需要满足并非某业主专有的条件。

最后，建筑区划中其他不属于业主专有部分，也不属于市政公用部分或其他权利人所有的场所及设施，属于业主的共有部分。

167. 停车位是否属于业主的专有部分？

答：原则上，小区内的停车位与车库并不当然属于业主所有。

根据民法典第二百七十五条的规定，建筑区划内停车位的所有权归属需要通过业主与开发商约定来明确。但若停车位占用业主共有的道路或其他场地，则停车位应当归全体业主共同所有。

确认停车位与车库的所有权时，必须首先明确是否已经被登记为一项独立的不动产存在独立的所有权。尚未成为独立不动产，则应该考察是否已公摊于区分所有建筑物的面积之中。若已公摊，则归业主所有，否则便属于尚未出售的区分所有建筑物面积之中，归属于开发商所有。

168. 如何界定关于停车位中的"首先满足业主的需要"？

答：民法典第二百七十六条规定：建筑区划内，规划用于停放汽车的车位、车库应当首先满足业主的需要。

此处的规划并非指业主关于停车位的计划也并非开发商建造停车位的相关规划，采取此两种做法都必然会对另一方不利，故此处的规划是指建筑区划的规划机构所作出的规划设计文件中关于建筑区划内停车位、车库的规划。规划机构是行政主管部门或其委托授权机构，相对而言更为客观公正。

同样，业主的需要的判断标准既不是业主的主观要求、客观需要，也不是开发商的建造计划，而应当是规划设计文件中关于建筑区划内停车位、车库的配备比例。

最后，满足业主的需要是指只需要按照规划设计文件的配备比例交由业主即可，具体是出售还是出租则由当事人具体约定。

169. 开发商提供给业主的车位不能满足业主的需要，应当做何种处理？

答：民法典第二百七十六条的规定属于强制性规范。该法条在条文中使用了"应当"字样，说明立法机构倾向于通过该条款直接规制当事人的行为。且建筑物内停车位的设置涉及整个建筑区划内的所有业主，与建筑区划内的治安、文化、管理水平都密切相关，关系到公共利益是否可以得到满足。故本条属于强制性规范。因此，若开发商未满足业主需求的配置比例，即将停车位出售给业主之外的第三人，而在与业主签订的商品房预售合同中并没有将停车位配套出卖、出租或赠与业主的约定，则业主可以主张开发商的行为违反了民法典第二百七十六条的规定，因而双方签订的商品房预售合同或开发商与第三人签订的停车位合同条款无效。

170. 业主对共有部分享有哪些权利？

答：共有人对共有部分享有使用权，有权共同或轮流使用共有部分。

对于共有部分享有收益权，收益分配的具体规则可根据民法典第二百八十三条的规定，依据管理规约或其所持有所占面积比例来进行分配。

对于共有部分享有保存、修缮、改良的权利。业主可以自行修缮改良，但修缮前应当告知物业服务企业，在改良前依法办理有关手续同时告知物业服务企业。

当然，业主对于共有部分自然享有物权请求权，民法典第二百八十六条第二款对此进行了明确规定。

171. 业主对于共有部分负有何种义务？

答：业主需要按照共有部分的本来用途来使用共有部分。业主固然可以对共有部分进行改良，但此种改良不得改变共有部分的用途。当然，业主应该按照国家相关规定缴纳专项维修资金用于共有部分及其附属设施的保存、维修以及改良。对于资金缴纳的具体数额，同样应当根据民法典第二百八十三条来确定，即有约定按照约定，没有约定则按照业主专有部分占据建筑物总面积的比例来计算。此处的约定既包含管理规约，也包括业主大会所作出的相关决定。

172. 什么是业主的共同管理权，为什么要赋予业主共同管理权？

答：共同管理权是业主通过业主大会和业主委员会来对建筑物的共有部分和所涉及的共同事务进行管理的权利。共同管理权基于业主之间的相互关系而产生，在建筑物内，各个业主间的专有部分通过墙壁、地板和天花板相连接，只有在充分利用共有部分的前提下才能使各专有部分充分发挥作用，基于此，业主事实上形成了一种类似"共同体"的关系。只有对共有部分相互共同管理，才能够维持各方利益、保持公平、维护各个专有部分的存续和使用。

173. 业主的共同管理权具体包含哪些内容？

答：根据民法典第二百七十八条的规定，业主的共同管理权包括：

（一）制定和修改业主大会议事规则；

（二）制定和修改管理规约；

（三）选举业主委员会或者更换业主委员会成员；

（四）选聘和解聘物业服务企业或者其他管理人；

（五）使用建筑物及其附属设施的维修资金；

（六）筹集建筑物及其附属设施的维修资金；

（七）改建、重建建筑物及其附属设施；

（八）改变共有部分的用途或者利用共有部分从事经营活动；

（九）有关共有和共同管理权利的其他重大事项。

174. 业主如何通过业主大会进行表决？

答： 上一问中的共同管理权内容，原则上应当经专有部分占建筑物总面积2/3以上的业主且占总人数2/3以上的业主表决同意方可通过，此处的表决规则属于双绝对多数决。对于上一问中第六项至第八项权利内容的，则应当经参与表决的专有部分面积在3/4以上且占参与表决的3/4以上业主同意，此处同样属于双绝对多数决。其他事项，则只需应当经参与表决专有部分面积过半数的业主且参与表决人数过半数的业主同意，此处表决规则属于双简单多数决。

此外，根据《建筑物区分所有权解释》的相关内容，业主人数原则上应当按照专有部分数量计算，即一个专有部分为一人。建设单位尚未出售或已出售尚未交付，以及同一买受人在同一建筑区划内拥有一个以上专有部分的，都按一人计算。

175. 业主大会与业主委员会有何不同？

答： 业主大会是由全体业主组成的管理建筑区划内建筑物及其附属设施的共有部分和共同事物的自治组织，不具有法人人格。业主大会依据法定程序作出的决定对业主具有约束力。

业主委员会仅仅是业主大会的事务执行机构与常设机构，基于业主大会授权，执行业主大会通过的管理规约和决定，无法独立于业主大会而存在。同时，业主委员会在符合《民事诉讼法》第四十八条规定的"其他组织"条件时可以自己的名义提起诉讼。

176. 业主大会通过的决议伤害业主权益的，应当如何救济？

答： 我国法律上对于业主大会的撤销权规定有两种。一种是行政法上的撤销，前提是业主大会的决定违反法律法规的规定，法律依据来自《物业管理条例》第十九条第二款。另一种则为民法典第二百八十条第二款，业主大会或业主委员会作出的决定侵害了业主的合法权益，则业主可以请求法院予以撤销。此处的撤销权需要满足两个要件。第一是决定违法，如未经过法定程序；第二是该决定侵害了业主合法权益。提起撤销权的主体为权益受侵害的业主，其他未受侵害的业主不能提起该撤销权之诉。

177. 业主可否委托他人对共同管理事项进行管理？

答：根据民法典第二百八十四条的规定，业主除自行管理外，还可以将某些共同管理事项交由物业服务企业或其他管理人来进行管理。物业服务企业是符合法律规定的依照法律和物业服务合同向业主提供物业服务的营利性法人。物业服务企业是属于按照资质来开展业务、接受管理的企业。其他管理人则是指从事物业服务管理的自然人。此两种主体都需要与业主大会签订物业服务合同，按照合同所约定的内容对建筑区划范围进行管理。

在由他人管理的过程中，业主大会享有自主聘任权、认可权、更换权、监督权、受领权以及救济权。

178. 甲新购入A小区商品房16楼一套住房，为实现理想生活，遂大肆对房屋进行装修，欲使得房屋有翻天覆地的变化，邻居对其常年无休的疯狂装修行为不堪其扰，邻居应当如何维护自己的权益？

答：民法典第二百八十六条第二款规定：业主大会或者业主委员会，对任意弃置垃圾、排放污染物或者噪声、违反规定饲养动物、违章搭建、侵占通道、拒付物业费等损害他人合法权益的行为，有权依照法律、法规以及管理规约，请求行为人停止侵害、排除妨碍、消除危险、恢复原状、赔偿损失。

因此，邻居可以向业主大会或业主委员会提出请求，请求后者向装修人提出要求或相关警告。同时邻居也可以依法向人民法院提起诉讼，要求行为人停止侵害。

第七章 相邻关系

179. 相邻关系与地役权有何区别？

答：相邻关系是指两个或两个以上相互毗邻的不动产的所有人或使用人在行使其权利时，依照法律规定给予便利或接受限制而产生的权利义务关系。相邻关系在性质上是对所有权人或使用权人行使其权利的延伸与扩大，属于所有权或使用权的内容要受法律的限制，并非一种独立的物权。而地役权则是独立的定限物权，属于他物权的一种，故后者为一种独立的权利，而前者不是，两者不可混为一谈。

180. 处理相邻关系应当秉承怎样的原则？

答：现实生活中的相邻关系多出自日常生活之中，现实生活中纠纷常表现得十分琐碎，法律难以对其逐一规定。因此对于解决相邻关系上的纠纷，除了对典型的情形予以规定外，还需要对一些原则性的规定进行处理。

根据民法典第二百八十八条规定，处理相邻关系，须依照如下三个原则：

（一）有利生产、方便生活的原则，这是为了最大限度与高效地利用不动产。

（二）团结互助、公平合理的原则，这有利于建立良好的邻里关系。

（三）依照法律，尊重习惯。习惯在我国也属于法律渊源之一。在相邻关系这种物权关系中，由于相邻关系也是为了解决日常生活中对于所有物的充分利用，所以习惯法的力量不容忽视。

181. 某地2020年旱情频发，为了满足日常生活和灌溉需要，位于河流上游的甲擅自截留水源，下游农户应当如何保护自己的权利？

答：根据民法典第二百九十条第二款的规定，对于自然流水的利用，应当在不动产的相邻权利人之间合理分配。

在该原则指导之下，相邻用水人利用自然流水时，应当尊重流水已经自然形成的流向，从高到低、由近及远地用水。相邻各方均不得擅自堵截、独占自然流水，更不得改变水的自然流向。本题中上游的甲擅自截断水流，很明显已经违反了民法典的规定，下游农户可以要求其停止侵害并恢复原状。

182. 甲、乙两户分别居住于河流两岸且分别属于A、B两村，甲为了自家以及本村灌溉方便，召集全村青壮年于某日深夜开挖池塘引流蓄水，导致河流西岸乙住处逐渐干涸。乙应当如何维护自己的权利？

答：本题属于相邻用水关系，在相邻用水关系中，当土地所有权或使用权人位于水流两岸且两岸土地权利人归属同一人时，该权利人可以依法变更水的流向与宽度，但应当给下游流出自然水路；两岸土地权利人非属同一人时，相邻人不得改变水的流向与宽度。因此乙可以要求甲填平池塘以恢复原状，并可以主张甲赔偿这段时间因缺水所造成的损失。

183. 甲、乙共同居住于某山腰的一个自然村中，两处宅基地相毗邻，甲家地势较高，若遇到强降雨，则甲处积水常常随地势汇聚而下进入乙家庭院，乙不堪其扰。乙能否采取措施拒绝甲处积水的自然流向？

答： 根据民法典第二百九十条第二款的规定，相邻排水人对于自然流水的排放应当尊重自然流向。自然流水的排放包括自然排放和人工排放。前者指自然流水按照自然规律由高向低排放，此时低处权利人有承水义务，不得擅自筑坝设阻来减缓流水下泄速度。本题即为流水的自然排放，故乙此时不得采取措施拒绝甲处积水的流向。

184. 接上题。若甲、乙之间并无明显地势差别，甲偷偷修建排水渠引自家积水流入乙地，乙能否采取措施阻止？

答： 甲的行为即为自然流水的人工排放。人工排放是指自然流水借助人工设施排放水流。人工排水原则上并无使用邻地的权利，自然也不得设置屋檐或其他构筑物来倾倒雨水。因此，乙可以采取措施来拒绝甲的引水行为。

但若高地段排水人意图排掉浸水之地或排泄家庭、农业、工业乃至公共用水需要利用相邻他方低洼地段时，对方有容忍义务。当然，此时排水人应当选择低地段中损害最小的位置与方式来进行排水。

185. 土地使用权人之间如何才能构成相邻通行关系？

答： 相邻通行关系是指权利人需要借助对方不动产才能进入自己的土地内，具体是指：

（一）不动产与公共交通网络无适宜的联络。此处无适宜的联络包含袋地情况和准袋地情况。前者是指不动产四周全部无法通往公共道路，后者是指虽然与公共道路相通，但该通行过于危险、不便利或通行需要支付过高费用。

（二）无适宜的联络并非不动产通行权利人的行为所导致。此处的行为包含任意行为。若是由权利人的行为所导致，则其不享有相邻通行权。

（三）从相邻不动产通行的必要，即民法典第二百九十一条所强调的"必须利用"，具体的判断标准应该根据不动产的位置、地势、面积形状等因素来进行判断。

186. 甲的土地被乙的土地所环绕，必须经过乙的土地才能进入自己的土地，甲欠乙1000元债务，乙能否在自己土地上设立屏障来阻拦甲经过？

答：民法典第二百九十一条规定：不动产权利人对相邻权利人因通行等必须利用其土地的，应当提供必要的便利。在题目中，甲欠乙债务与甲、乙之间的相邻通行关系并不构成互负债务的情形，不是同一法律关系，因此不能构成乙阻拦甲行使其物权的理由，故乙不能禁止甲通过自己的土地。对于甲所欠的债务，乙应当通过向人民法院诉讼等方式来主张自己的权利。

187. 甲在自己的宅基地上欲铺设水管来实现生活用水的日常供应，需要经过毗邻的乙土地，乙可否拒绝？

答：民法典第二百九十二条规定：不动产权利人因建造、修缮建筑物以及铺设电线、电缆、水管、暖气和燃气管线等必须利用相邻土地、建筑物的，该土地、建筑物的权利人应当提供必要的便利。

此处属于铺设管道线路必须利用相邻他方不动产而形成的相邻关系，此时如果不利用毗邻方土地，则甲的日常生活需求势必难以完成。故本案例中，如果铺设水管必须经过邻居乙的土地，乙无权拒绝，同时甲应当选择对于乙损失最小的地方与方式来进行铺设安装。

188. 在建造、修缮建筑物而临时使用相邻他方不动产形成的相邻关系利用关系中，应当遵循怎样的原则？

答：相邻一方由于建造、修缮建筑物而需要经过相邻的土地时，对方应当允许，同时占用方应当选择对于邻人损害最小的地方来进行使用，同时应当按照双方事先约定的方式来进行使用。使用完毕后，应当及时清理现场、恢复原状。使用过程中给对方造成损失的，应当给予适当补偿。

189. 建筑物的通风、采光受到妨碍后应当如何救济？

答：民法典第二百九十三条规定：建造建筑物，不得违反国家有关工程建设标准，不得妨碍相邻建筑物的通风、采光和日照。

对于具体的判断标准，需要根据不同建筑区划和住宅的性质来查阅住建部相关文件规章。除此之外，在广大农村地区和没有纳入规划的空地上建设房屋，虽然无法适用工程建设标准，但仍然可能发生通风采光等纠纷，此时可以参照适用相关规定，根据当地该区域内建筑日照平均时长水平等方式来确定通风采光是否受到妨碍。若确定有妨碍状态，则可以依法要求对方赔偿损失甚至予以拆除。

190. 对于不可量物的侵入他人不动产，相邻权利人是否能一律禁止？

答：与不可量物对应的概念为可量物，即常见的固体物。

对于不可量物的侵入，需要根据其具体的情况和严重程度进行判断，而非一律认定其侵害不动产权利人的合法权利。

民法典第二百九十四条仅规定违反国家规定的大气、水、土壤污染物等有害物质属于禁止侵入的不可量物。除此之外，侵入行为、状态轻微或不违反关于不可量物的法律规定的，不属于民法典中绝对禁止侵入的不可量物。

191. 对于不可量物的侵入，应当采取怎样的判断规则？

答：不可量物指无法以现有衡量方式进行标记数量与质量的物，如气响、雷射、电流以及火光等。

不可量物的侵入又可定义为相邻环保关系，根据民法典第二百九十四条的规定，首先，若化工或相关企业在日常生产过程中排放污染物，必须采取严格的预防和应急措施，且应当符合国家相关标准。其次，相邻双方不得制造噪声、震动以及喧嚣等影响对方的正常生活学习。当然，如上题所示对于微量的响动应当予以谅解。最后，相邻一方修建厕所或排放腐朽物时，应当与邻人生活工作的建筑物保持一定距离，或采取相应措施以免空气污染影响邻人正常生活。

192. 相邻防险关系的当事人在自己的土地上施工应当遵循怎样的规则？

答：民法典第二百九十五条规定：不动产权利人挖掘土地、建造建筑物、铺设管线以及安装设备等，不得危及相邻不动产的安全。

因此，相邻一方在自己的土地上施工的，应当注意相邻方房屋、地基以及其他建筑物的安全，采取必要的防范措施，不得危及相邻建筑物的使用或使其受到损害。若造成损害的，应当就其损失予以赔偿。

193. 如何处理建筑物区分所有权中的相邻关系？

答：处理建筑物区分所有权中的相邻关系，应当注意如下几点：

（一）不能不当使用专有部分而妨碍邻人对其各自专有部分的使用，如不得拆除或移动承重墙；

（二）业主在修缮或改良专有部分时，可以在一定范围限度内要求使用邻人的专有部分以及他人所有的共有部分，如对于厨房漏水，可以对楼上业主的排水设施进行检修；

（三）各业主之间应当相互合作对共有部分进行使用、维护和修缮；

（四）任何业主均不得随意改变建筑物的本来用途或使用目的。

第八章 共 有

194. 我国法律上的共有可分为哪些类型？

答：民法典第二百九十七条规定：共有包括按份共有和共同共有。

但实际上有些共有既具有按份共有的属性，同时也具有共同共有的特点，此种共有可以成为混合共有。加上由两个以上权利主体共同享有一项所有权之外的财产权所成立的准共有。共有可分为如上四种。其中准共有仅仅是指共有的客体并非所有权，其规则仍然适用按份共有或共同共有的规则。混合共有同样视具体的情形而适用不同的共有规则。我国法律上规定按份共有与共同共有，民法典第三百一十条规定了共同享有用益物权、担保物权的，参照适用本章的有关规定。这涵盖共有的法律类型与争议处理。

195. 按份共有人之间如何分配其份额，此种份额基于什么原因而形成？

答：在按份共有之下，共有物被分为份额状，份额可等分也可不等分。各共有人依照共有发生的原因确定其份额，我国法律上没有具体规定按份共有的发生原因，具体可以分为三种：

（一）基于当事人的意思而形成；

（二）基于法律的直接规定；

（三）将共同共有变为按份共有。

无法根据约定和出资额确定分担比例的，按照民法典第三百零九条，视为等额享有份额。

各份额之下效力相同，与所有权无差异。各按份共有人对其份额具有使用、收益之权利。

196. 按份共有人应当如何对共有物进行管理？

答：对于共有物的管理是按份共有的核心问题。此处的管理为狭义，仅包含对共有物的保存、改良和利用。

根据民法典第三百条的规定，共有人对共有物的管理有约定的，按照约定管理，没有约定或约定不明的，各共有人都有管理的权利和义务。此处的管理约定是全体共有人所订立的分管契约。分管契约应当由共有人全体以协议的形式订立，并无书面或是否明示的要求，其本质上属于债权合同。

当然，在未达成分管协议时，共有人并非可以"任意管理"共有物，而应当按照法律规则来进行管理。任意管理的行为同样构成对其他共有人所有权的侵犯。

对于因为管理共有物所支出的费用，按照民法典第三百零二条的规定，首先应当按照共有人分管契约的约定，若当事人之间没有约定或约定不明，则应当按照各按份共有人之间的份额进行分担。

197.按份共有人转让其份额的，其他共有人应当如何行使优先购买权？

答：若按份共有人转让其份额，根据民法典第三百零五条中的规定，其他共有人在同等条件下对该份额享有优先购买权。

出让人在准备转让其份额时，应当通知其他共有人，将其与第三人所约定转让合同的所有条件告知其他共有人。为了保证权利的快速流转，出让人在履行通知义务的同时可以约定期限，要求其他共有人在该期限内作出答复。

其他共有人若决定行使优先购买权，则出让人具有与其他共有人强制缔约的义务，但其他共有人必须作出同等条件的承诺。同等条件包括价款条件、价款支付方式、付款地点。若第三人提供担保的，也属于同等条件的一部分，出让人同样可要求其他共有人提供担保。

198.甲、乙两人为室友，共同购买饮水机一台，约定按份共有且各自持有50%的份额。乙国庆假期回家期间，甲搬离现居住房屋并介绍丙居住，将自己所持有的饮水机份额亦出卖给丙，假期结束乙返回住处后方才知道该情况，此时应当如何救济？

答：由于丙为新加入人员，并不清楚甲、乙二人之间共有该饮水机，故对于丙可类推适用民法典第三百一十一条善意取得的相关规定，已经占有动产或办理不动产过户登记的，第三人终局取得该份额，转让合同亦为有效。此时乙有权请求甲赔偿因其未能购买份额所造成的损失。

199.如何处理承租人的优先购买权与共有人之间的优先购买权情况？

答：根据民法典第七百二十六条的规定，在房屋租赁合同中承租人享有优先购买权。若案涉房屋为共有人按份共有，此时则可能出现优先购买权的竞合。对于该问题，应当区分具体情况而定。

若共有物整体不转让，仅转让份额，则承租人无权行使优先购买权，因为承租人的有限购买权所针对的为共有物整体，且共有物仅部分份额转让的，并不会损害承租人的租赁合同效力，故无需赋予其优先购买权。

若共有物实行补偿分割、共有物整体转归某一共有人时，此时其他共有人的优先购买权仍然优先于承租人的优先购买权。首先，此时承租人受买卖不破坏租赁规则的保护。其次，共有人的优先购买权规范旨在尽可能简化共有关系，若确认承租人优先购买权强于共有人优先购买权，则该立法目的必然无法达到。

200. 共同共有主要表现在哪些法律关系之中？

答：根据民法典第二百九十九条的规定，共同共有是法律上由于特别的结合关系所形成的，以共有人之间的共同关系产生并存续为前提。共有人之间存在平等性，故无法按照份额进行划分。

根据共同共有的特性，共同共有的类型主要包括：

（一）基于夫妻关系而形成的夫妻财产共同共有；

（二）基于家庭共同生活关系而产生的家庭财产共同共有；

（三）被继承人死亡后遗产分割前，全体继承人对遗产共同共有；

（四）建筑物区分所有权中某些不公摊到所有建筑物面积中的共有部分可以成立共同共有；

（五）从合伙运营收益性质、状态以及各合伙人管理合伙财产的权利状态而言，合伙财产同样具有一定的共同共有属性。

201. 共有人如何处分或对共有物做重大修缮？

答：根据民法典第三百零一条的规定，按份共有人处分或重大修缮共有物的，应当经所占份额2/3以上共有人同意。由于共同共有人对共有物享有平等的权利，因此在共同共有关系存续期间，对于共有物的处分与重大修缮，应当得到全体共有人的同意。当然，若共有人另有约定，则可以排除上述规则。

此外，对本法条做进一步解释，则若仅对共有物进行简单修缮或保存行为，则无需全体2/3按份共有人或全体共同共有人同意，任何共有人均有权行使。此外，在夫妻共同财产中，夫妻一方因日常生活的需要而处分价值不大的共有物时，无需征得另一方同意，否则对于夫妻的日常生活殊为不易。

202. 因共有物产生的债权债务关系如何承担？

答：因为共同共有人在法律关系上的平等性，故共同共有人对外时均能够代表全体之意志。从另一方面讲，任何共同共有人又不可单独行使共有物之上的权利、履行共有物之上的义务，因为此时共有物的份额作为一个整体不可分割，需要共有人共同行使。

因此，根据民法典第三百零七条的规定，因共有物所产生的债之关系，共有人对外享有连带债权、承担连带债务。若法律另有规定，或第三人知道共有人实质上不具有连带债权债务关系的除外。

203. 共有人可否请求分割共有物？

答：首先，根据民法典第三百零三条中的规定，共有人约定不得分割的共有财产，除非存在重大理由，否则不得分割。此处的重大理由是指分割共有物对于共有人具有重要的法律上和生活上的利益，而不分割共有物可能严重损害共有人利益，具体包括共有人破产、法院对共有财产采取强制执行措施等。

其次，若共有人没有约定不得分割共有物，根据民法典第三百零三条的规定，按份共有人可以随时请求分割，共同共有人在共有的基础丧失或有其他重大理由需要分割时可以请求分割。此处的关系丧失，包括婚姻关系被解除、合伙被解散等使得共同共有存续的理由不复存在，而重大理由则是指夫妻双方约定改变夫妻共有财产制等。之所以对于共同共有分割共有物采取如此多的限制，乃是因为共同共有原则上不得分割的精神。

204. 共有人请求分割共有物的，应当如何进行分割？

答：共有物的分割请求权属于形成权的范畴，故只要任一共有人享有分割请求权，均可请求分割共有物以终止共有关系。

根据民法典第三百零四条第一款的规定，此时共有人应当对具体的分割方式进行协商；若共有人之间无法通过协商确定，对于能够分割且分割后不会减损价值的，原则上应当对实物进行分割；若无法分割或分割后减损原物之价值，则应当折价或拍卖、变卖共有物，对所得的价款进行分割。

205. 按份共有人分割共有物损害其他人利益时，其他共有人是否一律可以请求损害赔偿？

答：在按份共有人之间没有约定或约定不明时，按份共有人可以随时请求分割。

根据民法典第三百零三条的规定，因分割造成其他共有人损害的，应当由请求分割人进行赔偿。

因此，需要对按份共有人的任意分割请求权与其他共有人的损害赔偿请求权分别进行限制，才不会导致双方利益失衡。因此，不能仅仅以存在分割共有物的行为以及其他共有人受有损害这两个要件，即认为可以成立损害赔偿请求权。只有当按份共有人以悖于善良风俗的方式行使分割请求权而损害其他共有人利益时，其他共有人方得请求该按份共有人承担损害赔偿责任。

206.分割后的共有物存有质量瑕疵，各共有人之间应当如何分担责任？

答：对于共有物的分割，各个共有人相互之间应当承担瑕疵担保责任。此处的瑕疵担保责任应当比照买卖合同中的瑕疵担保责任来进行。因此，共有物上存在质量瑕疵或权利瑕疵，均属于可以请求其他共有人承担瑕疵担保责任的范畴，此时受有损害的共有人可以主张其他共有人分担由此产生的损害赔偿责任。

第九章　所有权取得的特别规定

207.什么是善意取得？

答：善意取得是指无处分权人将其占有的动产或者错误登记在其名下的不动产转让给善意第三人或者为善意第三人设定他物权，在符合相关构成要件时，由受让人及善意第三人依据法律规定取得动产或者不动产所有权或他物权的制度。

善意取得以无权处分为前提条件，是权利外观与真实权利状态相冲突的产物，法律为了保护交易安全，在构成要件齐备时，认定此时财产动态安全更为重要。我国善意取得的适用范围极为广泛，不仅适用于所有权，用益物权和担保物权等均可善意取得。

208.善意取得的法律效果如何？

答：善意取得的要件齐备后，善意第三人即取得所有权或他物权。因为善意取得时第三人并不知道该物上还有真正权利人，因此发生善意取得后，该物上原有的权利消灭，即真正所有权人的所有权消灭或所有权上产生新的他物权负担。

根据民法典第三百一十三条的规定，发生善意取得后，该物上的原有权利即告消灭，但若第三人受让时知道或应当知道的除外。

209. 善意取得的构成要件有哪些？

答：民法典第三百一十一条规定：无处分权人将不动产或者动产转让给受让人的，所有权人有权追回；除法律另有规定外，符合下列情形的，受让人取得该不动产或者动产的所有权：

（一）受让人受让该不动产或者动产时是善意的；

（二）以合理的价格转让；

（三）转让的不动产或者动产依照法律规定应当登记的已经登记，不需要登记的已经交付给受让人。

受让人依据前款规定取得不动产或者动产的所有权的，原所有权人有权向无处分权人请求损害赔偿。

当事人善意取得其他物权的，参照适用前两款规定。

210. 甲将其自用的施坦威钢琴借给他的钢琴教师乙使用。乙将该钢琴出卖给自己的朋友丙，因乙欲使用该钢琴登台表演，故在签订钢琴买卖合同并移转所有权时，同时约定由乙继续借用该钢琴一周时间。在接下来一周中乙擅自出卖钢琴的行为被甲发现，甲向法院主张其所有权并要求返还钢琴。此时丙可否主张其已经善意取得该钢琴？

答：动产物权的善意取得，必须要求出让人与受让人之间完成交付。交付是动产善意取得的必需要件。如果当事人之间是以现实交付或简易交付的形式完成交付，则此时动产已经被受让人直接占有，具有必要的公示效果，法律承认受让人善意取得该物权，并无疑问。但本案例中，出让人与受让人之间以"占有改定"的方式完成钢琴的交付，此时受让人并未甚至从未直接占有过该动产，故公示效果并未满足，故占有改定不能作为善意取得中交付的要件。丙对于钢琴不构成善意取得。

211. 甲拾得手机一部，将该手机出卖给朋友乙。一年后该手机原所有权人A发现乙手持自己的手机，向乙主张返还该手机。乙能否主张自己为善意取得从而拒绝返还该手机？

答：本题中手机属于A的遗失物。对于遗失物而言，其首先即无法满足善意取得的第一个要件，即原所有权人不是基于自己的意思丧失所有物。

对于此种遗失物，应当适用的法律条文为民法典第三百一十二条遗失物的相关规定。原所有权人有权向无处分权人请求损害赔偿或自知道或应当知道之日起两年内向受让人请求返还原物。本案发生时交易仅发生一年，故所有权人A有权要求乙返还手机，乙不构成善意取得。

212. 接上题。乙应如何得到保护？其为购买手机所支出的费用如何弥补？

答：根据民法典第三百一十二条的规定，若直接要求购买人乙返还该手机而不作出任何补偿，则对于乙而言过于不公。故若遗失物的受让人是通过拍卖或者是向具有经营资格的经营者购得该物，则原所有权人在请求返还原物时应当支付受让人所支付的费用。故在本题中，若甲本身即为手机出卖业务经营者，乙在返还手机时可以要求A支付为购买手机所支出的费用。同时，因为A本身并无过错，故对于该费用，A在支付后可以依据民法典第三百一十二条的规定，向无处分权人甲追偿。

213. 仍接上题。若该手机并非A遗失而是由甲偷窃所得，则乙可否主张善意取得？

答：民法典物权编坚持了遗失物、漂流物、埋藏物等应当归所有权人所有的原则，在所有权人无法确定时则应当归国家所有。在价值评价上，所有权人对于盗赃物的利益状态不得劣于遗失物。故盗赃物的善意取得制度自然也不得较遗失物而言更为宽松。因此，若该手机为甲盗窃所得，乙亦不可主张善意取得该手机。

214. 除所有权外，当事人可否对他物权善意取得，是否需要特殊的构成要件？

答：民法典第三百一十一条对善意取得的规定并没有局限在所有权之中。该法条第三款明确表示："当事人善意取得其他物权的，参照适用前两款规定。"因此，用益物权与担保物权同样可以善意取得。

此外，由于担保物权的从属性以及抵押、质权合同的无偿与单务性，故善意取得抵押权和质权的，不需要满足当事人"以合理的价格转让"这一要件。同时，由于抵押权无需转移占有，故动产抵押权的善意取得不需要以交付或登记作为要件。当然，根据民法典第四百零三条的规定，此时抵押权人善意取得的动产抵押权，不得对抗善意第三人。

215. 转让人与受让人之间构成善意取得后，此时产生何种法律效果？受让人权利状态如何？

答：若受让人满足善意取得各项要件，则受让人善意取得该物所有权，原所有权人的所有权由此消灭。同样，若受让人善意取得用益物权或担保物权，则此时原所有权人需要承受在该物上所产生的物权负担。

为了保护原所有权人，原所有权人可根据民法典第三百一十一条第二款的规定，向无处分权人主张损害赔偿。

善意取得属于原始取得，故受让人取得所有权后，原物上的权利负担亦消灭，受让人无需承受物上原有的权利负担。

此外，根据民法典第三百一十三条的规定，若善意受让人在受让时知道或应当知道该物上存有权利负担的，原物上的权利负担并不消灭。

216.遗失物的拾得人可否取得该物所有权？

答：拾得人不能取得遗失物所有权，且应当及时将遗失物返还给所有权人。拾金不昧一直是中华民族的优秀文化传统，对于我们构建风清气正的社会风气具有重要的促进和帮助作用。因此，我国在制定物权法时就认定拾得人不能取得遗失物所有权。根据民法典第三百一十四条、第三百一十五条的规定，拾得遗失物的应当及时通知权利人领取或送交有关部门，有关部门在收到遗失物后应当及时发布公告来寻找或通知权利人及时领取。

217.拾得人对于所拾得的遗失物负有何种义务？

答：拾得人除了应当及时通知权利人或者送交有关部门外，还应当承担妥善保管的义务。

根据民法典第三百一十六条的规定，拾得人在将遗失物送交有关部门前以及有关部门在将遗失物交于权利人之前，均应当妥善保管遗失物。因此，妥善保管属于拾得人的法定义务。若因为拾得人或有关部门的故意、重大过失导致遗失物毁损灭失的，权利人有权基于该条文要求拾得人或有关部门承担损害赔偿责任。若仅为一般过错，则无需承担赔偿责任。

本法条的规范意旨实际上是指行为人与权利人之间就遗失物构成无因管理，即行为人并无侵占该遗失物的行为。否则，行为人构成侵权行为，恶意占有该遗失物。此时若遗失物毁损、灭失，则应当适用民法典第四百六十一条，由拾得人承担损害赔偿责任，且拾得人是否有过错，在所不问。

218.有关部门在收到拾得人送交的遗失物后，应当如何处理？

答：根据民法典第三百一十五条、第三百一十六条的规定，有关部门在收到所送交的遗失物后，应当及时通知权利人领取，不能确定权利人的，应当及时发布招领公告来寻找权利人。有关部门不履行通知义务或履行不及时的，应当承担相应责任。

同时，有关部门在权利人未能领取遗失物之前，同样有妥善保管遗失物的义务，这种保管义务兼具公法与私法的色彩。因此，若未能妥善履行该义务，有关部门同样应当承担损害赔偿责任。

219.权利人是否应当向拾得人或有关部门支付费用？

答：若拾得人或有关部门基于该遗失物的保管与存放支出了保管费、维持费、饲养费、通知费等必要费用，则权利人应当支付该笔费用。此种必要费用的求偿权不仅是无因管理中管理人的应有权利，而且民法典第三百一十七条第一款也对此作出明确规定。故拾得人主张该笔费用，具有充分的法律依据。

当然，若拾得人侵占该遗失物，则此时不构成无因管理而构成侵权行为，故拾得人无权请求权利人支付必要费用，民法典第三百一十七条第三款亦作出了同样的规定。

220.若权利人曾对该遗失物发布悬赏广告，拾得人在通知权利人时并不知晓悬赏广告的存在，拾得人可否主张权利人按照悬赏广告的承诺支付酬劳？

答：悬赏广告属于单方之债，悬赏人单方作出该意思表示即告完成，无需对方当事人受领或双方达成合意。因此，只要权利人发出该悬赏广告，完成该悬赏广告行为者，即拾得并通知权利人领取遗失物者，即说明已经完成该悬赏广告所要求的行为，即享有悬赏广告费用求偿权。

民法典第三百一十七条第二款规定：权利人悬赏寻找遗失物的，领取遗失物时应当按照承诺履行义务。

至于拾得人是否知晓该悬赏广告，无需考虑。

221.有关部门在发布遗失物招领公告后，若长时间无人领取，应当如何处理？

答：出于促进法律关系快速流转、财产充分流通交换的理念，以及行政资源的有限性等原因，遗失物若长期处于保管等待权利人认领的无主物状态，对于资源的利用来说是极大的浪费，从某种程度上来说也是在消耗行政资源。因此法律有必要予以规定，在尽可能地保证遗失人能够寻回、保有遗失物，不损害其权利的基础上也要保证法律关系尽快明晰，保证资源的快速利用。

民法典第三百一十八条规定：遗失物自发布招领公告之日起一年内无人认领的，归国家所有。

此时国家原始取得该遗失物的所有权，原所有权人的所有权归于消灭。

222.某年3月12日，甲受电视台宣传感召，遂手提锄头、木桶至后山独立参与植树节活动，未料挖掘出一木盒，内藏手表一只。请问，甲能否取得该手表所有权？若不能，甲应如何处理该手表？

答：甲的行为属于发现埋藏物。埋藏物是指长期处于隐藏状态之物，其所有权人并不明确。因为原所有权人将其埋藏说明其并非希望他人发现，故埋藏不属于抛弃行为，因此埋藏物不属于无主物。

根据民法典第三百一十九条的规定，拾得漂流物、发现埋藏物或者隐藏物的，参照适用拾得遗失物的有关规定。

因此在本题中，由于甲并不清楚手表的所有权人，故甲应当及时将手表送交公安等有关部门，由有关部门发布招领公告寻找该手表所有权人。

223.什么是孳息？

答：孳息是由原物所产出的物或由原物所产生的收益，因此孳息同样属于物权意义上的物。

孳息可分为天然孳息与法定孳息两种。天然孳息是指因自然规律而产出或按照物的使用方法而取得的出产物。此处的产出并不仅指有机物，无机物的产出同样属于孳息，如矿石、砂石等。天然孳息须与原物分离成为独立的物，否则仍属于原物的一部分。此外，天然孳息产出后不会对原物产生根本性破坏，在这一意义上，羊毛属于孳息，但羊皮即不属于孳息。

法定孳息是指原物依据法律关系所产生的收益。此处的法律关系既包括因法律行为所形成的法律关系，也包括因法律直接规定所形成的法律关系。法定孳息的特点在于获得该孳息无需使用原本的对价，即所有权人将原物让渡给他人使用所获得的对价才属于法定孳息，典型如租金即为不使用租赁物的对价即可获得。股息、股东分红并不属于法定孳息。

224.孳息的所有权应当归谁所有？

答：根据民法典第三百二十一条的规定，孳息的所有权归属，应当由当事人之间自行约定。若当事人之间并无约定，则此时视天然孳息与法定孳息而有所不同。

天然孳息原则上应当由所有权人取得，但若既存在所有权人又存在用益物权人时，此时天然孳息应当由用益物权人取得。这是由我国的特殊情形所决定的。我国的土地所有权归属于国家或集体所有。而在农村，虽然土地是由集体所有，但通过土地承包经营权等用益物权，土地实际上是由农民来耕种，故此时由用益物权人享有孳息所有权，方才可以。也正因如此，此处的用益物权人享有孳息所有权应当限定在"设立用益物权的目的范围内"。

法定孳息的取得，应当按照交易习惯来进行确定。

225. 民法典第四百一十二条、第四百三十条、第四百五十二条规定抵押权人、质权人以及留置权人有权收取担保物的孳息，这与民法典第三百二十一条孳息的所有权取得规则是否冲突？若冲突，应当如何适用上述法律条文？

答：并不冲突。此处应当明确"收取"与"取得"之间的区别。收取某物的，仅表明此时可以占有该物，而并非取得该物所有权。担保物权中，担保权人仅仅是收取该孳息，因为此时其占有担保物，对于孳息的收取更为便利，这并不表明此时其已经获得了孳息的所有权，只有其就收取孳息冲抵债务、实现担保物权后，方才取得孳息的所有权。

226. 民法典第六百三十条规定买卖合同中孳息的所有权依据标的物是否交付而有所不同，与民法典第三百二十一条的规定相比存在矛盾，应当如何处理？

答：民法典第六百三十条的规定改变了第三百二十一条的原则性规定，认定孳息的所有权归属在买卖合同中应当根据是否交付来确定。此种方式对于孳息的收取而言相对更为方便。

对于两者之间的矛盾之处，应当根据一般法与特别法来进行理解，第六百三十条的规定位于合同编的买卖合同一章，因此属于买卖合同中的特别规定。因此，在买卖合同中应当优先适用民法典第六百三十条的规定，其余情形则继续适用民法典第三百二十一条的原则性规定。

227. 动产添附应当秉持怎样的原则？

答：添附是物权上附合、加工和混合的总称。

根据民法典第三百二十二条的规定，对添附后的所有权归属作了原则性与总括性的规定。根据本法条的规定，当事人之间有约定的，应当按照约定；没有约定或者约定不明确的，依照法律规定；法律没有规定的，按照充分发挥物的效用以及保护无过错当事人的原则确定。因一方当事人的过错或者确定物的归属造成另一方当事人损害的，应当给予赔偿或者补偿。

228.构成附合的，当事人之间应当如何确认所有权？

答：附合是指分别归属于两个或两个以上主体的物密切结合在一起，按照交易观念已经变成了一个物，此时虽然能够对原物进行辨认但已经无法分离或分离后会严重损害新物之价值。附合分为动产与不动产附合以及动产与动产附合两种。

动产与不动产附合乃是指动产与不动产结合，成为不动产的重要成分。此时动产所有权消灭，不动产所有权人取得附合物的所有权。丧失动产所有权可以根据不同情况请求侵权损害赔偿或不当得利的补偿。

动产与动产附合时，当事人之间若没有约定，则原则上按照各自动产的价值按份共有。若有一动产可视为主物，则此时由该主物所有权人取得新物所有权。

229.混合物的所有权归属应当如何确定？

答：混合是指分属不同主体的动产互相结合，结合后甚至无法识别而由此发生所有权变动的法律事实。典型如咖啡与糖所发生的混合、酒与水发生的混合等。

在发生混合后，原则上各动产所有权人按照动产混合时的价值按份共有该动产的所有权。若混合前的动产有可视为主物者，则由该主物所有权人取得混合物所有权。此外，若动产所有权人恶意与他人动产混合，则该恶意人并不能取得混合物所有权或共有权。

230.甲有深蓝色真丝布料一匹，价值2000元，意欲将其制作成西服以供自己婚礼时使用。乙见到该布料后，作为资深裁缝一直念念不忘。一日乙赴甲家喝酒，将甲灌醉后窃走该布匹，经一整月挑灯夜战，将该布料缝制为成人均码西服，十分漂亮大方，成衣店为该西服标价10000元。请问，该西服所有权应当归谁所有？

答：本题系对于布料的加工之后的所有权归属问题，加工系指利用他人动产制作新物。原则上，加工物的所有权应当归属于原材料的所有权人，但若加工后所增加的价值明显超过原材料价值，则新物所有权应当归属于加工人。本案例中乙所制作的西服标价10000元,远超过布料价值,从此种角度观之,似乎应当由乙享有所有权。根据民法典第三百二十二条的规定,"因一方当事人的过错或者确定物的归属造成另一方当事人损害的,应当给予赔偿或者补偿"。所以,由乙取得西服所有权,并赔偿甲的损失。

第三分编 用益物权

第十章 一般规定

231. 什么是用益物权？民法典对于用益物权的定义有何特点？

答：根据民法典第三百二十三条的规定，用益物权是指对他人的不动产或动产依法享有的占有、使用以及收益的权利。用益物权的关键在于支配标的物的使用价值，而不涉及标的物的交换价值。

用益物权是一系列物权的集合式概念，而非单个物权。

民法典第三百二十三条规定了用益物权既可以成立于不动产之上，又可以成立于动产之上。然而在具体条文中，并无可以适用于动产的具体规范，基于物权法定的原则，实际上我国法律上的用益物权同样仅在不动产范围之内。

232. 用益物权人主要负有哪些法律上的义务？

答：首先，用益物权人负有合理开发利用自然资源的义务。

根据民法典第三百二十六条的规定，用益物权人行使权利，应当遵守法律有关保护和合理开发利用资源、保护生态环境的规定。

首先，要求用益物权的行使不得违反法律的强制性规定，不得破坏资源，应当对资源合理开发利用。

其次，用益物权的行使不得违反当事人之间的约定。

再次，用益物权人行使用益物权不能损害所有权人的合法权益。

最后，用益物权在使用完毕或期限届满时，应当及时返还给所有权人。

233. 所有权人是否可以干预用益物权人对该物的权利行使？

答：民法典第三百二十六条规定：所有权人不得干涉用益物权人行使权利。

因此，用益物权具有相对独立性，不仅可以排除一般人的干涉，同时在其权力范围内，还可以直接对抗所有权人对其权利的妨害。可以说相比所有权人具有一定的优先效力，在两者发生矛盾时，用益物权可以优先得到保护。因此，一旦设立用益物权，所有权人即不得干涉用益物权对其所有物的占有、使用与收益，更不能随意变更或终止所设定的用益物权。

234.若用益物权的标的物被征用,用益物权人可以主张什么权利?

答: 民法典第三百二十七条规定:因不动产或者动产被征收、征用致使用益物权消灭或者影响用益物权行使的,用益物权人有权依据本法第二百四十三条、第二百四十五条的规定获得相应补偿。

因此,若用益物权人的标的物被征收或征用,则用益物权人可以类推适用关于所有权被征收、征用时的规则,对国家享有补偿请求权。

第十一章　土地承包经营权

235.什么是土地承包经营权?

答: 根据民法典第三百三十一条的规定,土地承包经营权是指农户等承包人对其承包经营的耕地、林地、草地等农村土地依法享有占有、使用和收益的权利,可以在该土地上从事种植业、林业、牧业等农业生产活动的用益物权。因为其是由农户承包来进行农业种植经营活动的,所以对以上农地上的收获物,应当由土地承包经营权人保有所有权。此处所指的农地,根据民法典第三百三十条第二款和农村土地承包法第二条的规定,包含集体所有和国家所有依法由农民集体使用的耕地、林地、草地,以及其他依法用于农业的土地。

236.如何设立土地承包经营权?

答: 我国土地承包经营权的取得方式均属继受取得,包含创设继受与移转继受。其中最为主要的方式即农户与集体通过创设继受的方式将集体土地所有权的部分权能分离出来,从而形成土地承包经营权这种新权利。

根据民法典第三百三十三条和农村土地承包法第十九条的规定,以家庭承包方式设立土地承包经营权,在经过集体讨论通过后,需要签订承包合同。承包合同发包人为集体经济组织或村民委员会,承包人的主体资格在此受到严格限制,必须为农村集体组织的成员,故此处农村土地的承包经营权实际上带有一定成员权的性质。

237.土地承包经营权何时设立?

答: 根据民法典第三百三十三条的规定,土地承包经营权自承包合同生效时设立。其作为不动产物权,并不需要满足登记方才生效的要件。这是因为土地承包经营权属于集体组织与农户之间对于土地具体经营管理的权限安排，而在集体经济组织内部范围内，内部成员相对较少，属于熟人社会，因此即使不经过登记，第三人也能够知悉该土地并不属于自己管理从而不会对其进行侵害，因此在此处公示的权利保护功能得不到发挥，不需要登记作为公示与生效要件。

但登记并非完全取消，民法典第三百三十三条第二款规定登记机构应当向土地承包经营权人发放权属证书并登记造册，以此来确认土地承包经营权。由此款可以得出土地承包经营权的登记具有对抗效力。

238. 甲、乙均为A村村民，甲承包A村东南方土地20亩进行耕种，其宅基地位于A村西北方。乙的宅基地位于A村南侧，但所承包土地15亩则位于北侧。为了方便耕种，甲、乙直接约定将各自承包的土地互换，两者之间土地的差额由乙向甲支付差价以补齐，此种约定是否有效？

答：根据民法典第三百三十四条的规定，土地承包经营权人可以依据法律规定，将土地承包经营权互换、转让。对于互换的要求较为严格，需要满足主体资格且土地为同一集体经济组织内两宗以上土地。在本题中，甲、乙二人均为A村成员，具有该村集体土地承包的主体资格，因此两人之间的互换行为合法有效。

239. 上题中若甲携家人外出打工，无法继续耕种该土地，对于自己的土地承包经营权，甲可以与乙进行何种约定？

答：由于甲不得将承包地用于非农建设，故甲如果不想对土地进行耕种，此时还可以直接将该土地转让给乙，由此直接从土地耕种关系中脱离出来。转让是指转让人与受让人直接签订转让合同，将土地承包经营权直接移转给受让人。承包人转让其承包地必须经过一定的前置性程序，农村土地承包法第三十四条要求转让必须经过发包方同意。

经发包方同意且甲、乙双方签订转让合同后，应当由乙与发包方重新确立承包关系，甲与发包方在土地上的承包关系随即宣告终止，甲从该土地中解脱出来。

240. 上题中，当事人双方是否需要对互换、转让行为进行登记？

答：当事人之间的互换、转让行为仍然属于集体组织内部土地权利的移转，因此同样不需要登记作为权利移转的生效要件。互换合同一旦成立生效，权利随之移转，转让合同在发包方与受让人重新确立承包关系后，土地承包经营权即告成立。但登记仍然可以作为物权变动的对抗要件。

民法典第三百三十五条规定：土地承包经营权互换、转让的，当事人可以向登记机构申请登记；未经登记，不得对抗善意第三人。

除此之外，根据农村土地承包法第三十三条、第三十四条的规定，当事人互换土地的，应当向发包人备案；转让土地的，应当取得发包人的同意。

241. 土地承包经营权是否有期限？

答：土地承包经营权作为用益物权，具备有期性的特征，因此土地承包经营权均具有一定期限。但土地承包经营权作为保障农户生活来源和稳定就业的制度，同时由于土地在种植上需要一定的长时间性、可持续性，甚至长期不稳定的耕种、频繁更换耕种品种等都会导致土地受损、培育能力降低。因此土地承包经营权又必须具有长期的较稳定的期限，才能保证农户的持续收入也能最大限度节育土地。

民法典第三百三十二条规定：耕地的承包期为三十年，草地为三十年至五十年，林地则为三十年至七十年，均为长期期间。同时，民法典第三百三十二条第二款还规定若承包期限届满，土地承包经营权人可以依照农村土地承包相关法律规定继续承包。土地管理法直接规定耕地承包期届满后应当再行延长三十年，草地与林地承包期届满后也应当相应延长。这样的时间期限基本可以保证一个农户从其具有劳动力之时起可以承包该土地直至其丧失劳动力，基本实现了"一人一地"、土地关系长期稳定不变的土地制度。

242. 土地承包经营权人在其承包经营期限内，若承包地被调整或收回，则承包人可主张何种权利？

答：除了对于期限作出长期的明确规定外，还需要通过配套规则来避免承包期限的规定落空。民法典对此设计了第三百三十六条、第三百三十七条来保障承包人权利。首先，承包期内发包人不得调整或直接收回承包地，若承包人通过改良育种、土地休养、施种肥料等情形使得土地具有良好的可耕作性后，发包人欲收回或将承包地分配给其他人，难谓公平。此时承包人即可根据民法典第三百三十六条、第三百三十七条的规定，主张发包人的行为违反了民法典的强制性规定，收回或调整承包地的行为无效。同时，依照农村土地承包法第二十七条第四款，承包方交回承包地或发包方依法收回承包地时，若承包方对承包地进行投入使其提高生产能力的，承包方有权主张获得相应的补偿以弥补其支出。

243.若在土地承包经营权设立后,因为山洪暴发或其他原因导致不适宜土地耕种,承包人的正当权益应当如何得到救济?

答:根据民法典第三百三十六条第二款的规定,土地承包经营权设立后,若出现因为自然灾害严重毁损承包地等特殊情形的,可以对所承包的耕地和草地适当进行调整。具体的调整规范规定见《农村土地承包法》第二十八条、第二十九条。对于因自然灾害而需要调整承包地的,必须经集体经济组织村民会议或村民代表2/3以上同意,并报乡(镇)人民政府和县级农业农村等主管部门批准,才能够进行调整。

能够用于调整的承包土地包括集体经济组织依法预留的机动地、通过依法开垦等方式增加的土地以及发包方依法收回、承包方依法或自愿交回的土地。

244."四荒土地"可以通过什么方式承包?

答:在集体所有的土地上设立土地承包经营权,乃是为了保障集体经济组织内成员的就业需求和基本生活来源,故其承包方主体必须为集体经济组织成员。对于"四荒土地"则不存在该问题。"四荒土地"是指不宜采取家庭承包方式的荒山、荒沟、荒丘、荒滩等农村土地。

对于"四荒土地",根据民法典第三百四十二条的规定,一般采取招标、拍卖、公开协商等方式来确定承包人,原则上按照价高者得的原则来决定最终人员,故只要具备治理经营能力,均可成为"四荒土地"的承包人。须注意的是"四荒土地"采取非家庭承包方式承包土地的取得的是"土地经营权",而非土地承包经营权。

245.什么是土地经营权,设置土地经营权具有何种意义?

答:土地经营权是基于党中央、国务院提出的"三权分置"政策,而在民法典物权编中新引入的权利类型,以此来更好适应城乡经济一体化以及农业规模化经营下对于土地权利的合理需求。因此,土地经营权的重要特点即在于设立经营权的农户可以借此出资实现土地的流动与财产化,这点从民法典第三百三十九条规定中即可看出,其规定土地承包经营权人可以对承包地采取出租、入股的方式来设立土地经营权。在具体内容上,土地经营权在某种程度上认可非集体经济组织成员对土地可以进行占有并生产经营,在实践上更有利于土地的规模化与高效化利用。

246.土地经营权应当如何设立？

答：土地经营权是由土地承包经营权人自其承包地上通过特定法律行为分离而来，根据民法典第三百三十九条的规定，此处的特定法律行为是指"出租、入股或其他方式"，此处的其他方式显属开放性规定，故只要不违反法律规定的能够体现当事人自由意志的法律行为，均可以作为设立土地经营权的依据。此外，农村土地承包法第三十六条还列入了转包的方式，由此可知在土地承包权的主体资格上，并未排除本集体组织内部人员。

由于土地经营权由当事人通过法律行为自主设立，体现当事人意思自治，故无需通过发包方同意。根据农村土地承包法第三十六条的规定，仅要求向发包方备案即可。

247.土地经营权的设立是否需要登记？

答：土地经营权的设立无需经过登记。

民法典第三百四十一条规定：流转期限为五年以上的土地经营权，自流转合同生效时设立。

这里采取了与土地承包经营权类似的处理思路。登记在此时属于对抗要件，当事人如有需要，可以向登记机构申请进行土地经营权的登记，未经过登记的土地经营权，不得对抗善意第三人。

此外，本法条仅规定流转期限在五年以上的土地经营权，对于流转期限五年以下者，若采取完全的反面解释，与土地经营权设立的规范意旨不合。因此，若土地经营权的流转期限在五年以下，仍然自流转合同生效时设立，无需登记也不能够经过登记。

248.土地经营权人享有何种权利？

答：根据民法典第三百四十条、农村土地承包法第三十七条的规定，在合同约定范围内，权利人可以占有该土地，可以自主开展农业生产经营活动并取得由此产生的相关收益。故有权享有该土地的占有、使用以及收益权能。当然，该权利受部分限制，首先是受到合同期限的限制；其次，农村土地承包法第三十八条第二项要求土地经营权的流转不得改变土地所有权的性质和土地的农业用途，不得破坏农业综合生产能力和农业生态环境。

第十二章　建设用地使用权

249. 什么是建设用地使用权？

答：根据民法典第三百四十四条、第三百四十五条的规定，建设用地使用权是指为了建造建筑物、构筑物及其附属设施并保有原有的所有权，而在国家或集体所有的土地及其上下进行占有、使用和收益的用益物权。此处的建筑物包含生活生产中的居住、生产以及办公用房。构筑物则是指除上述功能以外的人工建造物，附属设施则是辅助建筑物发挥其功效的设施。因此，建设用地使用权的主要用途即在于在国有土地上进行建造建筑物、构筑物及其附属设施。

250. 在同一地块，能否设置多个建设用地使用权？

答：根据民法典第三百四十五条的规定，建设用地使用权在土地的地表、地上、地下均可分别设立。因此，可设立建设用地使用权的土地包含了地面以及地面以上一定高度和以下一定深度的空间，故这里的"土地"是一个法律上的技术概念。因此，建设用地使用权可以分层设立，在同一块土地之上，根据空间的不同，可以分别设立不同的建设用地使用权。

当然，由于物权的排他性，两个建设用地使用权在占有和使用上不能产生冲突。故民法典第三百四十六条进一步规定，设立建设用地使用权，不得损害已经设立的用益物权。

251. 建设用地使用权的设立方式有哪些？

答：根据民法典第三百四十七条第一款的规定，设立建设用地使用权可以使用出让或划拨等方式。

出让是指国家以土地所有权人的身份将土地使用权在一定期限内让与土地使用人并由土地使用人支付一定出让金的行为，故出让属于有偿行为，也是设立建设用地使用权的主要方式。

划拨则是指经过使用者申请、主管机关允许即可取得土地使用权，而不必向土地所有人支付租金或其他费用，属于无偿行为。也正因为如此，本条第三款进一步规定，对于划拨设立建设用地使用权应当严格限制。

252.A市目前有一地块拟用作商业开发，建设大型商业综合楼群。A市应当通过何种办法进行土地出让程序？

答：根据民法典第三百四十七条第二款的规定，若工业、商业、旅游、娱乐和商品住宅等经营性用地以及同一土地有两个以上意向用地者的，应当采取招标、拍卖等公开竞价的方式出让。因此，A市应当发布招标或拍卖公告，吸引相关房地产开发企业进行投标或参加拍卖活动。

在通过投标确定土地受让当事人后，出让方与受让方应当签订出让合同。

根据民法典第三百四十八条的规定，出让合同除应当包含合同的一般条款外，还应当列明土地界址、面积；建筑物、构筑物及其附属设施占有的空间；土地用途和规划条件；建设用地使用权期限以及出让金等费用支付方式。

253.接上题。双方签订出让合同后，建设用地使用权是否设立？

答：建设用地使用权此时尚未设立，与土地承包经营权不同，出让合同生效并非建设用地使用权取得的充分条件，还需要经过登记这一必要的公示手段才能取得。

根据民法典第三百四十九条的规定，当事人应当向登记机构申请登记，登记机构登记后，应当向建设用地使用权人发放相关权属证书。

故若出让人在合同生效后拒绝履行登记义务，则此时出让人构成违反合同义务、构成违约，出让人可以基于违约诉至法院，请求出让人实际履行，协助办理登记手续，从而取得建设用地使用权。

254.建设用地使用权出让合同一般应包括哪些内容？

答：根据民法典第三百四十八条第二款的规定，建设用地使用权出让合同应当包含如下条款：

（一）当事人的名称和住所；

（二）土地界址、面积等；

（三）建筑物、构筑物及其附属设施占用的空间；

（四）土地用途、规划条件；

（五）建设用地使用权期限；

（六）出让金等费用及其支付方式；

（七）解决争议的方法。

255. 取得建设用地使用权后，权利人还负有何种义务？

答：首先，根据民法典第三百五十一条的规定，权利人应当按照法律规定以及合同约定及时向出让人支付出让金等相关费用。

其次，民法典第三百五十条要求权利人合理使用土地，按照土地用途合理适度开发经营土地；若因为开发需要不得不改变土地用途的，应当首先经过有关行政主管部门的批准，否则出让人有权予以纠正，要求权利人恢复原土地用途。

最后，根据《房地产管理法》第二十二条第二款的规定，建设用地使用权出让合同年限届满的，土地使用者未申请续期或申请续期未经批准的，使用权由国家无偿收回，则此时权利人负有返还建设用地土地的义务。

256. 建设用地使用权人在建设用地上建造的建筑物及其相关设施，所有权应当归谁所有？

答：对于建设用地使用权人所建造的建筑物，民法典采取了"权利推定"的原则。

民法典第三百五十二条规定：建设用地使用权人建造的建筑物、构筑物及其附属设施的所有权属于建设用地使用权人，但是有相反证据证明的除外。

因此，如果有证据证明建设用地上建造的某些建筑物所有权已经移转，则其并不属于建设用地使用权人，否则所有权一律归属于建设用地使用权人。

257. 接上题。若甲企业取得建设用地使用权后，因为资金紧张无暇开发该土地，甲可以通过何种方式缓解自身困境？

答：此时甲企业可以选择转让、互换、出资或赠与该建设用地使用权。甲企业虽然不能处分该土地，但其自身具有处分该权利本身的效力。

根据民法典第三百五十四条的规定，权利人可以转让、互换、出资、赠与或抵押，具体的期限由当事人之间自行约定，但不得超过建设用地使用权的剩余期限。

同时，本条要求权利人应当与相对人签订书面的流转合同，与建设用地使用权的设立规则相同，书面合同的成立生效并不能发生建设用地使用权的流转，需要依照民法典第三百五十五条的规定，向登记机构申请变更登记，变更登记完成后，建设用地使用权的移转方告成立。

258.仍接上题。若甲企业已经在该建设用地上建造建筑物的,转让建设用地使用权时,土地上的建筑物应当如何处理?

答:在土地与房屋的所有权处理原则中,"房随地走"是基本的原则,即附着于土地上的建筑物、构筑物及其附属设施,在建设用地使用权被转让、互换、出资或者赠与时,应当随之一并被处分。该原则已经被民法典第三百五十六条所吸收并作出明确规定。同样,若建筑物、构筑物及其附属设施被处分,则根据民法典第三百五十七条的规定,建筑物占用范围内的建设用地使用权亦一并被处分。该原则亦可称为"地随房走"。

需要明确的是,房地权属实际转移的判断标准均是完成相应的变更登记。若建筑物与建设使用权变更登记的时间不一致的,则应当按照先办理登记的时间作为两者权利变动的时间节点。

259.建设用地使用权在何种情形下可能归于消灭?

答:民法典第三百五十八条、第三百五十九条以及第三百六十条规定了建设用地使用权归于消灭的原因以及消灭时的处理办法。根据第三百五十八条的规定,依据公共利益的需要,出让人可以在建设用地使用权期限届满前提前收回该土地,当然此时使用权人有权依据征收的补偿标准要求出让人给予补偿并退还相应出让金。

建设用地使用权期限届满后的处理规则,依据土地出让时的用途而有所不同,若为住宅用地,则自动续期。若非住宅用地,则使用权人应当主动申请续期,若未申请或申请未获批准,建设用地使用权归于消灭。使用权人想要续期的,应当在期限届满前1年内申请续期,同时出让人除社会公共利益需求应收回土地外,应当同意续期请求。

建设用地使用权的消灭,应当由出让人及时办理注销登记,登记机构应当在办理注销登记后收回之前发放的权属证书。

第十三章 宅基地使用权

260.小王是××村的村民,成年分家后需要建房。请问,他享有何种权利?

答:宅基地使用权,分得宅基地后有权在其上建造房屋。

民法典第三百六十二条规定:宅基地使用权人依法对集体所有的土地享有

占有和使用的权利，有权依法利用该土地建造住宅及其附属设施。

享有宅基地使用权的前提是小王必须是集体经济组织的成员，且取得该宅基地使用权的目的是居住，小王享有的仅是宅基地的使用权，而非所有权。

261. 接上题。小王现在获得了宅基地使用权的批准，但是他还有疑问，取得宅基地使用权需要登记吗？

答： 不需要，但是为了避免将来的法律风险，还是以登记为宜。根据土地管理法第六十二条第四款的规定：农村村民住宅用地，经乡（镇）人民政府审核批准。

故不需要经过登记即可取得宅基地使用权。但是需要注意的是，未经登记的宅基地使用权可能会发生确权纠纷的危险，因此国务院部署在2020年底基本完成宅基地和集体建设用地使用权确权登记工作，并且自然资源部也在相关通知中督促地方尽快办理相关确权登记。

262. 仍接上题。小王沮丧地发现，自己的存款已经所剩无几了，没有足够的资金建设新房，那么他取得的宅基地使用权会因为无能力建设被收回吗？

答： 有可能会被收回。

根据原国土资源部（现自然资源部）的相关文件，"空闲或房屋坍塌、拆除两年以上未恢复使用的宅基地，不确定土地使用权。已经确定使用权的，由集体报经县级人民政府批准，注销其土地登记，土地由集体收回"。

此外，最高人民法院在相关文件中重申这个规则：作为建设用地的宅基地，权利人取得集体土地使用权后，未按照批准的土地用途使用土地，造成宅基地空闲两年以上的，经村民会议讨论、半数以上通过，报县级人民政府批准，集体经济组织有权收回宅基地使用权。

263. 小爱因为在城里落户了，原先在村里的宅基地一直处于闲置状态。请问，他如何处理闲置的宅基地？

答： 小爱可以"自愿有偿退出"宅基地。

土地管理法第六十二条第六款规定：国家允许进城落户的农村村民依法自愿有偿退出宅基地，鼓励农村集体经济组织及其成员盘活利用闲置宅基地和闲置住宅。

在农村，有的宅基地闲置，也有很多三代同堂，挤在一处宅基地中。理论上如果子女长大成人并已成家，分户后不够居住，符合条件的可以另行申请宅基地。但在实际中，新申请宅基地难上加难，因为农村已经没有多余的地可分了。而宅基地有偿退出，一方面，在自愿的前提下，城市有稳定的住所的人可以得到一部分的补偿；另一方面，可以满足村集体内部的再分配。

264.接上题。小爱与村集体协商退出宅基地，但是村集体开出的条件小爱并不满意。请问，村集体可以让小爱"上楼"吗？

答：不可以。

对于"自愿有偿退出"规则要正确理解。首先，"自愿"是底线，村集体不得以各种名义违背农民意愿强制流转宅基地和强迫农民"上楼"，不得违法收回农户合法取得的宅基地，不得以退出宅基地作为农民进城落户的条件。至于"有偿退出"的情形，天津的"宅基地换房"，广东的"宅基地入市"，重庆的"地票"，都有不同的尝试。那腾退的宅基地怎么办？可以由本集体经济组织与宅基地使用权人协商回购，主要用于满足本集体内部的宅基地再分配，或者根据国家有关规定整理利用。

265.小张要嫁给一个城里人并且获得城市户口，现在想将其宅基地使用权转让给本村的大黑。请问，这样做合法吗？

答：合法。集体组织内部转让是可以的。

根据《土地管理法》第六十二条第五款的规定，农村村民出卖、出租、赠与住宅后，再申请宅基地的，不予批准。

本法条禁止的仅是村民突破一户一宅这个基本原则，但是对于转让与出租并没有禁止。

此外，农业农村部《关于进一步加强农村宅基地管理的通知》中，对于集体组织内部转让持肯定态度，"在征得宅基地所有权人同意的前提下，鼓励农村村民在本集体经济组织内部向符合宅基地申请条件的农户转让宅基地"。对于闲置宅基地的租赁更持鼓励态度，"鼓励村集体和农民盘活利用闲置宅基地和闲置住宅，通过自主经营、合作经营、委托经营等方式，依法依规发展农家乐、民宿、乡村旅游等。城镇居民、工商资本等租赁农房居住或开展经营的，要严格遵守合同法的规定，租赁合同的期限不得超过二十年"。

266. 接上题。小张现在已经将宅基地转让给大黑了，大黑考虑到法律风险的问题，想要办理移转登记。请问，这需要吗？

答：需要。

民法典第三百六十五条规定：已经登记的宅基地使用权转让或者消灭的，应当及时办理变更登记或者注销登记。

我国目前正在落实宅基地使用权及房屋所有权首次登记，在完成首次登记后，权利人进行转让的，需要及时办理变更登记；权利人"自愿有偿退出"的，也需要同时办理注销登记，以确保土地登记簿的准确性与效力。

267. 少安想要在村里办厂，但是资金不足，他很好奇，可以用宅基地使用权进行抵押吗？

答：不可以。但是这个问题存在争议，实践中也有不同做法。

根据民法典第三百九十九条第二项的规定，宅基地、自留地、自留山等集体所有土地的使用权属于不得抵押的财产。但这项后面条款规定：法律规定可以抵押的除外。

但当前国家并未在法律层面承认宅基地使用权属于可以抵押的财产，因此这个问题的答案仍然是否定的。事实上，早在2015年，经全国人大授权在试点县调整相关法律条款，全国59个试点县（市、区）被纳入农民住房财产权（含宅基地使用权）抵押贷款试点，这些地区随即放开了对宅基地使用权的限制。全国人大常委会副委员长曹建明认为："要考虑到宅基地制度的敏感性，防止抵押权过度发展。"因此，宅基地使用权的抵押是一个配合宅基地改革逐步开放的问题，虽目前法律不允许，但未来可期。

268. 小刘的宅基地使用权因地震灭失了，他还能向集体组织请求重新分配吗？

答：可以。

民法典第三百六十四条规定：宅基地因自然灾害等原因灭失的，宅基地使用权消灭。对失去宅基地的村民，应当依法重新分配宅基地。

因为宅基地使用权是为了保障村民的基本居住需要而设置的，因此即便原宅基地使用权灭失，符合条件的村集体成员还是可以依据自身需求重新申请获得宅基地，不过也必须受到"一户一宅"的限制。

269.小金是个城里的富三代,厌倦了城市里纸醉金迷的生活,一直希望到农村居住。请问,他可以购买宅基地使用权吗?

答:不可以。

这个问题从2005年制定物权法时便有争论,但是为了保障农村村民的基本居住需求,国家严禁城镇居民到农村购买宅基地,严禁下乡利用农村宅基地建设别墅大院和私人会馆。国家发展和改革委发言人在解读该政策时认为,在盘活农村闲置农房的过程中,需要注意的是城里人到农村买宅基地的口子不能开,按规划严格实行土地用途管制的原则不能突破,必须严格禁止下乡利用农村宅基地建设别墅大院和私人会馆。

270.浙江宁海县的大秦很羡慕隔壁象山县的好友小张获得了农村宅基地"三权分置"不动产权登记证。请问,宅基地"三权分置"如何理解?

答:义乌在全国率先提出"农户资格权"的概念,初步确立了宅基地所有权、资格权、使用权"三权分置"制度体系。2018年4月,象山县又诞生了浙江第一本农村宅基地"三权分置"不动产权登记证——由资格权人证、使用权人证、所有权人证组成的三本证书。宅基地"三权分置"是指宅基地所有权、农户资格权和宅基地及地上房屋使用权相互分离,可以由不同的主体分别享有行使。"三权分置"是初步落实宅基地集体所有权,保障宅基地农户资格权和农民房屋所有权,适度放活宅基地和农民房屋使用权制度体系的尝试。改革的目的是盘活宅基地,为振兴乡村经济带来新活力。目前,改革正进入深水区,在试点工作完成后,相信很快会以法律条文的形式加以固定。

第十四章 居住权

271.刘老太太在其丈夫死后将夫妻共有的两套房屋分别转让给了女儿刘玲和儿子刘勇,现在她随儿子居住。但是儿媳妇认为这房子已经归他们所有了,刘老太太无权在里面居住。他们侵犯了刘老太太的什么权益?

答:居住权。

民法典第三百六十六条规定:居住权人有权按照合同约定,对他人的住宅享有占有、使用的用益物权,以满足生活居住的需要。

居住权在我国法律上被规定为一种用益物权,由所有权人为居住权人设立,居住权人可占有、使用所有权人房屋的一种定限物权。按照罗马法的原初设定，居住权为一种人役权，人役权在特性上具有专属性、无偿性（恩惠或慈善的特性）、有期限性及不可让与性，其不能设定负担、不能作为抵押权的客体及不可继承。现今的居住权也承袭了人役权的部分规则，用于社会保障的目的。儿子刘勇为了母亲的合法利益可以为母亲设立居住权。

272. 接上题。刘勇决定为母亲设立居住权，他设立居住权需要书面形式吗？

答：需要。

民法典第三百六十七条规定：设立居住权，当事人应当采用书面形式订立居住权合同。

居住权合同一般包括下列条款：

（一）当事人的姓名或者名称和住所；

（二）住宅的位置；

（三）居住的条件和要求；

（四）居住权期限；

（五）解决争议的方法。

刘勇可以参照民法典列举的居住权合同一般条款的指引，草拟居住权合同。这里需要注意一点，第一项"当事人的姓名"之后有"或者名称"四个字，以提示法人和非法人组织不仅可以为他人设立居住权，也可以直接成为居住权人。前者如在国家住房保障的情形中，政府为住房困难者设立居住权；后者如公司等企业将居住权交由高级管理人员或者其他员工行使，又如公司等企业利用居住权经营民宿等。

273. 仍接上题。刘勇查阅了相关资料，拟了一份居住权合同，但他听朋友说，光有居住权合同还不够，不登记不能设立居住权。请问，他是否应该听朋友的意见？

答：应该。必须办理登记，未经登记，居住权不生效力。

根据民法典第三百六十八条的规定，设立居住权的，应当向登记机构申请居住权登记。居住权自登记时设立。

但是需要区分一点，未登记的居住权虽然没有效力，但是依法成立的居住权合同有效，刘老太太仍然可以向刘勇（所有权人）主张移转房屋的占有，只是因为没有登记，该居住权不发生物权效力。

274.继续接上题。 刘老太太把两套房屋过户给子女后,所留存款只能满足日常生活和医疗所需,请问,她需要为居住权支付对价吗?

答: 不一定需要。居住权可以无偿设立。

根据民法典第三百六十八条中的规定,居住权无偿设立,但是当事人另有约定的除外。

无偿与否这个问题在制典过程中有争议,因为人役权一般体现为无偿性,而居住权若以社会保障为立法定位,无偿更加符合其目的。但是即便是典型的社会性居住权也未必纯粹无偿,国家住房保障的情形也是如此,投资型居住权则全部有偿设立。因此,最后还是增加可以另有约定的条款,为投资型居住权留下了一个口子。

275.继续接上题。 刘老太太觉得儿子和儿媳妇睡觉太晚,有时会打扰到自己休息,想要增强房间的隔音效果,从而提升睡眠质量。请问,刘老太太作为居住权人可以对房屋进行改良、修缮吗?

答: 可以。不过要依照居住权合同的约定。如果合同没有约定房屋的修缮、改良或者约定不明,刘老太太需要进行改良、修缮的,需要事先征得儿子的同意,否则不得进行改良、修缮。

276. 张爷爷是一位年近古稀的老人,女儿为他在海边的一套房屋中设立了居住权。居住权设立后,张爷爷发现自己的老寒腿犯了,而房屋相当潮湿,长久居住下去对他的身体健康不利。请问,他可以转让该居住权吗?

答: 不可以。

根据民法典第三百六十九条的规定,居住权不得转让、继承。

这也是承袭了人役权的特点,使得该房屋只能由居住权人役使,不得再为他人设权。但是对于这个问题,制定过程中也是有反复的,在《民法典(草案)》(二次审议稿)中,其条文表述为:居住权不得转让、继承,设立居住权的房屋不得出租,但是当事人另有约定的除外。与最终通过的条文相比,只有一个逗号的区别,但是意思却完全不同。依据草案的条文,当事人是可以通过约定转让、继承居住权的,这显然为投资型居住权留下了市场。但是,民法典为此种解释画上了一个句号,所以张爷爷不能转让他的居住权。

277. 张爷爷去世后，女儿注意到房屋的不动产权登记上仍然有居住权登记。请问，这个居住权消灭了吗？

答： 已经消灭了。居住权消灭有两种情形：一是居住权期限届满，二是居住权人死亡。

民法典第三百七十条规定：居住权期限届满或者居住权人死亡的，居住权消灭。居住权消灭的，应当及时办理注销登记。

对于居住权合同中约定期限的，即便期限尚未届满，而居住权人张爷爷已经死亡，此时居住权也随即消灭，由女儿依据相关证明办理注销登记。

278. 马亿是位年近八旬的老人，他名下只有一套房屋，保姆柳月自马大爷妻子去世后照顾了他近20年。他想咨询，可以以遗嘱方式设立保姆居住权吗？

答： 可以。而且从比较法的视角来看，通过遗嘱设立居住权乃是最主要的设立方式。

民法典第三百七十一条规定：以遗嘱方式设立居住权的，参照适用本章的有关规定。

需要注意的是，"遗嘱"不能被理解为狭义的遗嘱，而应该采取广义理解，即同时还包含遗赠。所以，马亿可以在生前留下遗嘱，为保姆柳月设立一个居住权，以感谢她多年的照顾。

279. 何先生和沈小姐结婚三年后发现两人价值观完全不能调和，想要离婚，但是他们两人名下只有一套房屋，沈小姐从婚后就做起了全职太太，平时也没有什么生活来源。对于沈小姐这种情况，法律上有什么救济吗？

答： 可以通过居住权解决。

民法典第一千零九十条规定：离婚时，如果一方生活困难，有负担能力的另一方应当给予适当帮助。具体办法由双方协议；协议不成的，由人民法院判决。

如果在离婚时，一方采取以个人财产中的住房对生活困难者进行帮助的形式，可以是房屋的居住权或者房屋的所有权。本案例中，法院判决离婚后，可以为生活困难的一方的沈小姐设立居住权，为其解决居住问题。

280. 接上题。何先生同意为前妻沈小姐设立居住权，但是何先生在设立完居住权的第二天，又因为借款问题为债权人周先生设立了抵押权。沈小姐得知该抵押权后，非常担心这个抵押权将来会不会影响到她的居住权。

答： 可能会有权利冲突，但是总体上不影响沈小姐的居住权。

民法典对此情形没有直接的规定，可以类推适用的是民法典第四百零五条的规定，抵押权设立前，抵押财产已经出租并转移占有的，原租赁关系不受该抵押权的影响。

可以类推解释为"抵押权设立前，抵押财产已经设立居住权的，居住权不受该抵押权的影响"。

281.郭先生一直关注着民法典的相关信息，知晓民法典增加了居住权，他很好奇，是否以后购买二手房之前都要进行居住权的相关调查？

答：是的。

购房者为了获得房屋所有权的全部权能，即占有、使用、收益和处分，有必要事先查询登记簿，查看登记簿上是否存在居住权等用益物权的权利负担。虽然居住权在二手房交易市场可能不会占据较大比重，但是购房者为了自身利益的实现，有必要进行相关调查。如果买受人未进行相关调查，买得了有居住权的房屋，也不能主张不知有居住权而要求居住权人搬离。因为居住权是经过登记并且公示于众的用益物权，因此我们推定购房者应知该居住权的设立。

第十五章 地役权

282.张先生在民法典普法过程中，知道了"地役权"这个概念，但是他不知道具体是什么，该如何帮他释疑？

答：民法典第三百七十二条规定：地役权人有权按照合同约定，利用他人的不动产，以提高自己的不动产的效益。

前款所称他人的不动产为供役地，自己的不动产为需役地。

需要注意的是，我国虽然规定为"地役权"，但是可利用的范围要大于土地，不动产都可以成为地役权的标的物，可能更加准确的是"不动产"役权。地役权是一种用益物权，其有两个非常特别的特征，即从属性与不可分性，在接下来的问题中可以充分体现。

283.接上题。张先生了解了地役权的基本概念，他仍然非常好奇，地役权有哪些类型？

答：地役权大致包括以下典型类型：

（一）通行地役权。

即以在他人土地上通行以便到达自己土地为目的的地役权。

（二）取水或汲水地役权。

即为了需役地的便利在供役地上取水或汲水的权利。

（三）眺望地役权。

即为了确保在自己的土地或建筑物中能够眺望风景，约定供役地的物权人不得建造或种植超过一定高度的建筑物或竹木的权利。

（四）采光地役权。

即为了改善自己的土地或建筑物的采光效果，约定供役地的物权人在一定的区域不得建造建筑物或种植竹木，或者建筑物、竹木不得超出一定高度的权利。

（五）支撑地役权。

即利用他人已经建成的墙壁搭建房屋或其他地上定着物的权利，设立此种地役权往往为了节省建筑成本或为了扩大房屋的使用面积。

（六）建造附属设施或安设临时附着物的地役权。

即在供役地上建造建筑物之附属设施或安设临时附着物的地役权。

（七）排污地役权。

284.张先生承包了一片果园，但是灌溉水源一直不是很充裕，他知道同村李先生有一口水井，现在他想利用这口井，可以给他支支招吗？

答：可以设立汲水地役权，但是需要订立书面合同。

民法典第三百七十三条规定：设立地役权，当事人应当采用书面形式订立地役权合同。

地役权合同一般包括下列条款：

（一）当事人的姓名或者名称和住所；

（二）供役地和需役地的位置；

（三）利用目的和方法；

（四）地役权期限；

（五）费用及其支付方式；

（六）解决争议的方法。

285.接上题。张先生拟好了地役权合同，但是他不清楚是不是一定需要登记。

答：可以不登记。如果不登记有一定的法律风险。

民法典第三百七十四条规定：地役权自地役权合同生效时设立。当事人要求登记的，可以向登记机构申请地役权登记；未经登记，不得对抗善意第三人。

因此，设立地役权必须有一个生效的地役权合同，即便张先生未经过登记，也不影响地役权的效力。但是，登记的地役权才能产生对抗效力，未经登记的情形下，李先生将水井所在的那片地使用权转让给善意第三人，第三人取得使用权，并且可以主张因为不知张先生的地役权的存在，而拒绝张先生继续汲水。

286.创新公司与复古公司订立了一个在复古公司的建设用地使用权上设立采光地役权合同（目的是创新公司的建设用地使用权采光良好），在这一地役权合同中，供役地权利人复古公司和地役权人创新公司分别有什么义务？

答：民法典第三百七十五条规定：供役地权利人应当按照合同约定，允许地役权人利用其不动产，不得妨害地役权人行使权利。

民法典第三百七十六条规定：地役权人应当按照合同约定的利用目的和方法利用供役地，尽量减少对供役地权利人物权的限制。

在这样一个建设用地使用权上的采光地役权合同中，供役地权利人复古公司就不得将建筑物建设得过高从而影响创新公司的采光权，同时创新公司也不能因为享有地役权，而完全禁止复古公司的房地产开发建设。

287.接上题。创新公司希望其采光权能够永久设置下去，这种愿望法律可以满足吗？

答：不可以。

民法典第三百七十七条规定：地役权期限由当事人约定；但是，不得超过土地承包经营权、建设用地使用权等用益物权的剩余期限。

假设建设用地使用权的剩余期限还有30年，那么创新公司设立的地役权合同的期限最长为30年，如果超过了30年，超过部分并不当然无效，若复古公司在到期前续期，那么地役权合同有关期限的约定有效；若未续期，那么30年为其上限。

288.继续接上题。创新公司因为疫情濒临破产，现在缺少资金流，准备将其采光地役权进行单独转让或者抵押，法律允许吗？

答：不可以单独抵押，但是可以单独转让。

民法典第三百八十条规定：地役权不得单独转让。土地承包经营权、建设用地使用权等转让的，地役权一并转让，但是合同另有约定的除外。

民法典第三百八十一条规定：地役权不得单独抵押。土地经营权、建设用地使用权等抵押的，在实现抵押权时，地役权一并转让。

289.仍接上题。创新公司检查合同后发现不允许单独转让地役权，考虑将自己的部分建设用地使用权转让给希望公司，希望公司受让该部分建设用地使用权的同时可以获得采光地役权吗？

答：可以。

民法典第三百八十二条规定：需役地以及需役地上的土地承包经营权、建设用地使用权等部分转让时，转让部分涉及地役权的，受让人同时享有地役权。

创新公司部分转让其所享有的建设用地使用权，而转让之前，存在一个已经有效设立的地役权，即采光地役权，虽然转让合同没有明确提及地役权的转让，但是受让人希望公司可以依据转让合同取得该部分的地役权。原因是地役权是一个从权利，需要依附于需役地，因此即便只是部分转让需役地，只要转让这部分涉及地役权了，地役权作为从属权利也需要一并转让。

290.继续接上题。复古公司在疫情之下处境也不好，部分建设用地使用权无法开发建设，准备部分转让给好运公司。好运公司受让该部分建设用地使用权的同时需要受到地役权的约束吗？

答：需要。

民法典第三百八十三条规定：供役地以及供役地上的土地承包经营权、建设用地使用权等部分转让时，转让部分涉及地役权的，地役权对受让人具有法律约束力。

与前一题不同的是，本题是作为供役地人的复古公司部分转让其所享有的物权，而转让之前，存在一个已经有效设立并且登记的地役权，即采光地役权，虽然转让合同没有明确提及地役权的受让问题，但是好运公司仍然需要继受权利上的负担，即好运公司必须受到采光地役权的限制。

291.继续接上题。复古公司请求创新公司按期支付采光地役权的费用，债务到期后已经催告一次创新公司仍然没有支付，请问复古公司可以解除合同吗？

答：不可以。必须催告两次之后才能解除。

民法典第三百八十四条规定：地役权人有下列情形之一的，供役地权利人

有权解除地役权合同,地役权消灭:

(一)违反法律规定或者合同约定,滥用地役权;

(二)有偿利用供役地,约定的付款期限届满后在合理期限内经两次催告未支付费用。

在本案的情形中,创新公司未按照约定支付使用费,复古公司仅催告了一次,其并不享有解除权。

292. 草花村为集体土地所有权人,它的A号土地上已经设立了一个通行地役权,现在想将土地发包给村民S承包。请问,这可以实现吗?

答:不但可以,而且该地役权还会延续到土地承包经营权与宅基地使用权上。

民法典第三百七十八条规定:土地所有权人享有地役权或者负担地役权的,设立土地承包经营权、宅基地使用权等用益物权时,该用益物权人继续享有或者负担已经设立的地役权。

本案例中设置通行权的目的往往是不动产本身必须要借助他人的不动产才能通行,若不设立通行权,则完全无法使用。因此,对于需要进行承包经营的村民S而言,通行权也具有必要性,因此土地承包经营权人S也可以享有地役权。

293. 接上题。菊花村希望在草花村的B号土地上设立一个通行地役权,后得知该土地上已经有了一个土地承包经营权人小任,此时还可设立吗?

答:可以,但是需要经过土地承包经营权人小任的同意。

前一题讨论的是草花村先设立地役权,后设立其他用益物权,此时村民S承继了之前设立的地役权;这一题讨论的是草花村先设立用益物权,后设立地役权,此时,因为草花村的所有权中的部分权能(占有、使用、收益)已经转让给村民小任了,而设立通行地役权对于在先的土地承包经营权会产生权利的限制,因此需要经过村民小任的同意才能设立。

民法典第三百七十九条规定:土地上已经设立土地承包经营权、建设用地使用权、宅基地使用权等用益物权的,未经用益物权人同意,土地所有权人不得设立地役权。

第四分编　担保物权

第十六章　一般规定

294. 什么是担保物权？

答：民法典第三百八十六条规定：担保物权人在债务人不履行到期债务或者发生当事人约定的实现担保物权的情形，依法享有就担保财产优先受偿的权利，但是法律另有规定的除外。

担保物权具有从属性，比如在购房人通过银行贷款购房并为银行设立抵押权的情形中，债权人银行在贷款合同中，为保障实现其债权，要求购房人提供房屋进行担保。提供担保财产的购房人叫作担保人（可以是债务人也可以是第三人），接受担保财产的银行叫作担保权人（债权人）。

295. 民法典中规定了哪些担保物权？

答：根据物权法定原则，民法典中规定的担保物权包括抵押权、质权和留置权，此三类属于典型担保，分别规定在民法典担保物权编第十七章、第十八章和第十九章。但是，除了民法典规定的担保物权的类型，实践中还存在大量游离在民法典担保物权编之外的"非典型担保"，包括所有权保留、融资租赁、让与担保和保兑仓交易等。所有权保留在买卖合同中有所规定，融资租赁也是一种有名合同。让与担保是债务人或者第三人与债权人订立合同，约定将财产形式上转让至债权人名下，债务人到期清偿债务，债权人将该财产返还给债务人或第三人，债务人到期没有清偿债务，债权人可以对财产拍卖、变卖、折价偿还债权的一种非典型担保。而保兑仓交易作为一种新类型融资担保方式，其基本交易模式是，以银行信用为载体、以银行承兑汇票为结算工具、由银行控制货权、卖方（或者仓储方）受托保管货物并以承兑汇票与保证金之间的差额作为担保。

296. 如何设立担保物权，需要书面合同吗？

答：需要。

民法典第三百八十八条规定：设立担保物权，应当依照本法和其他法律的规定订立担保合同。

所谓担保合同，是指在担保权人和担保人之间协商形成的，当债务人不履行或无法履行债务时，以一定方式保证债权人的债权得以实现的协议。担保合同是一种重要的民事合同，尽管我国合同法并未单列一章进行规定（我国仅有保证合同，并不能涵盖设立担保物权的担保合同），但是根据民法典第四百六十三条和第四百六十四条第一款，其作为一种合同可以直接适用合同编通则的相关规定。

297. 什么是担保物权的从属性？

答： 担保物权的从属性是指担保物权成立以债权的成立为前提，因债权的转移而转移，因债权的消灭而消灭。具体体现在：担保合同是主债权债务合同的从合同。主债权债务合同无效，担保合同无效，但法律另有规定的除外。担保合同被确认无效后，债务人、担保人、债权人有过错的，应当根据其过错各自承担相应的民事责任。

从属性是担保物权的基本属性，但由银行或者非银行金融机构开立的独立保函除外。

独立保函纠纷案件依据《最高人民法院关于审理独立保函纠纷案件若干问题的规定》处理。需要进一步明确的是：凡是由银行或者非银行金融机构开立的符合该司法解释第一条、第三条规定情形的保函，无论是用于国际商事交易还是用于国内商事交易，均不影响保函的效力。银行或者非银行金融机构之外的当事人开立的独立保函，以及当事人有关排除担保从属性的约定，应当认定无效。但是，根据"无效法律行为的转换"原理，在否定其独立担保效力的同时，应当将其认定为从属性担保。此时，如果主合同有效，则担保合同有效，担保人与主债务人承担连带保证责任。主合同无效，则该所谓的独立担保也随之无效，担保人无过错的，不承担责任；担保人有过错的，其承担民事责任的部分，不应超过债务人不能清偿部分的1/3。

298. 小吴将自己的房屋抵押给银行以取得贷款，他想了解一下，担保物权的担保范围是什么？如果办理的抵押登记会同时涵盖利息吗？

答： 会，除非小吴和银行另有约定。

民法典第三百八十九条规定：担保物权的担保范围包括主债权及其利息、违约金、损害赔偿金、保管担保财产和实现担保物权的费用。当事人另有约定的，按照其约定。

需要注意的是，以登记作为公示方式的不动产担保物权的担保范围，一般应当以登记的范围为准。但是，我国目前不动产担保物权登记，不同地区的系统设置及登记规则并不一致，存在下面两种情形。

一是多数省区市的登记系统未设置"担保范围"栏目，仅有"被担保主债权数额（最高债权数额）"的表述，且只能填写固定数字。而当事人在合同中又往往约定担保物权的担保范围，包括主债权及其利息、违约金等附属债权，致使合同约定的担保范围与登记不一致。显然，这种不一致是由于该地区登记系统设置及登记规则造成的该地区的普遍现象。法院通常会以合同约定认定担保物权的担保范围。

二是一些省区市不动产登记系统设置与登记规则比较规范，担保物权登记范围与合同约定一致在该地区是常态或者普遍现象，法院则以登记的担保范围为准。

299.接上题。小吴看到地震期间毁坏房屋的相关新闻，他想到一个问题，担保期间，抵押房屋因为地震灭失了，担保物权还存在吗？

答：担保物权并不当然消灭，而是会及于因担保财产灭失而获得的保险金、赔偿金或者补偿金，所以如果房屋在地震之前上了保险，那么担保物权就及于保险金，而没有消灭。

民法典第三百九十条规定：担保期间，担保财产毁损、灭失或者被征收等，担保物权人可以就获得的保险金、赔偿金或者补偿金等优先受偿。被担保债权的履行期限未届满的，也可以提存该保险金、赔偿金或者补偿金等。

300.仍接上题。小吴想了解，在什么情形下担保物权会消灭？

答：民法典第三百九十三条规定：有下列情形之一的，担保物权消灭：

（一）主债权消灭；

（二）担保物权实现；

（三）债权人放弃担保物权；

（四）法律规定担保物权消灭的其他情形。

针对第四种情形，如抵押权人应当在主债权的诉讼时效期间内行使抵押权。抵押权人在主债权诉讼时效届满前未行使抵押权，抵押权消灭，抵押人可以在主债权诉讼时效届满后请求涂销抵押权登记。

301.甲公司遭遇了财务危机,需要向银行进行融资,但是其资产不足,所以希望乙公司给其提供财产担保,乙公司不是特别看好甲公司的清偿能力,但是比较看重甲公司的某首歌的版权。请问,乙公司应如何操作?

答:乙公司可以提供担保,同时要求甲公司提供歌曲的版权进行反担保。

民法典第三百八十七条第二款中规定:第三人为债务人向债权人提供担保的,可以要求债务人提供反担保。

反担保又可称为求偿担保、偿还约定书或反保证书,是指为保障债务人之外的担保人将来承担担保责任后对债务人的追偿权的实现而设定的担保。反担保是维护乙公司利益、保障其将来可能发生的追偿权实现的有效措施。现实生活中,银行、担保公司等金融机构为债务人提供保证担保时,几乎无例外地要求有反担保,其他担保人(如乙公司)为减免风险而要求债务人提供反担保的情况也日渐增多。

302.接上题。乙公司经过审慎评估,最终还是为甲公司提供了担保。但是甲公司未经乙公司的同意便转移了债务,请问,此时乙公司还需要承担担保责任吗?

答:不需要。

民法典第三百九十一条规定:第三人提供担保,未经其书面同意,债权人允许债务人转移全部或者部分债务的,担保人不再承担相应的担保责任。

这一条规范的目的是保护担保人乙公司的利益,因为担保人乙公司是为债务人甲公司作保,而甲公司移转债务未通知乙公司,此时乙公司就需要为新的债务人承担风险,若新的债务人的责任财产显然低于甲公司,乙公司为其承担债务后经过追偿也无法得到清偿,对于乙公司无疑是非常不公平的,因此法律才规定需要经过担保人乙公司的书面同意。

303.仍接上题。乙公司后来才得知,甲公司还找了马某做保证人,现在面临的情况是同一债务上既有保证又有担保物权,那么在债务到期后,有什么样的规则呢?

答:民法典第三百九十二条中规定:被担保的债权既有物的担保又有人的担保的,债务人不履行到期债务或者发生当事人约定的实现担保物权的情形,债权人应当按照约定实现债权;没有约定或者约定不明确,债务人自己提供物的担保的,债权人应当先就该物的担保实现债权;第三人提供物的担保的,债权人可以就物的担保实现债权,也可以请求保证人承担保证责任。

这里秉持的原则是有约定，先依照约定；约定不明或者无约定的，债务人甲公司提供担保优先；债务人甲公司没有提供担保，担保都是由第三方提供的，债权人银行具有选择权，可以选择马某也可以选乙公司提供担保财产。

304. 仍接上题。现在银行选择了乙公司提供的财产清偿全部债权，请问，乙公司可以向马某追偿吗？

答：这个问题有一定的历史渊源，在制定民法典过程中产生极大争议。被担保的债权既有保证又有第三人提供的物的担保的，根据《担保法司法解释》第三十八条，承担了担保责任的担保人可以要求其他担保人清偿其应当分担的份额。但物权法第一百七十六条（现民法典第三百九十二条）并未作出类似规定。

根据物权法第一百七十八条关于"担保法与本法的规定不一致的，适用本法"的规定，承担了担保责任的担保人向其他担保人追偿的，除了担保人在担保合同中约定可以相互追偿的，法院一般不予支持。

法院和立法者的态度是不支持无意思联络的担保人之间的追偿权，但是学者们提出根据民法典第七百条的规定，保证人承担保证责任后，除当事人另有约定外，有权在其承担保证责任的范围内向债务人追偿，享有债权人对债务人的权利，但是不得损害债权人的利益。

所以，如果本案例中乙公司清偿了全部债权，可以依据此条，享有银行对于甲公司全部权利，这已经承认了乙公司可以对马某追偿。

此外，民法典第五百二十四条第二款规定：债权人接受第三人履行后，其对债务人的债权转让给第三人，但是债务人和第三人另有约定的除外。

因此，银行接受了乙公司的履行，银行也将其债权转让给乙公司，乙公司理论上根据本条也可以向马某追偿。

第十七章 抵押权

305. 岳江南公司是一家餐饮企业，在疫情中遭遇沉重打击，现在资金链断裂，急需融资，律师有什么法律建议？

答：可以考虑通过抵押权进行融资。

民法典第三百九十四条规定：为担保债务的履行，债务人或者第三人不转移财产的占有，将该财产抵押给债权人的，债务人不履行到期债务或者发生当事人约定的实现抵押权的情形，债权人有权就该财产优先受偿。

提供担保财产的"债务人或者第三人为抵押人，债权人为抵押权人，提供担保的财产为抵押财产"。因为设立抵押权并不需要移转占有，岳江南仍然可以继续占有使用抵押财产，而且抵押财产可以由债务人提供也可以由第三人提供。需要注意的是，与德国立法不同，我国抵押权并不局限于不动产，动产之上也可以设立抵押权。

306.接上题。岳江南觉得抵押权融资很好，但是不清楚哪些财产可以设立抵押权，哪些财产禁止设立抵押权。

答：民法典第三百九十五条规定：债务人或者第三人有权处分的下列财产可以抵押：

（一）建筑物和其他土地附着物；

（二）建设用地使用权；

（三）海域使用权；

（四）生产设备、原材料、半成品、产品；

（五）正在建造的建筑物、船舶、航空器；

（六）交通运输工具；

（七）法律、行政法规未禁止抵押的其他财产。

抵押人可以将前款所列财产一并抵押。

需要注意的是，"海域使用权"属于新增的抵押财产范围，另外可以抵押的财产采取的是"列举+开放式"的兜底条款，而民法典第三百九十九条则为这个开放划定了一定的范围。

民法典第三百九十九条规定：下列财产不得抵押：

（一）土地所有权；

（二）宅基地、自留地、自留山等集体所有土地的使用权，但是法律规定可以抵押的除外；

（三）学校、幼儿园、医疗机构等为公益目的成立的非营利法人的教育设施、医疗卫生设施和其他公益设施；

（四）所有权、使用权不明或者有争议的财产；

（五）依法被查封、扣押、监管的财产；

（六）法律、行政法规规定不得抵押的其他财产。

307. 仍接上题。岳江南考虑可以抵押一家门店，但疑问是，抵押门店的所有权需要一并抵押建设用地使用权吗？

答：需要。这是"房地一体"规则在抵押权中的贯彻。

民法典第三百九十七条规定：以建筑物抵押的，该建筑物占用范围内的建设用地使用权一并抵押。以建设用地使用权抵押的，该土地上的建筑物一并抵押。

抵押人未依据前款规定一并抵押的，未抵押的财产视为一并抵押。

此外，这个规则也适用于抵押乡镇、村企业的房屋使用权与建设用地使用权。

民法典第三百九十八条规定：乡镇、村企业的建设用地使用权不得单独抵押。以乡镇、村企业的厂房等建筑物抵押的，其占用范围内的建设用地使用权一并抵押。

308. 仍接上题。岳江南如果设立抵押权，需要书面形式吗？

答：需要。

民法典第四百条规定：设立抵押权，当事人应当采用书面形式订立抵押合同。

抵押合同一般包括下列条款：

（一）被担保债权的种类和数额；

（二）债务人履行债务的期限；

（三）抵押财产的名称、数量等情况；

（四）担保的范围。

本法条第二款中的第三项有所改动，原物权法第一百八十五条除了抵押财产的名称、数量外，还有"质量、状况、所在地、所有权归属或者使用权归属"，现在囊括到"等情况"中了，原因是岳江南在与银行设立抵押权时，银行最关注的是抵押财产的价值，这些基本情况只要不妨碍其抵押权的实现，即便不在合同中写明也无妨，因此本次立法才作出了这样的修改。

309. 仍接上题。银行同意融资，但是要求加上一条，"债务人岳江南不履行到期债务时抵押财产归债权人银行所有"，这个条款会影响抵押合同的效力吗？

答：不影响。这个条款叫作"流抵"条款，即便存在，抵押合同仍然有效。

根据民法典第四百零一条的规定，"流押"指的是：抵押权人在债务履行期限届满前，与抵押人约定债务人不履行到期债务时抵押财产归债权人所有的，只能依法就抵押财产优先受偿。

注意该法条表述与原物权法第一百八十六条不同，"不得与抵押人约定债务人不履行到期债务时抵押财产归债权人所有"。以前，有的法院遇到了流押条款会直接判合同"死刑"，导致实践中出现了大量无效抵押合同。通过民法典，首先明确这个条款并不影响抵押合同的效力，其次流押条款本身的效力只能使得抵押权人在债权期限届满后就抵押财产优先受偿。

310. 仍接上题。岳江南与银行签订抵押合同，但是银行要求其立刻办理抵押登记，否则不能提供全额贷款，抵押合同是否一定需要办理登记？

答：不是所有的抵押权都需要办理登记才能设立，但是岳江南与银行的这个门店抵押合同需要办理登记。

根据民法典第四百零二条至第四百零三条，在不动产抵押中，抵押人用建筑物和其他土地附着物、建设用地使用权、海域使用权和正在建造的建筑物抵押的，应当办理抵押登记。抵押权自登记时设立；而在动产抵押中，"抵押权自抵押合同生效时设立；未经登记，不得对抗善意第三人"。针对不动产抵押登记问题，《九民纪要》第六十条也论及，"不动产抵押合同依法成立，但未办理抵押登记手续，债权人请求抵押人办理抵押登记手续的，人民法院依法予以支持。因抵押物灭失以及抵押物转让他人等原因不能办理抵押登记，债权人请求抵押人以抵押物的价值为限承担责任的，人民法院依法予以支持，但其范围不得超过抵押权有效设立时抵押人所应当承担的责任"。

311. 继续接上题。岳江南在抵押之前，已经将门店出租给姜大厨经营。请问，抵押权与租赁权会发生冲突吗？

答：会冲突，但是姜大厨的租赁关系并不受到直接影响。

民法典第四百零五条规定：抵押权设立前，抵押财产已经出租并转移占有的，原租赁关系不受该抵押权的影响。

因此，银行不能以实现抵押权为由，要求姜大厨搬离门店，租赁关系优先于抵押权设立，法律有保护承租人合法权益的必要性。

312. 继续接上题。岳江南虽然通过银行融到了不少资金，但是还不能快速"回血"，因此决定转让这家门店。请问，岳江南可以不经过银行的同意，在抵押期间转让抵押财产吗？

答：可以。这一条在原物权法时代发生过非常大的争议，因为原来的规定是不允许抵押人在抵押期间处分抵押财产的，而实践中这种情形又多发，从法理上而论，抵押人是所有人，处分其所有的财产无可厚非，我们想限制的是抵押人的处分不能影响抵押权的实现价值，却变成了限制抵押人一切处分行为。

民法典第四百零六条规定：抵押期间，抵押人可以转让抵押财产。当事人另有约定的，按照其约定。抵押财产转让的，抵押权不受影响。

抵押人转让抵押财产的，应当及时通知抵押权人。抵押权人能够证明抵押财产转让可能损害抵押权的，可以请求抵押人将转让所得的价款向抵押权人提前清偿债务或者提存。转让的价款超过债权数额的部分归抵押人所有，不足部分由债务人清偿。

因此，只要抵押合同没有限制岳江南处分门店，岳江南就可以进行转让，但是转让的门店有一个银行的抵押权。

313.继续接上题。岳江南手头上也有一些不动产的抵押权，它认为抵押权也是一种物权，可以脱离债权单独转让，这种观点正确吗？

答：不正确。

民法典第四百零七条规定：抵押权不得与债权分离而单独转让或者作为其他债权的担保。债权转让的，担保该债权的抵押权一并转让，但是法律另有规定或者当事人另有约定的除外。

原因很简单，抵押权是从属于主合同的从权利，根据"从随主"规则，岳江南转让债权的，除法律另有规定或者当事人另有约定外，担保该债权的抵押权一并转让，但是单独转让抵押权是不可以的。

314.疫情期间，岳江南门店价值急剧减损，银行该如何处理？

答：民法典第四百零八条规定：抵押人的行为足以使抵押财产价值减少的，抵押权人有权请求抵押人停止其行为；抵押财产价值减少的，抵押权人有权请求恢复抵押财产的价值，或者提供与减少的价值相应的担保。抵押人不恢复抵押财产的价值，也不提供担保的，抵押权人有权请求债务人提前清偿债务。

315.岳江南的门店价值1000万元，其除了向银行融资500万元以外，同时还为一个200万元的债权A提供第二顺位的抵押担保（已登记），为一个400万元的债权B提供第三顺位的担保（已登记）。债权B的债权人现在想改变顺位。请问，这个抵押顺位是固定的吗？可以通过合同约定顺位吗？

答：不是固定的。抵押权人可以放弃顺位，也可以通过合同变更顺位，变更后需要登记。

民法典第四百零九条第一款规定：抵押权人可以放弃抵押权或者抵押权的顺位。抵押权人与抵押人可以协议变更抵押权顺位以及被担保的债权数额等内容。但是，抵押权的变更未经其他抵押权人书面同意的，不得对其他抵押权人产生不利影响。

因此，本案例中B想改变顺位，必须要得到A的书面同意，如果A不同意，其顺位可以发生改变，但是不能影响到A的清偿利益，所以B可以改变的仅是原本可以清偿的300万元，剩余的100万元不能变更顺位，故经过登记后顺位变更为：银行500万元，B为300万元，A为200万元，B剩余的100万元。

316. 假设岳江南和银行的500万元抵押债权、和债权人A的200万元抵押担保、和债权人B的400万元抵押担保都没有登记，此时如何确定清偿顺序？

答：民法典第四百一十四条第一款规定：同一财产向两个以上债权人抵押的，拍卖、变卖抵押财产所得的价款依照下列规定清偿：

（一）抵押权已经登记的，按照登记的时间先后确定清偿顺序；

（二）抵押权已经登记的先于未登记的受偿；

（三）抵押权未登记的，按照债权比例清偿。

若是同一财产上既有抵押权又有质权的，则"拍卖、变卖该财产所得的价款按照登记、交付的时间先后确定清偿顺序"，交付和登记两种方式都被法律认可。

若是同一财产上存在数个担保物权，并不限于抵押权、质权。民法典第四百一十四条第二款规定：其他可以登记的担保物权，清偿顺序参照适用前款规定。

题设这种都没有登记的情况，只能按照民法典第四百一十四条第一款第三项按照债权比例清偿，故登记在实现担保物权方面具有相当的重要性。

317. 现在岳江南的债务到期了，依然没有支付全部债务，银行应该如何实现抵押权？

答：总体而言，先协商折价变价，协商不成的诉诸法院拍卖变卖。

民法典第四百一十条规定：债务人不履行到期债务或者发生当事人约定的实现抵押权的情形，抵押权人可以与抵押人协议以抵押财产折价或者以拍卖、变卖该抵押财产所得的价款优先受偿。协议损害其他债权人利益的，其他债权人可以请求人民法院撤销该协议。

抵押权人与抵押人未就抵押权实现方式达成协议的,抵押权人可以请求人民法院拍卖、变卖抵押财产。抵押财产折价或者变卖的,应当参照市场价格。

318. 岳江南考虑到自己的总部还有不少生产设备、原材料、半成品、产品,这些资产可以进行抵押吗?

答:岳江南可以进行浮动抵押。

民法典第三百九十六条规定:企业、个体工商户、农业生产经营者可以将现有的以及将有的生产设备、原材料、半成品、产品抵押,债务人不履行到期债务或者发生当事人约定的实现抵押权的情形,债权人有权就抵押财产确定时的动产优先受偿。

浮动抵押财产如何确定呢?我们称之为"浮动抵押的结晶",根据民法典第四百一十一条的规定,设定浮动抵押的,抵押财产自下列情形之一发生时确定:

(一)债务履行期限届满,债权未实现;

(二)抵押人被宣告破产或者解散;

(三)当事人约定的实现抵押权的情形;

(四)严重影响债权实现的其他情形。

319. 珠珠是个淘宝达人,她得知经常和她进行交易的××卖家将所有的原材料、半成品和成品与银行办理了浮动抵押。她非常担心,想了解自己支付合理对价购买的商品上是否存在担保物权。

答:她购买的商品所有权自交付后便是属于她的,其上并没有抵押权。

民法典第四百零四条规定:以动产抵押的,不得对抗正常经营活动中已经支付合理价款并取得抵押财产的买受人。

320. 游戏达人王某卖给蔡某一个电玩,蔡某没有付清价款,随后发现自己实在不擅长打游戏,正好之前欠了同学秦某500元,由于秦某催得紧,就把该电玩质押给秦某。王某此时如何保护自己的权利?

答:王某可以适用民法典的"超级优先权"条款。这是本次立法中的大热门之一。民法典第四百一十六条规定:动产抵押担保的主债权是抵押物的价款,标的物交付后十日内办理抵押登记的,该抵押权人优先于抵押物买受人的其他担保物权人受偿,但是留置权人除外。

王某在交付电玩的十日内办理抵押登记,其抵押登记将优先于秦某的质权,可以确保其价款债权获得优先清偿。

321.抵押权有诉讼时效吗？

答：这个问题也确有争议，不过民法典延续了原物权法的规定。

民法典第四百一十九条规定：抵押权人应当在主债权诉讼时效期间行使抵押权；未行使的，人民法院不予保护。

因此，其诉讼时效与主债权诉讼时效同步。

322.新月公司与孤星公司一直有交易往来，孤星公司预计未来半年内会对新月公司产生数笔价款债务，新月公司要求孤星公司提供担保，但是孤星公司考虑到为一笔一笔交易提供担保过于麻烦。请问，有什么好办法？

答：可以考虑最高额抵押权。

民法典第四百二十条规定：为担保债务的履行，债务人或者第三人对一定期间内将要连续发生的债权提供担保财产的，债务人不履行到期债务或者发生当事人约定的实现抵押权的情形，抵押权人有权在最高债权额限度内就该担保财产优先受偿。

最高额抵押权设立前已经存在的债权，经当事人同意，可以转入最高额抵押担保的债权范围。

这样孤星公司与新月公司只要约定一个最高数额，发生的数笔交易都能够囊括到担保范围内。

323.接上题。最高额抵押权担保的债权确定前，孤星公司可以进行债权转让吗？

答：可以进行债权转让，不过最高额抵押权不转让，但是当事人可以另有约定。

民法典第四百二十一条规定：最高额抵押担保的债权确定前，部分债权转让的，最高额抵押权不得转让，但是当事人另有约定的除外。

324.新月公司的最高额抵押权所担保的债权如何确定？

答：民法典第四百二十三条规定：有下列情形之一的，抵押权人的债权确定：

（一）约定的债权确定期间届满；

（二）没有约定债权确定期间或者约定不明确，抵押权人或者抵押人自最高额抵押权设立之日起满二年后请求确定债权；

（三）新的债权不可能发生；

（四）抵押权人知道或者应当知道抵押财产被查封、扣押；

（五）债务人、抵押人被宣告破产或者解散；

（六）法律规定债权确定的其他情形。

本题中如果新月公司与孤星公司约定了6个月债权确定期间，那么6个月时间一到，就可以确定担保的债权数额，同时确定担保的范围了。

第十八章 质 权

325.王某有藏品玄铁重剑一柄，大雕一只，现想了解动产质押的相关规定，问询于金律师。

答：根据民法典第四百二十五条第一款的规定，动产质权是为担保债务的履行，债务人或者第三人将其动产出质给债权人占有的，债务人不履行到期债务或者发生当事人约定的实现质权的情形，债权人有权就该动产优先受偿。

提供动产的债务人或者第三人为出质人，债权人为质权人，交付的动产为质押财产。

326.接上题。玄铁重剑与大雕都为王某所爱之物，前者为稀世珍品，须臾不得离手；而后者为珍禽，出质有违法律规定（王某的神雕据考真实存在，名为"毛腿渔鸮"，已被《世界自然保护联盟（IUCN）》列为濒危物种，在我国为Ⅱ级保护动物）。现王某另有以大雕为模型的根雕一枚，该根雕可以出质吗？

答：民法典第四百二十六条规定：法律、行政法规禁止转让的动产不得出质。

民法上将物按照流通属性的不同，分为流通物、限制流通物和禁止流通物。

流通物是指可以自由流通，不受限制的物。

限制流通物是指只能在一定范围内流通的物。

我国的限制流通物主要是计划收购和计划供应的物质、危险物品和受管制物品、黄金、白银、外汇、文物等；禁止流通物是指国家法律、行政法规明确规定不可以转让的物，如国家专有的物资、土地、矿藏、水流等。禁止流通物上不能设定质权是很明确的。另外，限制流通物虽然不能自由流通，虽然其转让必须受到国家法令的严格限制，例如私人拥有的文物就不能任意买卖，如果要出卖，只能卖给国家指定的有关文物部门，更不能卖给外国人或者外国政府。但是限制流通物是可以转让的，能转让就能够变价，质权人就可以优先受偿。因此，限制流通物是可以成为质押物的。

因此，如果该根雕不属于国家禁止流通物，也不属于国家严格管控的文物，可以成为质权的标的物。

327.仍接上题。王某决定选用该根雕进行出质，向张某借款100万元。请问，他们两人之间设立质权需要书面形式吗？

答：需要。

民法典第四百二十七条规定：设立质权，当事人应当采用书面形式订立质押合同。

质押合同一般包括下列条款：

（一）被担保债权的种类和数额；

（二）债务人履行债务的期限；

（三）质押财产的名称、数量等情况；

（四）担保的范围；

（五）质押财产交付的时间、方式。

对于书面的质权合同我们应该做一个广义的理解：除了为设定质押专门签订质押合同书之外，也可以是在被担保的主合同书上订立质押条款，然后由质权人和出质人签章。

根据我国原合同法的规定，书面形式除了传统的在纸张上记载的合同之外，还可以是信件、数据电文形式，包括电传、电报、传真、电子数据交换和电子邮件等可以有形表现所载内容的形式。

在质押合同的一般条款中需要注意的是第五项新增的"质押财产交付的方式"，这个内容在原物权法时代没有规定，所以司法实践中对于交付方式还是存在一定争议，可以设立质权的交付方式为现实交付，与三种替代交付中的两种——简易交付与指示交付，占有改定不得成为此处的交付方式，因为其不能设立质权。因此，王某必须要与张某议定交付方式，以免未来出现法律纠纷。

328. 仍接上题。张某非常钟意王某的坐骑大雕,对于根雕不以为意,但是听王某介绍该根雕是100%仿照大雕的情态与动作雕刻而成的,也勉为其难地接受了,不过要求质押合同中写明"王某不履行到期债务时质押财产(根雕)归张某所有",该条款效力如何?

答:该条款为"流质条款",不影响质押合同的效力,质押合同仍然有效。

根据民法典第四百二十八条的规定,"流质"指的是质权人在债务履行期限届满前,与出质人约定债务人不履行到期债务时质押财产归债权人所有的,只能依法就质押财产优先受偿。注意该法条表述与原物权法第二百一十一条中的规定不同,民法典明确这个条款首先并不影响质押合同的效力,其次流质条款本身的效力只能使得质权人在债权期限届满后就质押财产优先受偿。

329. 仍接上题。王某与张某在某个专业方面造诣甚高。二人对于质权的生效时间发生争议,王某认为质权合同生效之后质权就设立了,但是张某坚持认为在交付根雕之后质权才设立。请问,哪位的观点是正确的呢?

答:张某的观点是正确的。

民法典第四百二十九条规定:质权自出质人交付质押财产时设立。

也就是说,质权的取得不仅需要一个合法有效的质押合同,还需要交付质押财产。交付可以分为现实交付和观念交付。其中观念交付又可以分为简易交付、占有改定和指示交付。现实交付即出质人直接将质物交付给质权人占有,质权人可以持续地占有质押物,在债务人到期不能履行债务时质权人可以实现质权,因此这是一种有效的交付方式。简易交付和指示交付都可以设立质权,但是占有改定不可以,因为在占有改定的情形下,债权人并没有现实占有质押物,质押物仍然归债权人占有,这对于质权人实现质权可能是不利的。

在本题的情形中,比较合适的交付方式是现实交付,即王某直接把根雕移转给张某,自交付之时起质权设立。

330. 仍接上题。张某平时对于随身物品不甚在意,王某在交付根雕时要求张某细心保管,并称很快会还上借张某的100万元。那么,质权人张某有义务保管质押财产吗?如果质押财产根雕在质押期间毁损、灭失了,张某需要承担损害赔偿责任吗?

答:质权人张某有保管义务,保管不善需要承担损害赔偿责任。

民法典第四百三十二条规定:质权人负有妥善保管质押财产的义务;因保管不善致使质押财产毁损、灭失的,应当承担赔偿责任。

质权人的行为可能使质押财产毁损、灭失的，出质人可以请求质权人将质押财产提存，或者请求提前清偿债务并返还质押财产。

另外，质权人也不得擅自使用、处分质押财产。

民法典第四百三十一条规定：质权人在质权存续期间，未经出质人同意，擅自使用、处分质押财产，造成出质人损害的，应当承担赔偿责任。

331. 仍接上题。 质押期间，张某发现制作根雕的金丝楠木价格暴跌，因此该质押财产价值减少，质权人张某有什么救济措施吗？

答： 张某可以请求王某提供其他财产进行担保。

民法典第四百三十三条规定：因不可归责于质权人的事由可能使质押财产毁损或者价值明显减少，足以危害质权人权利的，质权人有权请求出质人提供相应的担保；出质人不提供的，质权人可以拍卖、变卖质押财产，并与出质人协议将拍卖、变卖所得的价款提前清偿债务或者提存。

332. 仍接上题。 张某非常不看好根雕的保值和变价能力，未征得王某的同意，便将该根雕的质权转质给黄某，该转质能成功吗？

答： 可以，不过张某需要承担风险。转质，是指质权人将质物移交自己的债权人而设定新质权的行为。质权人以质物转质的权利，称为转质权。因转质取得质权的人，为转质权人。转质不限于动产质权，权利质权也可以适用。转质权可分为"承诺转质"和"责任转质"两种。承诺转质，又称同意转质，指质权人经出质人的同意，为担保自己的债务，将质物转移第三人占有设定新质权的行为；责任转质，即质权人在质权存续期内，不经出质人同意而以自己的责任将质物转质于第三人而设定新质权的行为。

我国民法典第四百三十四条规定了责任转质的法律后果，"质权人在质权存续期间，未经出质人同意转质，造成质押财产毁损、灭失的，应当承担赔偿责任"。故张某的转质属于责任转质，如果在转质过程中，造成根雕任何毁损、灭失的，应当承担赔偿责任。

333. 仍接上题。 张某深觉责任转质的风险巨大，还是决定等待债务履行期届满再做打算，那么，他的质权如何能够实现呢？

答： 根据民法典第四百三十六条至第四百三十八条的规定，债务人履行债务或者出质人提前清偿所担保的债权的，质权人应当返还质押财产。在未能清偿的情形下，债务人不履行到期债务或者发生当事人约定的实现质权的情形，质权人可以与出质人协议以质押财产折价,也可以就拍卖、变卖质押财产所得的价款优先受偿。质押财产折价或者变卖的,应当参照市场价格。折价或者拍卖、变卖后,其价款超过债权数额的部分归出质人所有,不足部分由债务人清偿。所以,如果王某无法按时清偿100万元债务,张某可以通过协商折价,或者通过拍卖、变卖根雕优先受偿。

对于出质人王某而言,可以请求张某在债务履行期限届满后及时行使质权;张某不行使的,王某可以请求人民法院拍卖、变卖质押财产。王某请求张某及时行使质权的,因张某怠于行使权利造成王某损害的,由张某承担赔偿责任。

334.岳某是华山公司的股东,因疫情影响,最近华山公司经营不善,其在研究权利质权时,希望在其股权上做做文章,他能了解到哪些财产可以设立权利质权?

答:为了担保债权清偿,就债务人或第三人所享有的权利设定的质权。权利质权的标的是权利。

民法典第四百四十条规定:债务人或者第三人有权处分的下列权利可以出质:

(一)汇票、本票、支票;

(二)债券、存款单;

(三)仓单、提单;

(四)可以转让的基金份额、股权;

(五)可以转让的注册商标专用权、专利权、著作权等知识产权中的财产权;

(六)现有的以及将有的应收账款;

(七)法律、行政法规规定可以出质的其他财产权利。

需要注意的是民法典相比于原物权法,在第六项中增加了"现有的以及将有的",扩大了应收账款可以出质的范围。所以,依据以上第四项,如果他的股权可以转让,岳某是可以进行权利质押融资的,另外,华山公司享有版权的一些图书可以进行知识产权出质,以及对其他同类型公司的应收账款也可以出质。

335.接上题。岳某与恒山公司的令某关系不佳,其交易往来一般是通过票据支付的,那么,如何设立以有价证券出质的质权?

答:以有价证券出质的,其设立需要交付或者登记。

民法典第四百四十一条规定:以汇票、本票、支票、债券、存款单、仓单、提单出质的，质权自权利凭证交付质权人时设立；没有权利凭证的，质权自办理出质登记时设立。法律另有规定的，依照其规定。

其实现方式因为有价证券具有一定的特殊性，因此民法典第四百四十二条规定：汇票、本票、支票、债券、存款单、仓单、提单的兑现日期或者提货日期先于主债权到期的，质权人可以兑现或者提货，并与出质人协议将兑现的价款或者提取的货物提前清偿债务或者提存。

因此，岳某如果为银行设立有价证券质权，需要交付相关票据，并且注意相关票据的兑现日期。

336. 仍接上题。岳某认为以有价证券设立质权手续过于烦琐，还是考虑以自己的股权出质，为公司向银行融资，那么该质权如何设立呢？

答：以股权出质的，其设立需要登记。

民法典第四百四十三条第一款规定：以基金份额、股权出质的，质权自办理出质登记时设立。

原物权法规定了登记机构，以基金份额、证券登记结算机构登记的股权出质的，质权自证券登记机构办理出质登记时发生效力。以其他股权出质的，质权自工商行政管理部门办理出质登记时发生效力。但是现在国家立法统一了动产担保与权利担保登记机关，因此删除了相关规定，以期未来进行统一规划。

民法典第四百四十三条第二款规定：基金份额、股权出质后，不得转让，但是出质人与质权人协商同意的除外。出质人转让基金份额、股权所得的价款，应当向质权人提前清偿债务或者提存。

所以，岳某如果进行股权质押的，必须要特别注意质押合同中有关转让的约定。

337. 仍接上题。岳某需要贷款2000万元，但是银行认为仅以他的股权质押不值这个价款，要求他再提供其他担保，并且很中意某部名著的知识产权。那么，什么是以知识产权中的财产权出质的质权的设立？

答：以知识产权中的财产权出质的，其设立需要登记。

民法典第四百四十四条规定：以注册商标专用权、专利权、著作权等知识产权中的财产权出质的，质权自办理出质登记时设立。

知识产权中的财产权出质后，出质人不得转让或者许可他人使用，但是出质人与质权人协商同意的除外。出质人转让或者许可他人使用出质的知识产权中的财产权所得的价款，应当向质权人提前清偿债务或者提存。

所以，题中提到的某部著作作为名著，其财产价值也是非常高的，与著作人身权相对，其著作财产权可以进行出质。

338.仍接上题。岳某拒绝了银行的提议，提出愿意以华山公司的应收账款出质，那么如何设立以应收账款出质的质权？

答：以现有的以及将有的应收账款出质的，其设立需要登记。

民法典第四百四十五条规定：以应收账款出质的，质权自办理出质登记时设立。

应收账款出质后，不得转让，但是出质人与质权人协商同意的除外。出质人转让应收账款所得的价款，应当向质权人提前清偿债务或者提存。

第十九章　留　置　权

339.王某是个文化人，但家徒四壁，有钟爱的自行车一辆，每日陪伴他四处采风。某日采风期间，他发现自行车坏了，推到同城刘某的维修店请求他维修。现刘某修好车通知王某付款取车，但王某囊中羞涩，请问，刘某可以主张什么权利？

答：留置权。

民法典第四百四十七条规定：债务人不履行到期债务，债权人可以留置已经合法占有的债务人的动产，并有权就该动产优先受偿。

债权人为留置权人，占有的动产为留置财产。

典型的留置权情形便如题设中所示，此时刘某有权留置自行车，并且给王某必要的准备时间。刘某可以与王某协商将自行车折价或者将自行车拍卖、变卖，以所得价款来优先清偿修理费。

340.接上题。刘某知道，留置权与质权和抵押权不同，是一个法律规定的担保物权，那么留置权的构成要件是什么呢？

答：留置权的构成要件包括以下五个：

（一）须债权已届清偿期；

（二）须债权人占有债务人提供之动产；

（三）须债权人合法占有债务人提供之动产；

（四）债权人留置的动产，应当与债权属于同一法律关系；

（五）法律规定或者当事人约定不得留置的动产，不得留置。

民法典第四百四十八条规定：债权人留置的动产，应当与债权属于同一法律关系，但是企业之间留置的除外。

需要注意的是，留置权的债权不再受保管合同、运输合同、加工承揽合同的限制，不当得利之债、无因管理之债或者侵权之债同样可以行使。此外，我们之前讨论的抵押权、质押权设立都需要书面合同，但是留置权设立并不需要书面形式。

341. 仍接上题。刘某是个法律门外汉，不知道什么是"同一法律关系"，他想了解自己和王某订立修理合同和之后采取的留置行为是否属于同一法律关系。

答：是的。

同一法律关系，是指留置财产、债权人的债权、债务人的财产返还请求权属于同一法律事实（原因）引起的法律关系。刘某帮王某修理自行车，王某没有支付给刘某修理费，此时刘某可以留置王某的这辆自行车，这就是说占有的动产（留置的自行车）与债权（支付修理费）是同一个法律关系（承揽合同关系）。但是如果王某和刘某都是企业，那么就不再受同一法律关系限制了。

342. 仍接上题。平时刘某修理店的欠款确实不少，他很好奇，什么财产都可以留置吗？

答：不是什么财产都可以留置。

首先，民法典第四百四十九条规定：法律规定或者当事人约定不得留置的动产，不得留置。

按照本法条规定：第一，法律规定不得留置的，依照其规定。第二，当事人约定不得留置的，按照约定。比如，承揽合同当事人事先在合同中约定排除留置权，则在定作人未向承揽人支付报酬或者材料费等价款时，承揽人也不得留置完成的工作成果。

其次，民法典第四百五十条还规定了留置财产为可分物时的适用规则，即：留置财产为可分物的，留置财产的价值应当相当于债务的金额。所以，如果刘某留置的一些可分物，如一些零部件，只能留置相当于修理费的零部件，而不能留置全部。

343.仍接上题。刘某想知道，自己作为留置权人，都有什么权利？

答：（一）占有留置物。

刘某对留置物的占有分两个阶段：第一阶段根据留置权产生的基础法律关系（承揽合同关系）而享有的占有；第二阶段是在债务人王某未履行其债务时，拒绝其返还请求，继续占有留置物的权利。占有留置物既是留置权人刘某的权利也是留置权存续的要件之一。

（二）收取孳息。

留置权人刘某为留置物自行车的占有人，在占有留置物期间，有权收取留置物的孳息用来清偿债务人王某的债务。根据民法典第四百五十二条，"留置权人有权收取留置财产的孳息"，收取的孳息应当先充抵收取孳息的费用，但是自行车本身产生不了孳息，故这一项可以不予考虑。

（三）保管费用的偿还请求权。

留置物本属债务人王某所有，且发生留置的原因是债务人王某不履行债务，因而留置权人刘某保管留置物的必要费用，应由债务人王某承担。

（四）就留置物自行车价值优先受偿的权利。

当债务人王某拒不履行债务超过一定期限，留置权人刘某有权将留置物自行车折价、拍卖或变卖并从中优先受偿。

344.仍接上题。刘某作为留置权人，同时负有什么义务呢？

答：（一）留置权人刘某应妥善保管留置物自行车。

民法典第四百五十一条规定：留置权人负有妥善保管留置财产的义务；因保管不善致使留置财产毁损、灭失的，应当承担赔偿责任。

留置期间，留置权人不得擅自使用和利用留置物，也不能将留置物设置抵押、质押，更不能非法出让留置物，未经债务人同意，擅自使用、出租、处分留置物，因此给出质人造成损失的，由留置权人承担赔偿责任。

（二）按时返还留置物自行车。

留置权一旦消灭，留置财产的担保使命完成，债权人刘某应及时将留置物返还给债务人王某。

345.仍接上题。刘某没有和王某明确约定什么时候支付修理费，那么如何确定修理费的履行期呢？

答：民法典第四百五十三条规定：留置权人与债务人应当约定留置财产后的债务履行期限；没有约定或者约定不明确的，留置权人应当给债务人六十日以上履行债务的期限，但是鲜活易腐等不易保管的动产除外。债务人逾期未履行的，留置权人可以与债务人协议以留置财产折价，也可以就拍卖、变卖留置财产所得的价款优先受偿。留置财产折价或者变卖的，应当参照市场价格。

这一法条的规定是实现留置权的前置条件，留置权人刘某可以与债务人王某约定履行期限，约定不明或无约定的情形下，须为债务人王某设置不低于两个月的宽限期。债务到期，债务人王某未履行债务，刘某才有权处置王某的财产。

346.仍接上题。王某等了两个月，发现刘某一直不行使留置权，那该如何处理？

答：通常情况下宽限期届满后，债权人都会积极地行使留置权。但是也有债权人怠于行使留置权，导致债务人的财产长期处于一种闲置的状态。特别是不可分物的留置，留置物的价值往往远远大于被担保的债权额，这对于债务人是很不利的，正如题设中的刘某。

民法典第四百五十四条规定：债务人可以请求留置权人在债务履行期限届满后行使留置权；留置权人不行使的，债务人可以请求人民法院拍卖、变卖留置财产。

347.仍接上题。经过王某的请求，刘某决定实现留置权，那么，留置权该如何实现呢？

答：留置权的实现是指留置权人处分留置物，将其变价受偿的具体方式。留置权实现的方式包括折价和出卖两种，其中，出卖又包括拍卖和变卖两种方式。

民法典第四百五十五条规定：留置财产折价或者拍卖、变卖后，其价款超过债权数额的部分归债务人所有，不足部分由债务人清偿。

348. 仍接上题。刘某在实现留置权时才发现，原来王某的自行车上已经有一个未登记的动产抵押，此时如何确定担保物权的顺位？

答：动产上的留置权与抵押质押的权利冲突存在以下几种情形。

（一）一个动产上先设立抵押权后又被留置的，此时根据民法典第四百五十六条规定，同一动产上已经设立抵押权或者质权，该动产又被留置的，留置权人优先受偿。因此，刘某的留置权优先于动产抵押权受偿。

（二）一个动产上先设立质押，随后因质物已经移转占有，故此时质押财产因质权人而被留置，此时还是根据民法典第四百五十六条的规定，同一动产上已经设立抵押权或者质权，该动产又被留置的，留置权人优先受偿。

（三）一个动产先被留置再被抵押（不能再被质押，因为留置权与质权都需要占有标的物，质权人可以占有标的物的前提便是留置权人丧失占有，而留置权一旦丧失占有，留置权也不复存在了，因此这两个动产担保物权不能并存），这种情况留置权先发生，其顺位还是在抵押权之前。

从上面三种情形而论，在留置权与其他动产担保物权发生权利竞位时，其顺位一般都优先。而让其优先的原因也很简单，因为留置权一般会使留置财产价值增值（如加工、修理），这样反而能够有益于其他担保物权人，因此其顺位一般处于优先地位。

349. 仍接上题。如果留置权人刘某丧失了对自行车的占有（被他人偷盗），留置权会消灭吗？

答：会消灭。

这一点正是留置权的特殊之处。与质押不同，留置权因为占有而成立，若占有不复存在，其权利成立的基础也会丧失。而质押是出于出质人和质权人的合意，因而出质人移转占有。如果质权人出于本身意愿返还占有，质权消灭，但是如果质押财产非出于本人意愿丧失，质权并不消灭，因为此时为其基础的出质合意并没有消灭。

民法典第四百五十七条规定：留置权人对留置财产丧失占有或者留置权人接受债务人另行提供担保的，留置权消灭。

第五分编 占 有

第二十章 占 有

350. 占有有哪些基本分类?

答：理解占有的起点在于占有是"事实上的对物支配"，通过占有之分类，可以更加强化理解这个概念。

（一）依据占有是否有本权，可以分为有权占有与无权占有。占有所有权归属于自己的房屋，属于有权占有；没有法律依据占有他人之物，属于无权占有。

（二）依据占有人进行占有时所具有的意思内容分为自主占有和他主占有。占有自己的房屋，属于自主占有；承租人占有出租人的房屋，属于他主占有。

（三）依据对物关系之程度可以分为直接占有和间接占有。承租人占有房屋属于直接占有，而出租人占有房屋则属于间接占有。

（四）依据事实管领力实施人的社会从属关系分为占有人与占有辅助人。如在雇主与司机的关系中，司机便是作为占有辅助人占有雇主的汽车，而雇主则为占有（主）人。

（五）依据单独还是与他人一起实施事实管领力的可能性分为单独占有和共同占有。

比较重要的基本概念是有权占有与无权占有这一组，还有间接占有、占有辅助。在下面题目中会进一步论及。

351. 什么是间接占有？什么是占有辅助？二者有什么区别？

答：间接占有是指占有人虽然不对物予以直接占有，但对于直接占有该物的人具有返还请求权，从而间接地对该物管理、支配、处分的状态。例如，出质人、出租人、寄托人等对质物、出租物、寄存物是间接占有人。间接占有不能独立存在，间接占有人与直接占有人之间必须存在一定的法律关系，如质权关系、租赁关系、保管关系。占有辅助，是指占有辅助人对于其物系基于特定的从属关系，受他人指示而为事实上的支配并排除他人干涉的法律之力。

占有辅助的构成要件有两个：指示之服从（命令与服从、社会从属性）与从属关系，基于私法或者公法，基于合同或者法律，在所不问。需要区分的是，间接占有人是占有人，而占有辅助人不是占有人，占有辅助人只是依照占有人的指示管领占有物，本身不能占有。比如，在租赁合同中，出租人为间接占有人，在一定情况下可以解除租赁合同，收回对物的直接占有；而在雇佣合同，售货员对于待出卖商品的占有就是占有辅助，只是代替雇主管领标的物。所以，租赁合同下承租人的占有是直接占有，而劳动合同中，员工仅是占有辅助人，而占有辅助不是占有。

352.墨先生帮助荀先生保管一枚古玉，在有权占有与无权占有这个分类下，属于什么占有？适用什么规定？

答：墨先生的占有属于有权占有。

民法典第四百五十八条规定：基于合同关系等产生的占有，有关不动产或者动产的使用、收益、违约责任等，按照合同约定；合同没有约定或者约定不明确的，依照有关法律规定。

这一条是一个引致条款，将合同构建起来的占有关系的法律适用引致到下一编合同编中去了。本题中，保管合同构建起来的占有关系属于有权占有，首先按照合同的约定确定当事人的权利义务，如果没有相关规定，再考虑适用相关合同编保管合同的规则。

353.接上题。原来荀先生并非这枚古玉的所有权人，荀先生是恰巧拾得的，这枚古玉的真正所有权人是孔先生，那么墨先生的占有还是有权占有吗？如果墨先生知道这枚古玉是属于孔先生的呢？

答：是无权占有。如果墨先生知道古玉并非荀先生所有，则为恶意占有。善意占有是无权占有人不知道其占有属于无权占有，如租赁合同为无效合同，但是承租人自始都认为该租赁合同有效，认为其占有属于有权占有，我们保护承租人这种不知情的状态，称其为善意占有（本案例中若墨先生不知所有权人而代为保管为善意占有）；而恶意占有是无权占有人知道其占有属于无权占有（如墨先生知晓孔先生为所有权人时为恶意占有）。

354.仍接上题。现在孔先生得知墨先生正保管该古玉，那孔先生可以向墨先生主张权利人请求返还原物吗？

答：可以。

民法典第四百六十条中规定：不动产或者动产被占有人占有的，权利人可以请求返还原物及其孳息。

需要注意的是以下三点：

（一）这里并没有限制无权占有的情形，但是在解释上必须限制无权占有的情形。原因很简单，占有这一编五条，除了民法典第四百五十八条是针对有权占有规定的，其余四条都是关于无权占有情况下占有人与所有权人关系的处理，因此本条还是在无权占有的语境下，并不是例外。

（二）权利人可以请求返还原物及其孳息的对象是所有无权占有人，包括善意占有人与恶意占有人。此时，善意占有人不能主张其不知无权占有而不返还无权占有物及孳息。

（三）权利人可以请求返还原物及其孳息的请求权基础是所有物返还请求权，即如果占有人已经因为"善意取得"制度取得了占有物的所有权，此时，"权利人"已经丧失所有权，不是所有权人，不能通过这条主张返还原物及其孳息。

355.仍接上题。孔先生在请求返还原物时，善意占有人墨先生可以主张保管费吗？

答：可以。

根据民法典第四百六十条的规定，权利人应当支付善意占有人因维护该不动产或者动产支出的必要费用。

费用求偿权可以主张，但是有限制：

（一）请求的主体是善意占有人，从反面解释来看，恶意占有人甚至不能主张必要费用求偿权，目的是一定意义上惩罚恶意无权占有人；

（二）可以主张的费用求偿权范围仅限于必要费用，至于有益费用和其他费用，法律没有提及。所谓的必要费用，是为了支持、维护占有物的存续必须付出的费用，这笔费用是无论占有在何人手上都必须要支付的费用；而有益费用则是能为占有物锦上添花的开支，如给车涂一层防锈漆，涂上之后能增加汽车的价值，但是不涂也不会影响汽车的使用，与上述两项无关的费用是其他费用。本条明确规定善意占有人可以主张必要费用，但是对于有益费用与其他费用的沉默，似乎是暗示其不支持主张的立场。善意占有人墨先生主张的保管费为必要费用，可以支持。

356.仍接上题。墨先生完成了保管工作，将古玉交还给荀先生，假设荀先生在观摩中不小心打碎了古玉，那所有权人孔先生可以对无权占有人荀先生主张什么权利？

答：损害赔偿责任。

民法典第四百五十九条规定：占有人因使用占有的不动产或者动产，致使该不动产或者动产受到损害的，恶意占有人应当承担赔偿责任。

民法典第四百六十一条则从权利人的视角出发（主要是所有权人），规定：占有的不动产或者动产毁损、灭失，该不动产或者动产的权利人请求赔偿的，占有人应当将因毁损、灭失取得的保险金、赔偿金或者补偿金等返还给权利人；权利人的损害未得到足够弥补的，恶意占有人还应当赔偿损失。

这一条在解释上可以视为民法典第四百五十九条的继续，对于善意占有人而言，无权占有标的物且标的物毁损、灭失，如果是标的物上存在"保险金、赔偿金或者补偿金等"，这些需要返还给权利人，如果不存在这些，那么在其善意的范围内，不存在损害赔偿责任。而对于恶意占有人而言，奉行的是全面赔偿：首先，需要返还"保险金、赔偿金或者补偿金等"；其次，"权利人的损害未得到足够弥补的，恶意占有人还应当赔偿损失"。

本题中的荀先生是拾得人，知晓古玉并非归自己所有，属于恶意占有人，所以在存在保险金、赔偿金或者补偿金不足以弥补损失的情形下，需要承担古玉的损害赔偿责任。

357. 孔先生从荀先生处要回了古玉，但是进家门前一刻被盗贼抢夺了古玉。请问，孔先生可以主张什么权利？

答：可以主张占有保护请求权中的占有物返还请求权。

占有保护请求权规定在民法典第四百六十二条，是民法典中请求权基础规范之一，其中第一款规定：占有的不动产或者动产被侵占的，占有人有权请求返还原物；对妨害占有的行为，占有人有权请求排除妨害或者消除危险；因侵占或者妨害造成损害的，占有人有权依法请求损害赔偿。根据该款的三个分句，可以分为以下三个请求权基础与一个引致规定。

第一分句规定的是占有物返还请求权，其构成要件是：

（一）请求权人是占有人；

（二）占有被侵占；

（三）相对人是现时无权占有人；

（四）一年除斥期间内主张。法律效果是依据这一分句主张返还占有的。

第二分句规定了两个请求权基础，第一个是占有妨害排除请求权，其构成要件为：

（一）请求权人是占有人；

（二）占有被妨害；

（三）相对人是妨害占有的人。法律效果是排除占有妨害人的妨害行为。

第二个是占有妨害防止请求权,其构成要件是:

(一)请求权人是占有人;

(二)占有存在危险;

(三)相对人是造成占有危险状态的人。法律效果是消除妨害占有的危险。

第三个分句是指依据民法典侵权责任编的规定,占有人可以对于占有侵占行为或者占有妨害行为主张损害赔偿。通过这三个物权请求权以及一个侵权请求权的引致规范,本法条构建了一个比较完整的占有保护请求权体系。

358.仍接上题。孔先生主张占有物返还请求权是否有期限限制?

答:有的,存在一个为期1年的除斥期间。

民法典第四百六十二条第二款规定:占有人返还原物的请求权,自侵占发生之日起一年内未行使的,该请求权消灭。

但需要注意的是,无论是占有妨害排除请求权还是占有妨害防止请求权,都不存在除斥期间的限制。

第三编 合 同

第一分编 通 则

第一章 一般规定

359. 民法典合同编与1999年通过的《中华人民共和国合同法》相比较，整体上有哪些进步与特色？

答：与1999年通过的《中华人民共和国合同法》相比较，民法典合同编主要有如下特色：

（一）在承认物权与债权二分以及不设统一债法编的基础上，民法典合同编明确规定了合同编通则部分代行债法总则的功能。具体而言是通过民法典第四百六十八条这一参引性条文所实现的，该条规定：非因合同产生的债权债务关系，适用有关该债权债务关系的法律规定；没有规定的，适用本编通则的有关规定，但是根据其性质不能适用的除外。因此，无论是无因管理之债还是不当得利之债，抑或是侵权行为之债，一旦发生以后其债之关系的实现即须适用民法典合同编通则的规定。

（二）民法典合同编通则部分增加了关于选择之债、按份之债、连带之债等债务类型的特殊效力，增加了情势变更原则，完善了债权人代位权扩大了代位权的行使范围，增加了有关互联网购物合同缔结的规整，增加了预约合同的效力，增加了悬赏广告，删除了无权处分的规定等。

（三）民法典合同编分则部分增加了四种合同，分别是保证合同、保理合同、物业服务合同与合伙合同。

（四）民法典合同编分则部分将无因管理与不当得利两种法律制度作为准合同加以较为详细的规范，并使其直接适用合同编总则的规定。

（五）民法典合同编分则对于买卖合同、租赁合同、融资租赁合同、运输合同、委托合同、中介合同等原来的有名合同的规则进行了相当程度上的完善和修订。

360. 什么是债权？债权的发生原因有哪些？

答：民法典第一百一十八条第二款规定：债权是因合同、侵权行为、无因管理、不当得利以及法律的其他规定，权利人请求特定义务人为或者不为一定行为的权利。

其中享有权利的人是债权人,对于债权人负有为或者不为一定行为之义务的特定义务人被称为债务人。

依据该规定,法律上的"债权"要比日常生活用语中"欠债还钱"中的债权宽泛得多,法律上的债权只要是一方享有请求对方实施一定作为或者不作为的权利都是债权。债权人可以请求债务人实施的可以是积极的作为也可以是消极的不作为,如基于合同约定可以请求债务人不从事特定的职业的权利;多数债权都表现为请求债务人积极的作为,积极的作为可以是纯粹的行为,或者说是劳务,如根据劳动合同,单位请求职工提供符合合同约定的劳动即属于此种情形,再如根据委托合同当事人请求律师为其出庭代理诉讼的权利,当然债权人请求债务人积极作为的内容还可以是移转一定的财产,这又可以进一步区分为移转财产所有权和移转财产使用权的债务,前者如根据买卖合同买受人有权请求出卖人交付标的物并移转其所有权(如房屋需办理过户登记),出卖人请求买受人支付金钱;后者如租赁合同中承租人请求出租人交付房屋供其使用。因此债的客体在法律上被认定为行为,也即债务人的给付行为,而债的一种重要分类就是按照其给付的内容分为劳务之债和财物之债。

根据民法典第一百一十八条第二款的规定,债权可以因合同而产生,也可以因侵权行为、无因管理和不当得利以及其他原因而产生。因合同产生的债系基于双方当事人的意思而产生的,故被称为意定之债,而侵权行为、无因管理和不当得利引起的债都是基于法律直接规定而发生的,因此被称为法定之债。此外依据法律规定,悬赏广告、遗嘱等单方行为也可以发生债,也属于意定之债,而缔约过失也可以引起损害赔偿之债,也属于法定之债的一种。

361. 合同与债有什么关系?

答: 合同是债的发生原因之一,是最为典型的一种债,而债是权利人请求特定义务人为或者不为一定行为的权利,与我们日常生活中的"欠债还钱,天经地义"中的"债"的范围相比要更为广泛,不仅仅包括金钱之债,还可以存在行为之债。

民法典第一百一十八条规定:民事主体依法享有债权。

债权是因合同、侵权行为、无因管理、不当得利以及法律的其他规定,权利人请求特定义务人为或者不为一定行为的权利。

按照民法典总则编第五章民事权利中的谋篇布局,规定完物权之后紧接着是债权,似乎应当在物权编之后应该有个债编。这个问题也确实在立法中造成非常大的争议，但是立法者们还是存在一定的路径依赖，把"债编"分成了第三编的"合同"和第七编的"侵权责任"，而不当得利与无因管理也作为"准合同"，规定在了合同编，造成了债编的一定程度上的割裂。现在呈现在大家面前的合同编通则便担负起了债编总则的使命，试图解决所有与债编总则相关的内容。

362. 合同编的"合同"仅指债权合同，抵押合同属于这里的"合同"吗？

答：属于。

这里的"合同"不仅仅包括债权合同，其辐射范围更广。根据学者的总结，合同编的合同可以涵盖以下几种情形。

（一）合同编规定的19种典型合同。

（二）民法典其他编的合同是：第一类是物权编中的合同，如建设用地使用权合同、土地承包经营权合同、地役权合同、居住权合同、抵押合同、质押合同和其他非典型担保合同；第二类人格权编的合同，如人格标识商用合同和新药临床试验合同；第三类可以进行参照适用的合同，收养协议、离婚协议、继承抚养协议、监护协议。

（三）其他法律规定的合同，如股权转让合同、信托合同、保险合同。

（四）无名合同。

363. 桃月每天要花6小时进行网购，她很好奇，她这数千份网购订单是合同吗？如果是，具有法律约束力吗？

答：是合同，而且是非常典型的买卖合同，不过形式上采用了网络购物的方式。对于网购合同，一般情况下，具有法律约束力。

民法典第四百六十五条规定：依法成立的合同，受法律保护。

依法成立的合同，仅对当事人具有法律约束力，但是法律另有规定的除外。

古罗马有句名言：债是法锁。这个法锁锁住的就是合同的双方当事人，使得他们通过要约与承诺成立并且生效的合同成为当事人之间的法律，行为人自己为自己创设权利，设定义务，并且不得随便地撤回、撤销自己的意思表示，违背自己订立合同时的诺言。另外，这一条还体现了合同的相对性原则，在合同中对合同当事人以外的第三方设定义务，非经第三人认可，不对第三人发生法律效力。但是，法律也规定了一些情况下，合同相对性的突破，即合同可以产生涉他效应，或者当事人也可以不再受到合同约束，可以撤回、撤销意思表示，或者解除合同的情形。

364. 接上题。桃月很好奇，如何解释合同条款呢？

答：民法典第四百六十六条第一款规定：当事人对合同条款的理解有争议的，应当依据本法第一百四十二条第一款的规定，确定争议条款的含义。

民法典第一百四十二条第一款规定的是有相对人的意思表示的解释规则，因为合同存在双方当事人，属于有相对人的意思表示，所以可以适用该款，"有相对人的意思表示的解释，应当按照所使用的词句，结合相关条款、行为的性质和目的、习惯以及诚信原则，确定意思表示的含义。"比如，桃月经常购买小鹿茶，而且只喝其中的某一种，她某次下单时和店员说"老样子"，这个合同条款的解释就是按照他们双方的交易习惯来进行订单准备。

365. A对学生S说："你帮我进行家务劳动，我给你提供住宿。"请问，这是一个合同吗？如果是，发生法律纠纷时，如何适用法律规则呢？

答：这是一个无名合同。

民法典第四百六十七条第一款规定：本法或者其他法律没有明文规定的合同，适用本编通则的规定，并可以参照适用本编或者其他法律最相类似合同的规定。

无名合同与有名合同相对，指的就是民法典或者其他法律没有明文规定的合同，有名合同主要指的就是民法典合同编规定的19种典型有名合同，还有前面提及物权编的若干合同，以及其他各编出现的一些"协议"。除了民法典，保险法中规定的保险合同，旅游法中规定的旅游合同，都属于有名合同。

无名合同也有分类，如类型结合合同（一方当事人的给付义务分属若干有名合同）、"混血儿合同"（双方当事人的给付义务属于不同有名合同）、类型融合合同（典型的如半卖半赠合同）以及现代新型合同，对于以上无名合同，需要先适用通则的规定，再参照适用有名合同中最相类似合同的规定。

本案例中的无名合同属于"混血儿合同"（中国台湾学者詹森林教授语），A为S提供住宿，为一个租赁合同中出租人的给付义务，S为A进行家务劳动，属于劳动合同中劳动者的给付义务，所以在合同没有相关规定发生争议时，可以分别类推民法典的租赁合同中出租人的义务与劳动合同法劳动者的义务来处理他们之间的法律关系。

366. 小任外出探亲，不料突发阵风，把小任家的房顶掀翻了，邻居小新在小非的帮助下，共同为其修补好了房顶。请问，小新和小非可以共同向小任主张修补费用吗？

答：可以。小新和小非的行为属于无因管理，理论上可以适用无因管理的相关规定向小任主张修补费，但是存在一个问题，小新和小非都为修补小任家的屋顶出钱出力了，但是份额各自是多少，难以确定。

民法典第四百六十八条规定：非因合同产生的债权债务关系，适用有关该债权债务关系的法律规定；没有规定的，适用本编通则的有关规定，但是根据其性质不能适用的除外。

这一条指的是合同编通则相关规则可以适用侵权、不当得利、无因管理等非因合同产生的债权债务关系。比如，本案例中的情形是无因管理中的连带债权问题，此时小新（或者小非），小新同小非都可以单独或者共同主张修补费，主张实现之后，适用民法典第五百二十一条第一款规定，连带债权人之间的份额难以确定的，视为份额相同，均分修补费。

367. 外国人小贝来中国设立了合资经营企业合同，小贝想了解，涉外合同可以适用合同法吗？

答：可以。

民法典第四百六十七条第二款规定：在中华人民共和国境内履行的中外合资经营企业合同、中外合作经营企业合同、中外合作勘探开发自然资源合同，适用中华人民共和国法律。

这一条在民事诉讼法中也有出现，属于涉外专属管辖，"因在中华人民共和国履行中外合资经营企业合同、中外合作经营企业合同、中外合作勘探开发自然资源合同发生纠纷提起的诉讼，由中华人民共和国人民法院管辖"。

第二章　合同的订立

368. 小陈在魔鬼英语手机软件上看到了一个英语口语班，觉得很不错，发了邮件报名，但是时值用电高峰，魔鬼英语停了一天电，结果小陈的邮件没有送达，小陈颇感疑惑，便直接打电话报名，工作人员解释了停电的原因并登记了小陈的报名。小陈与魔鬼英语最终用了什么形式订立合同？

答：口头形式。

民法典第四百六十九条规定：当事人订立合同，可以采用书面形式、口头形式或者其他形式。

书面形式是合同书、信件、电报、电传、传真等可以有形地表现所载内容的形式。

以电子数据交换、电子邮件等方式能够有形地表现所载内容，并可以随时调取查用的数据电文，视为书面形式。

随着网络技术的发展，越来越多的合同是通过网络通信技术订立的，因此民法典也适时地承认以"数据交换、电子邮件等方式"为书面形式，以满足现实所需。小陈第一次用的邮件属于书面形式，但是因为停电没有成功，而第二次的电话报名属于口头形式，合同订立成功。

369. 小陈和魔鬼英语是如何订立口语授课合同的？

答： 民法典第四百七十一条规定：当事人订立合同，可以采取要约、承诺方式或者其他方式。

民法典第四百七十二条规定：要约是希望与他人订立合同的意思表示，该意思表示应当符合下列条件：

（一）内容具体确定；

（二）表明经受要约人承诺，要约人即受该意思表示约束。

而承诺是受要约人同意要约的意思表示。小陈发出了要与魔鬼英语成立口语授课合同的要约，魔鬼英语表示接受为承诺，要约与承诺都是意思表示，合同的成立需要当事人要约和承诺达成一致，即我们所言的意思表示的合致，缺少任一意思表示，该口语授课合同都无法成立。

370. 方芳十分爱看广告，广告当中经常出现的"只要888，×××牌手机带回家"，请问这是要约吗？

答： 一般情况下，广告里的这类宣传语应当是要约邀请，是邀请顾客向卖家发出要约，然后卖家进行承诺。而非卖家发出要约，顾客进行承诺。如果本案例中的广告内容具体明确，写明了商品的型号、价款，而非笼统、宽泛地宣传，可以被视为要约。

民法典第四百七十三条规定：要约邀请是希望他人向自己发出要约的表示。拍卖公告、招标公告、招股说明书、债券募集办法、基金招募说明书、商业广告和宣传、寄送的价目表等为要约邀请。

商业广告和宣传的内容符合要约条件的，构成要约。

需要注意的是"债券募集办法、基金招募说明书和商业宣传"都是本次民法典新加入的要约邀请的类别，因为以往司法实践对于上述三类书面文件的性质不能非常清楚地界定，因此此番入典明确了其性质。

371. 方芳在某个广告中看到了某电商平台推荐的××呼吸机，要价5000元，她想给父亲买一台，于当天下午2:00发邮件订购，2分钟后邮件进入某电商平台的官方邮箱。但方芳随后在某宝上看到同型号的××呼吸机，售价4000元，她2:05打电话表示撤回订购要约。那么方芳的要约何时生效，何时失效呢？

答：2:02生效。但是由于是2:05打的电话，现在该要约已经失效。要约是意思表示，因此其生效的时间适用民法典第一百三十七条第二款的规定：以非对话方式作出的意思表示，到达相对人时生效。

以非对话方式作出的采用数据电文形式的意思表示，相对人指定特定系统接收数据电文的，该数据电文进入该特定系统时生效；未指定特定系统的，相对人知道或者应当知道该数据电文进入其系统时生效。当事人对采用数据电文形式的意思表示的生效时间另有约定的，按照其约定。

所以2:02进入某电商平台官方邮箱时该要约生效。

民法典第四百七十八条规定：有下列情形之一的，要约失效：

（一）要约被拒绝；

（二）要约被依法撤销；

（三）承诺期限届满，受要约人未作出承诺；

（四）受要约人对要约的内容作出实质性变更。

本案属于第二种情形，"要约被依法撤销"，方芳于要约生效后以电话方式表示撤销要约，要约已经失效。

372. 前一题中方芳若是2:01打电话表示不要该呼吸机，此时还是要约的撤销吗？

答：不是。此时属于要约的撤回。要约的撤回适用意思表示撤回的规定，即行为人可以撤回意思表示。撤回意思表示的通知应当在意思表示到达相对人前或者与意思表示同时到达相对人。

撤回与撤销主要的区别在于时点问题，前者需要在要约到达受要约人前或者与要约同时到达相对人，而撤销则是要约已经到达受要约人，但是撤销的意思表示是在其未作出承诺之前到达。如果受要约人已经发出承诺，并且到达要约人，此时撤销的对象就并不是要约这个意思表示，而是合同，而根据合同拘束力原理，依法成立的合同是不能随便撤销的。

本题中，方芳2:01的电话在2:02邮件到达某电商平台官邮之前，属于撤回；而上一案中，2:05的电话在2:02要约生效之后，属于撤销要约。

373. 接上题。假设方芳考虑再三，还是决定在某电商平台上购买，没有打出那个电话，某电商平台于下午3:00回复邮件接受要约，并给出付款链接。请问，某电商平台的回复是什么？

答： 是承诺。

根据民法典第四百七十九条至第四百八十条规定，承诺是受要约人同意要约的意思表示。承诺应当以通知的方式作出；但是，根据交易习惯或者要约表明可以通过行为作出承诺的除外。

此处的"但是"是指意思实现，是依习惯、事件性质或要约人为要约时预先声明，承诺无需通知，在相当时期内有可认为承诺的事实时，合同成立的现象。合同法本采用承诺须通知原则，但为简化及便利合同成立，承认合同因承诺意思的实现而成立这一例外。

374. 在上一题的情形中，假设方芳没有约定某电商平台回复日期，某电商平台一个月之后才回复方芳表示接受要约，这个承诺有效力吗？

答： 没有，某电商平台回复的时间已经超过一般人合理的等待期间，方芳此时可能已经购买了其他电商提供的呼吸机，而没有等待某电商平台的回复，此时再让这个合同成立，不符合一般人的价值判断。

民法典第四百八十一条规定：承诺应当在要约确定的期限内到达要约人。

要约没有确定承诺期限的，承诺应当依照下列规定到达：

（一）要约以对话方式作出的，应当即时作出承诺；

（二）要约以非对话方式作出的，承诺应当在合理期限内到达。

375. 仍接上题。假设方芳在邮件中表示"某电商平台请于7日内回复我是否接受该要约"，结果某电商平台到了第9日才回复"接受要约"，那么这个承诺还有效力吗？

答： 这个属于承诺的迟到。承诺迟到有两种情况，第一种情况是因受要约人的原因导致承诺迟延，一般为新要约。

民法典第四百八十六条规定：受要约人超过承诺期限发出承诺，或者在承诺期限内发出承诺，按照通常情形不能及时到达要约人的，为新要约；但是，要约人及时通知受要约人该承诺有效的除外。

第二种情况是非因受要约人的原因承诺迟延，一般认为承诺有效。

民法典第四百八十七条规定：受要约人在承诺期限内发出承诺，按照通常情形能够及时到达要约人，但是因其他原因致使承诺到达要约人时超过承诺期限的,除要约人及时通知受要约人因承诺超过期限不接受该承诺外,该承诺有效。

本案例是某电商平台的原因,没有在约定期限内发出承诺,属于第一种情况,此时某电商平台的回复为新要约,需要看方芳的意思。

376.仍接上题。方芳收到了某电商平台第9日的"新要约",思考之后,决定接受该"新要约",同日该回复邮件进入某电商平台官网。那么,合同何时成立?

答:合同成立的时间是承诺进入某电商平台官网的那一刹那。

民法典规定了两种情形下合同成立的时间,第一种是要约承诺方式的合同成立时间。民法典第四百八十三条规定:承诺生效时合同成立,但是法律另有规定或者当事人另有约定的除外。

第二种是合同书方式的合同成立时间,民法典第四百九十条规定:当事人采用合同书形式订立合同的,自当事人均签名、盖章或者按指印时合同成立。在签名、盖章或者按指印之前,当事人一方已经履行主要义务,对方接受时,该合同成立。

法律、行政法规规定或者当事人约定合同应当采用书面形式订立,当事人未采用书面形式但是一方已经履行主要义务,对方接受时,该合同成立。

方芳属于前一种,因此自承诺进入某电商平台官网的那一刹那,合同便已经成立。

377.美美是美妆达人,经常一边看直播一边买化妆品,她很想知道,通过互联网平台发布的商品,如何确定合同成立时间呢?

答:民法典第四百九十一条第二款规定:当事人一方通过互联网等信息网络发布的商品或者服务信息符合要约条件的,对方选择该商品或者服务并提交订单成功时合同成立,但是当事人另有约定的除外。

因此,美美在网络购物平台上进行购物时,如果发布的商品或者服务信息符合要约条件,美美提交订单时构成承诺,此时合同便成立了。如果卖家不按照约定日期发货,构成违约责任。

378.接上题。美美一直比较困惑,在网上订货,合同成立的地点如何确定?

答:如果没有约定,一般是在卖家的主营业地。

民法典第四百九十二条规定:承诺生效的地点为合同成立的地点。

采用数据电文形式订立合同的，收件人的主营业地为合同成立的地点；没有主营业地的，其住所地为合同成立的地点。当事人另有约定的，按照其约定。

另外，对于"当事人采用合同书形式订立合同的"，则是"最后签名、盖章或者按指印的地点为合同成立的地点，但是当事人另有约定的除外。"

379.海诺公司进入破产程序，有几个月的电费没有交，结果被断电了，海诺公司无奈变卖了一些资产补齐了电费，并要求供电局继续供电。但供电局却以其进入破产程序为由拒绝供电，供电局的拒绝有没有法律依据？

答：没有。供电局有强制承诺的义务。

民法典第四百九十四条第二款、第三款规定：依照法律、行政法规的规定负有发出要约义务的当事人，应当及时发出合理的要约。

依照法律、行政法规的规定负有作出承诺义务的当事人，不得拒绝对方合理的订立合同要求。

前者的典型情形如证券法中的收购程序中的"强制要约规则"，后者便是本题中的情形，提供公共服务的部分，如供电部门有强制承诺义务，不得拒绝用电人的供电请求。

380.兰亭与医院联系后预约了22日下午3时的专家门诊，结果当天下午到了医院之后被告知该医生当天调休，请她重新预约之后再过来。请问，医院这种做法合理吗？

答：不合理。医院违反了兰亭与其的预约合同，应当承担违约责任。

民法典第四百九十五条第一款规定：当事人约定在将来一定期限内订立合同的认购书、订购书、预订书等，构成预约合同。

违反预约构成违约。

民法典第四百九十五条第二款规定：当事人一方不履行预约合同约定的订立合同义务的，对方可以请求其承担预约合同的违约责任。

至于如何承担违约责任，此时兰亭可以提出让医院重新派同等级的专家为她诊治，或者承担她的误工费和交通费。

381. 小紫在疫情期间蜗居家中经常看视频，某月初她收到一条扣款信息，某手机软件自动扣款30元，她这才回想起自己办会员的时候，好像同意过一个条款。她想了解一下这是什么条款，以及这个条款是否被订入购买会员的合同。

答：关于会员的自动续期条款属于格式条款。

民法典第四百九十六条第一款规定：格式条款是当事人为了重复使用而预先拟定，并在订立合同时未与对方协商的条款。

在商业社会，为了交易简便和快捷，格式条款占据了人们的生活，所有手机软件上的服务合同都是格式合同，电商平台、银行、保险等金融主体提供的也是格式合同。可以说，现在是一个充满格式条款的、相对人无法进行协商的社会。

在商家提请注意（如条款字体使用加粗或者斜体）的情形下，该自动续期条款订入合同了。我国民法典提供了格式合同的订入规则，民法典第四百九十六条第二款规定：采用格式条款订立合同的，提供格式条款的一方应当遵循公平原则确定当事人之间的权利和义务，并采取合理的方式提示对方注意免除或者减轻其责任等与对方有重大利害关系的条款，按照对方的要求，对该条款予以说明。提供格式条款的一方未履行提示或者说明义务，致使对方没有注意或者理解与其有重大利害关系的条款的，对方可以主张该条款不成为合同的内容。

如果这个条款完全没有提请小紫注意，小紫可以主张该自动续期条款不成为合同的内容。

382. 哪些情形下，格式条款无效？

答：民法典第四百九十七条规定：有下列情形之一的，该格式条款无效：

（一）具有本法第一编第六章第三节和本法第五百零六条规定的无效情形；

（二）提供格式条款一方不合理地免除或者减轻其责任、加重对方责任、限制对方主要权利；

（三）提供格式条款一方排除对方主要权利。

民法典第一编第六章第三节规定了民事法律行为无效、可撤销情形，民法典第五百零六条规定了造成对方人身损害，或者故意、重大过失造成对方财产损失的免责条款无效。关于格式条款的审查，首先根据第四百九十六条第一款确定其是格式条款；其次根据第四百九十六条第二款的订立规则判断该格式条款是否未订入合同；再次根据第四百九十七条的效力规则判断格式条款是否有效。

383.小紫注意到，订购会员合同上除了有自动续期条款，还有一条"最终解释权归某商家所有"字样，那么这个条款就表明最终解释权归某商家了吗？

答：不是，该条款也是格式条款，在审查格式条款时，往往会对其理解发生争议。

民法典第四百九十八条规定：对格式条款的理解发生争议的，应当按照通常理解予以解释。对格式条款有两种以上解释的，应当作出不利于提供格式条款一方的解释。格式条款和非格式条款不一致的，应当采用非格式条款。

因此这个解释标准是，如果是非格式条款与格式条款发生理解上的争议，适用非格式条款，这条并不发生效力；在同为格式条款发生争议的问题，首先需要按照通常理解，如果没有通常理解，再适用不利于提供格式条款一方的解释，而不是此处的最终解释权归商家所有。所以只有在格式条款按照通常理解有利于商家的时候，这一条才能说最终解释权归商家所有。

384.佳佳经常看到道路两旁的电线杆上贴着"高价寻狗"的告示，这个告示的效力如何？

答：这个告示在民法典中叫作悬赏公告，是有效的，找到狗的人可以联系告示发布者，主张报酬。

民法典第四百九十九条规定：悬赏人以公开方式声明对完成特定行为的人支付报酬的，完成该行为的人可以请求其支付。

385.汤姆公司在与斯派克公司订立奶酪买卖合同时，杰瑞公司向汤姆公司表明愿意出10倍高价买同一批奶酪，公司负责人汤姆信以为真，取消了与斯派克公司的合作，还被斯派克公司代表人狠狠教训了一顿。当他向杰瑞公司主张付款交货时，杰瑞公司表示自己并不想要和汤姆公司订立合同。请问，汤姆公司可以主张什么权利？

答：汤姆公司可以向杰瑞公司主张缔约过失责任。

民法典第五百条规定：当事人在订立合同过程中有下列情形之一，造成对方损失的，应当承担赔偿责任：

（一）假借订立合同，恶意进行磋商；

（二）故意隐瞒与订立合同有关的重要事实或者提供虚假情况；

（三）有其他违背诚信原则的行为。

题设属于第一种情形，对于恶意的杰瑞公司，汤姆公司对于其损失部分，可以主张损害赔偿责任。

386. 接上题。杰瑞公司同意购买这批奶酪，不过价款需要比照市场价，汤姆公司表示同意。在合同成立后，杰瑞公司散布了汤姆公司的一些秘密，导致汤姆公司的市值大跌，杰瑞公司违反保密义务使汤姆公司造成损失需要承担责任吗？

答：需要。

民法典第五百零一条规定：当事人在订立合同过程中知悉的商业秘密或者其他应当保密的信息，无论合同是否成立，不得泄露或者不正当地使用；泄露、不正当地使用该商业秘密或者信息，造成对方损失的，应当承担赔偿责任。

保密义务理论上属于附随义务，无论合同成立与否，双方当事人都应当为对方当事人保密。杰瑞公司违反保密义务的行为，客观上造成了汤姆公司的市值降低，商业秘密泄露与市值降低存在相当因果关系，杰瑞公司需要承担损害赔偿责任。

第三章　合同的效力

387. 是否所有依法成立的合同均是自成立时生效？

答：不是。还存在当事人约定合同生效时间以及依法律、行政法规需办理批准等特殊手续方生效的合同。

民法典第五百零二条第一款规定：依法成立的合同，自成立时生效，但是法律另有规定或者当事人另有约定的除外。

民法典第五百零二条第二款中规定：依照法律、行政法规的规定，合同应当办理批准等手续的，依照其规定。

因此，原则上依法成立的合同自成立时生效，但存在当事人另有约定以及法律另有规定的例外情况。

388. 小红委托小明在2020年3月1日至2020年6月1日作为自己的代理人帮忙采购某种商品。代理期限届满后，小明仍然继续作为小红的代理人与供应商订立采购合同，小红也接受了供应商的供货并支付了货款。请问，代理期届满后，小明以小红的名义订立的采购合同效力如何？

答：采购合同有效。在代理期限届满后，小明成为无权代理人。无权代理人以被代理人的名义订立合同原则上是效力待定的合同。

民法典第五百零三条规定：无权代理人以被代理人的名义订立合同，被代理人已经开始履行合同义务或者接受相对人履行的，视为对合同的追认。

因此，尽管小明是无权代理人，但是由于小红作为被代理人履行了合同义务，便视为小红对合同进行了追认，故合同有效。

389. 甲公司的法定代表人超越权限与乙公司订立合同，乙公司对甲公司代表人超越权限不知情且无过错，该种情况下该合同的效力如何？

答：该合同有效。

民法典第五百零四条规定：法人的法定代表人或者非法人组织的负责人超越权限订立的合同，除相对人知道或者应当知道其超越权限外，该代表行为有效，订立的合同对法人或者非法人组织发生效力。

因此在乙公司不知情的情况下，该合同对甲公司和乙公司均生效。

390. 游乐场门票上载明"如因乘坐游乐场内游戏设施导致游客身体健康受损，本游乐场概不负责"，一游客在乘坐过山车时因机器故障在轨道上倒挂停留半小时而受伤，前述免责条款效力如何？

答：游乐场门票上所载的免责条款无效，游乐场应对受伤游客进行赔偿。

民法典第五百零六条规定：合同中的下列免责条款无效：

（一）造成对方人身损害的；

（二）因故意或者重大过失造成对方财产损失的。

在造成游客人身损害的情况下，游乐场门票上的免责声明无效。

391. 合同无效是否意味着合同中约定的仲裁或诉讼条款也随之无效？

答：不是。即便合同无效，其中约定的仲裁或诉讼条款仍旧有效。当双方当事人发生纠纷时，仍然应当按照有关仲裁或诉讼条款的约定解决争议。

民法典第五百零七条规定：合同不生效、无效、被撤销或者终止的，不影响合同中有关解决争议方法的条款的效力。

据此，若合同中约定的争议解决方式是仲裁，那么双方需提交仲裁机构进行仲裁；若合同中约定的方式是诉讼，则双方需将案件提交人民法院审理。

第四章　合同的履行

392. 网购的商品通过快递送达，商品在运输途中、买家签收之前损毁的风险由谁来承担？

答：由卖家承担。

民法典第五百一十二条第一款中规定：通过互联网等信息网络订立的电子合同的标的为交付商品并采用快递物流方式交付的，收货人的签收时间为交付时间。民法典第六百零四条规定：标的物毁损、灭失的风险，在标的物交付之前由出卖人承担，交付之后由买受人承担，但是法律另有规定或者当事人另有约定的除外。由于在快递送达收货人之前商品尚未交付，因此仍应由出卖人承担商品毁损、灭失的风险。

393. 甲以100万元的价格向乙购买其艺术作品，约定一个月后交付。双方约定，乙可以在画作、雕塑作品和摄影作品中任选其一交付给甲。一个月后，乙未能按期交付标的物，经甲催告后在合理期限内仍未选择，此时选择权在甲一方还是在乙一方？

答：此时选择权转移至甲一方。

民法典第五百一十五条第二款规定：享有选择权的当事人在约定期限内或者履行期限届满未作选择，经催告后在合理期限内仍未选择的，选择权转移至对方。

据此，由于乙在一个月期限届满并经催告在合理期限内仍未选择交付哪一幅作品，其因此丧失选择权。

394. 什么是按份债务？什么是连带债务？

答：债务人为二人以上，标的可分，按照份额各自负担债务的，为按份债务。按份债务人的份额难以确定的，视为份额相同。债务人为二人以上，债权人可以请求部分或者全部债务人履行全部债务的，为连带债务。连带债务人之间的份额难以确定的，视为份额相同。按份债务人只就各自应承担的债务份额向债权人负履行债务的责任，对于其他债务人承担的债务份额无履行责任。按份之债的各债务人的债务或各债权人的债权，各自独立。如果某一债务人向债权人履行义务超过自己应承担的份额，或者某一债权人接受债务人的履行超过自己应享有份额，除可以认定为第三人履行或者第三人接受履行外，其他债务人的义务或者其他债权人的权利并不会因此而消灭。连带债务的核心是连带债务人之间的连带关系。在该关系中，多数债务人中一人或数人所发生的事项，效力及于全体债务人。

因此，连带债务关系中的债权人，可以对债务中的一人、数人或全部，同时或先后请求全部或部分履行债务。每一个债务人都有向债权人全部清偿的义务，而且只要债务没有清偿完毕，则任意一个债务人无论是否应债权人的请求清偿过债务，也无论他自己应分担的债务是否履行完毕，对于还没有清偿的债务都有清偿义务。

395. 甲、乙两人是夫妻，经人介绍认为炒股是能发财的途径，遂向两人共同的好友丙借款100万元投入股市。但由于行情不好，股市大跌，两人投入股市的100万元血本无归。但由于丙曾经暗恋过甲，遂免除了甲30万元的债务只让乙偿还。这种情况下乙需要偿还丙70万元还是100万元呢？

答：乙只需要偿还丙70万元即可。

民法典第五百二十条第二款规定：部分连带债务人的债务被债权人免除的，在该连带债务人应当承担的份额范围内，其他债务人对债权人的债务消灭。

换言之，只要债权人免除了部分连带债务人的债务，那么对于全部连带债务人而言其对外承担的债务均相应减少。

396. 甲、乙订立买卖合同，约定甲出钱向乙购买一张沙发，但是要求乙将沙发送至丙的家里。后来乙将沙发送至丙家中后，丙发现该沙发质量不符合约定。该种情况下，乙应当向甲还是向丙承担违约责任？

答：乙应当向甲承担违约责任。

民法典第五百二十二条第一款规定：当事人约定由债务人向第三人履行债务，债务人未向第三人履行债务或者履行债务不符合约定的，应当向债权人承担违约责任。

这是基于合同的相对性，尽管债务人是向第三人履行债务，但第三人不是合同的当事人，乙的债权人是甲，故其应当向甲承担违约责任。

397. 甲、乙订立买卖合同，但约定由丙向甲交付货物。其后丙未按期向甲交付货物，经催告后仍未履行，此时应由乙还是由丙向甲承担违约责任？

答：应由乙向甲承担违约责任。

民法典第五百二十三条规定：当事人约定由第三人向债权人履行债务，第三人不履行债务或者履行债务不符合约定的，债务人应当向债权人承担违约责任。

这条规定背后的法理是合同的相对性，尽管是由第三人向债权人履行债务，但合同的当事人仍然是甲、乙两人，故合同仅对甲、乙具有约束力。

398. 承租人经房东同意后将房屋转租给次承租人，若承租人未能按期向房东支付房租，次承租人能否代其向房东支付房租以便继续租赁该房屋？

答：次承租人可以代替承租人向房东支付房租，以保证自己可以继续租住在该房屋内。

民法典第五百二十四条第一款规定：债务人不履行债务，第三人对履行该债务具有合法利益的，第三人有权向债权人代为履行；但是，根据债务性质、按照当事人约定或者依照法律规定只能由债务人履行的除外。

在承租人不支付房租的情况下，次承租人作为对该债务有合法利益的第三人，可以直接向房东支付房租代替承租人履行债务。

399. 双方在买卖合同中约定"一手交钱，一手交货"，若卖方在未交付货物的情况下就要求买方先付款，买方是否有权拒绝卖方的请求？

答：买方可以拒绝先行支付价款。

民法典第五百二十五条中规定：当事人互负债务，没有先后履行顺序的，应当同时履行。一方在对方履行之前有权拒绝其履行请求。

该条规定也被称作"同时履行抗辩权"。事实上，双方当事人约定"一手交钱，一手交货"就是指双方应同时履行自己负担的义务。卖方并无权请求买方先支付价款，而后自己再向其交付货物。

400. 消费者委托一工厂生产定制家具，合同中约定待工厂生产完毕并经消费者验收后，消费者才需向工厂支付款项。若工厂在生产过程中要求消费者先行支付部分价款，消费者可否拒绝？

答：消费者有权拒绝工厂的请求。

民法典第五百二十六条中规定：当事人互负债务，有先后履行顺序，应当先履行债务一方未履行的，后履行一方有权拒绝其履行请求。

该条规定也被称作"先履行抗辩权"。消费者与工厂订立的合同中明显约定了双方履行债务的先后顺序，即由工厂先履行。在工厂还没有完成生产的情况下，消费者无需履行付款义务。

401.甲、乙两公司订立建设施工合同，由甲公司为乙公司建设一栋员工宿舍楼，双方约定在甲公司动工前，乙公司应先支付50%的工程款。合同签订后，甲公司因过往建设的工程质量不过关，接连发生了多起严重的建筑倒塌事件，并被有关监管部门处罚。此时乙公司能否中止向甲公司支付工程款？

答：可以。

民法典第五百二十七条规定：应当先履行债务的当事人，有确切证据证明对方有下列情形之一的，可以中止履行：

（一）经营状况严重恶化；

（二）转移财产、抽逃资金，以逃避债务；

（三）丧失商业信誉；

（四）有丧失或者可能丧失履行债务能力的其他情形。

这条规定也被称作"不安抗辩权"。乙公司作为负有先履行义务的一方，有证据证明甲公司丧失商业信誉，便可以行使不安抗辩权，中止自己履行义务。当然，乙公司应当及时通知甲公司。若甲公司提供了适当的担保，乙公司仍应当恢复履行。

402.甲向乙订购一批货物，约定一个月后交货。合同签订半个月后，乙提前完成订单想把这一批货物交付给甲。但此时甲尚未租赁好存放这一批货物的仓库，若接受乙的给付，甲将额外支出一笔仓库租赁费用。这种情况下甲是否可以拒绝乙提前交付货物？

答：甲可以拒绝乙提前交付货物。

民法典第五百三十条第一款规定：债权人可以拒绝债务人提前履行债务，但是提前履行不损害债权人利益的除外。

据此乙的提前履行会损害甲的利益，故甲可以拒绝乙的提前给付。当然，根据民法典第五百三十条第二款的规定，甲也可以接受乙的提前履行，只是甲因此额外支出的仓库租赁费用应由乙承担。

403.甲公司与乙公司签订了购销合同。其后乙公司变更了公司名称和法定代表人并以此为理由否认购销合同的效力并拒绝履行合同义务。请问，乙公司此举是否符合法律规定？

答：不符合。

民法典第五百三十二条规定：合同生效后，当事人不得因姓名、名称的变更或者法定代表人、负责人、承办人的变动而不履行合同义务。

因此，即便乙公司变更了公司名称和法定代表人，亦不影响合同对其生效，此时合同当事人并未发生实质变更，那么其自然仍然要受到合同的约束。

404.旅客原计划在2020年春节期间前往武汉旅游，于是提前预订了酒店，但因新冠肺炎疫情武汉全城实施封闭管理，该旅客的旅行计划泡汤。酒店是否有权请求旅客继续支付房费？

答：不可以。

民法典第五百三十三条第一款规定：合同成立后，合同的基础条件发生了当事人在订立合同时无法预见的、不属于商业风险的重大变化，继续履行合同对于当事人一方明显不公平的，受不利影响的当事人可以与对方重新协商。

该条规定也被称作"情势变更"原则。新冠肺炎疫情暴发显然属于双方当事人在订立合同时无法预见的、不属于商业风险的重大变化，若要求旅客仍然按照合同约定继续支付房费显然对其不公平。此时双方应当协商解除合同。

第五章　合同的保全

405.甲欠乙100万元，丙欠甲150万元。乙的债权到期后发现甲无力偿还，同时发现丙欠甲的150万元债务也已到期，但甲始终不要求丙返还借款。此时乙可以采取何种措施保证自己的债权实现？

答：此时乙可以行使代位权，即向人民法院请求以自己的名义代位行使甲对丙的权利。

民法典第五百三十五条第一款规定：因债务人怠于行使其债权或者与该债权有关的从权利，影响债权人的到期债权实现的，债权人可以向人民法院请求以自己的名义代位行使债务人对相对人的权利，但是该权利专属于债务人自身的除外。

以上是乙得以行使代位权的依据所在。

406.甲欠乙100万元将于一周后到期,而丙欠甲的150万元的诉讼时效还有半个月即将届满。若丙不履行债务,甲将无力偿还对乙的借款。此时,乙可以采取什么措施确保自己的债权实现呢?

答:乙可以代位向丙请求其向甲履行债务。

民法典第五百三十六条规定:债权人的债权到期前,债务人的债权或者与该债权有关的从权利存在诉讼时效期间即将届满或者未及时申报破产债权等情形,影响债权人的债权实现的,债权人可以代位向债务人的相对人请求其向债务人履行、向破产管理人申报或者作出其他必要的行为。

407.张某欠李某100万元,同时王某欠张某50万元。张某向李某借款到期的前一周,张某向王某表示这50万元借款不再需要王某偿还,但张某自身却又无力偿还李某的100万元。对此李某有什么救济途径?

答:李某可以请求人民法院撤销张某免除王某50万元债务的行为。

民法典第五百三十八条规定:债务人以放弃其债权、放弃债权担保、无偿转让财产等方式无偿处分财产权益,或者恶意延长其到期债权的履行期限,影响债权人的债权实现的,债权人可以请求人民法院撤销债务人的行为。

张某放弃其对王某50万元债权的行为明显影响到了李某100万元债权的实现,因此李某可以通过请求人民法院撤销张某的行为来保护自身的合法权益。

408.小红欠小周100万元,在还款期限截止前一个月,小红将其唯一的一套价值1000万元的房产以50万元的价格转让给她的亲弟弟。除该套房产外,小红没有其他值钱的财产。小周知悉小红的行为后可以采取怎样的措施确保自己的债权不受影响?

答:小周可以请求人民法院撤销小红的转让行为。

民法典第五百三十九条规定:债务人以明显不合理的低价转让财产、以明显不合理的高价受让他人财产或者为他人的债务提供担保,影响债权人的债权实现,债务人的相对人知道或者应当知道该情形的,债权人可以请求人民法院撤销债务人的行为。

显然小红低价出卖房屋的行为严重影响了小周的债权实现,因此小周可以请求法院撤销小红与其弟弟之前的房屋转让合同。

第六章　合同的变更和转让

409. 小明决定赠与小红 1000 万元以支持小红的希望工程慈善事业。但其后小红想要将受赠的权利转让给小芳，让小芳将这 1000 万元投入其他的慈善项目中。请问，在这种情况下小红能否转让自己接受赠与的权利？

答：不能。

原则上债权是可以自由转让的，但是根据民法典第五百四十五条第一款规定，以下三种情形债权人不能转让债权：

（一）根据债权性质不得转让；

（二）按照当事人约定不得转让；

（三）依照法律规定不得转让。

小明赠与小红 1000 万元是基于对小红的信任。小明相信小红会将这一笔钱用于希望工程，如果小红将债权转让给小芳用于其他慈善项目，就会使小明的合同目的不能实现，因此小红的债权在性质上不能转让。

410. 甲将其对乙的债权转让给了丙，但并未将债权转让的事实告知乙。此后乙在不知债权转让事实的情况下向甲清偿了债务。请问，乙的债务履行行为是否有效？

答：乙的债务清偿行为有效。

民法典第五百四十六条第一款规定：债权人转让债权，未通知债务人的，该转让对债务人不发生效力。

鉴于甲始终没有将债权转让的事实通知乙，因此甲丙之间的债权转让对乙不发生效力。对于乙来说，债权人仍然是甲而不是丙，故乙向甲履行可以使自己所负的债务消灭。

411. 甲将其对乙的债权转让给了丙。其后在乙的债务履行期限截止之前，丙就要求乙履行债务。乙是否可以以履行期限未届满抗辩丙的请求？

答：可以。

民法典第五百四十八条规定：债务人接到债权转让通知后，债务人对让与人的抗辩，可以向受让人主张。

因此乙对甲享有的抗辩权同样可以向丙行使。

412. 甲将其对乙的债权转让给丙，乙收到债权让与通知时发现自己对丙享有债权，并且乙对丙的债权将于一周后到期，而甲对乙的债权还有一个月才到期。这种情况下，乙可以向丙主张抵销吗？

答：可以。

按民法典第五百四十九条第一项规定，债务人接到债权转让通知时，债务人对让与人享有债权，且债务人的债权先于转让的债权到期或者同时到期的，债务人可以向受让人主张抵销。

413. 甲欠乙50万元，甲想将债务全部转移给丙承担，是否需要经乙同意？

答：需要。

民法典第五百五十一条规定：债务人将债务的全部或者部分转移给第三人的，应当经债权人同意。

债务人或者第三人可以催告债权人在合理期限内予以同意，债权人未作表示的，视为不同意。

由于债权人是基于对债务人的信赖，才与其建立债权债务关系的。若变更债务人，有可能导致债权人的债权无法实现，因此必须要经过债权人的同意债务人才能转移债务。

414. 甲欠乙50万元，后丙向乙表示自己愿意与甲一同承担全部债务，乙对此没有任何表示。该种情况下丙是否加入了债权债务关系？如果是，其与甲承担的是连带债务还是按份债务？

答：是。丙与甲承担连带债务。

民法典第五百五十二条规定：第三人与债务人约定加入债务并通知债权人，或者第三人向债权人表示愿意加入债务，债权人未在合理期限内明确拒绝的，债权人可以请求第三人在其愿意承担的债务范围内和债务人承担连带债务。

由于乙未对丙加入债务表示明确拒绝，因此乙可以请求丙就50万元债务与甲承担连带责任。

415. 甲欠乙100万元，经乙同意甲将该笔债务转移给丙。由于乙也向甲借款了100万元，因此丙以此为由向乙主张抵销债务。该种情况下可以抵销吗？

答：不可以。

157

民法典第五百五十三条规定：债务人转移债务的，新债务人可以主张原债务人对债权人的抗辩；原债务人对债权人享有债权的，新债务人不得向债权人主张抵销。

抵销需要满足当事人互负债务的要件，在题述情况中乙与丙并不满足该要件，自然不存在抵销的可能性。

416.债务人转移债务的，新债务人是否应当一并承担与主债务有关的从债务？

答：新债务人应当承担与主债务有关的从债务，但是该从债务专属于原债务人自身的除外。专属于原债务人自身的债务无法由新债务人履行，但除此以外从债随主债一并转移。

第七章　合同的权利义务终止

417.哪些情形下，债权债务关系终止？

答：债务已经履行、债务相互抵销、债务人依法将标的物提存、债权人免除债务、债权债务同归于一人以及法律规定或者当事人约定终止的其他情形都会使债权债务关系终止。此外，合同解除的，该合同的权利义务关系也会终止。

418.债权债务终止后，当事人就不再负有任何义务。前述判断是否正确？

答：不正确。

民法典第五百五十八条规定：债权债务终止后，当事人应当遵循诚信等原则，根据交易习惯履行通知、协助、保密、旧物回收等义务。

该条的规定也被称为"后合同义务"，并且这些义务不是基于当事人的约定产生的，而是基于诚实信用原则以及交易习惯由法律确定的，因此属于法定义务。

419.甲欠乙数笔借款，当甲偿还的金额不足以清偿全部借款时，如何确定甲清偿的是哪一笔借款呢？

答：由甲在清偿时指定其履行的债务。

民法典第五百六十条规定：债务人对同一债权人负担的数项债务种类相同，债务人的给付不足以清偿全部债务的，除当事人另有约定外，由债务人在清偿时指定其履行的债务。

债务人未作指定的，应当优先履行已经到期的债务；数项债务均到期的，优先履行对债权人缺乏担保或者担保最少的债务；均无担保或者担保相等的，优先履行债务人负担较重的债务；负担相同的，按照债务到期的先后顺序履行；到期时间相同的，按照债务比例履行。

420.债务人在履行主债务以外还需要支付利息和实现债权的有关费用，其给付不足以清偿全部债务的，应当按照什么顺序履行?

答：根据民法典第五百六十一条的规定，应当按照实现债权的有关费用、利息和主债务的顺序履行。

421.在哪些情形下当事人可以解除合同?

答：民法典第五百六十三条第一款规定：有下列情形之一的，当事人可以解除合同：

（一）因不可抗力致使不能实现合同目的；

（二）在履行期限届满前，当事人一方明确表示或者以自己的行为表明不履行主要债务；

（三）当事人一方迟延履行主要债务，经催告后在合理期限内仍未履行；

（四）当事人一方迟延履行债务或者有其他违约行为致使不能实现合同目的；

（五）法律规定的其他情形。

422.甲、乙订立了一份合同，丙为乙提供了担保，但其后因乙违约，甲、乙合同解除且乙要赔偿甲的损失。在这种情况下丙还需承担担保责任吗?

答：需要。

民法典第五百六十六条第三款规定：主合同解除后，担保人对债务人应当承担的民事责任仍应当承担担保责任，但是担保合同另有约定的除外。

因此若乙不能履行其赔偿义务，丙作为担保人需承担担保责任。

423.甲、乙签订了两份买卖合同，一份合同约定甲向乙采购大米，另一份合同约定乙向甲采购钢材。两份合同均尚未履行。这种情况下，甲、乙可以抵销互负的债务吗?

答：可以。只要甲、乙协商一致就可以抵销。

民法典第五百六十九条规定：当事人互负债务，标的物种类、品质不相同的，经协商一致，也可以抵销。

虽然原则上只有当事人互负债务，债务的标的物种类、品质相同的才能抵销，但是只要当事人协商达成一致，即使标的物的种类、品质不同也可以抵销。

424. 甲向乙农场订购了500斤香蕉，待香蕉成熟可以采摘后，甲下落不明，此时乙农场可以通过什么途径消灭债务？

答：乙农场可以变卖这500斤香蕉并将所得价款提存。

根据民法典第五百七十条规定，当债权人下落不明时，债务人难以履行债务可以将标的物提存。标的物不适于提存或者提存费用过高的，债务人依法可以拍卖或变卖标的物，提存所得的价款。

香蕉容易腐烂不易于长时间保存，因此500斤香蕉就属于不适于提存的标的物。此时乙农场可以转而提存这500斤香蕉变卖后的价款，同样也能使自身所负的债务消灭。

425. 张某从赵某处购买一个明代花瓶，约定一个星期后交付。但是交付当日张某不知所踪，赵某只得将该花瓶交至提存部门进行提存。在提存期间，提存部门当地发生地震，导致花瓶跌落破碎，张某能否就此向赵某主张赔偿？

答：张某不能向赵某主张赔偿。

民法典第五百七十三条中规定：标的物提存后，毁损、灭失的风险由债权人承担。

由于赵某已经将花瓶提存，花瓶在提存期间因地震原因毁损的风险应由张某自行承担，而与赵某无涉。

426. 当债权人对债务人负有到期债务，在债权人未履行债务或者提供担保之前，债权人能否领取债务人提存的标的物呢？

答：不能。

民法典第五百七十四条第一款规定：债权人可以随时领取提存物。但是，债权人对债务人负有到期债务的，在债权人未履行债务或者提供担保之前，提存部门根据债务人的要求应当拒绝其领取提存物。

第八章 违约责任

427. 甲请装修公司乙为自己的一套房屋进行装修，但装修完毕验收时，甲发现房屋墙壁存在多处裂缝，还存在漏水等质量问题，此时装修公司乙应当承担什么责任？

答：装修公司乙应当向甲承担采取补救措施或赔偿损失等违约责任。

民法典第五百七十七条规定：当事人一方不履行合同义务或者履行合同义务不符合约定的，应当承担继续履行、采取补救措施或者赔偿损失等违约责任。

针对题述情形，装修公司乙需要就装修存在质量的地方进行补救施工，并对由此带来的交房延迟等赔偿甲的损失。

428. 甲、乙双方订立买卖合同，约定2020年8月1日前甲要向乙交付一套红木家具。合同签订后，乙多次联系甲询问制作进度，甲都不予理睬并且甲始终未开始制作。此时，尽管甲的履行期限尚未届满，乙能否请求甲承担违约责任呢？

答：可以。

民法典第五百七十八条规定：当事人一方明确表示或者以自己的行为表明不履行合同义务的，对方可以在履行期限届满前请求其承担违约责任。

题述情况中甲已经以自己的行为表明其不履行合同义务了，那么乙可以在履行期限届满前请求甲承担违约责任。

429. 小红在画廊订购了某画家的作品，约定三日后送到小红家中。在运输过程中，因下雨画被打湿而损毁，小红能否请求画廊重新交付该画作？

答：不能。

根据民法典第五百八十条第一款的规定，当事人一方不履行非金钱债务或者履行非金钱债务不符合约定的，对方可以请求履行，但是法律上或者事实上不能履行的除外。

即原则上当一方违约时，另一方可以请求对方继续履行债务。但是在题述情况中，该画家的画作是特定物，是唯一的，仅此一幅，一旦损毁便没有替代品。因此，画廊不可能再找到第二幅跟该画作一模一样的作品交付给小红，就构成了事实上的履行不能。此时小红可以请求画廊赔偿自己的损失，而不是请求画廊继续履行原给付义务。

430. 甲聘请了一位家政阿姨上门履行清扫服务，但该家政阿姨由于住院无法为甲提供服务。此时甲可以强制该家政阿姨履行其义务吗？如果不行，甲可以采取什么措施？

答：甲不能强制该家政阿姨提供上门清扫服务，但甲可以另行聘请一名家政阿姨为自己提供服务，相关费用由该家政阿姨承担。

民法典第五百八十一条规定：当事人一方不履行债务或者履行债务不符合约定，根据债务的性质不得强制履行的，对方可以请求其负担由第三人替代履行的费用。

由于提供上门清扫服务是具有人身性质的义务，甲无法强制合同相对人为自己提供劳动，因此该债务不得强制履行。

431. 甲、乙订立了一份合同，乙违约后采取了补救措施，但甲因为乙的违约还受到其他损失，乙是否应当赔偿？

答：乙应当赔偿。

民法典第五百八十三条规定：当事人一方不履行合同义务或者履行合同义务不符合约定的，在履行义务或者采取补救措施后，对方还有其他损失的，应当赔偿损失。

因此乙应当赔偿因自己的违约行为给甲造成的相关损失。

432. 因违约给对方当事人造成损失时，赔偿的范围是什么？

答：民法典第五百八十四条规定：当事人一方不履行合同义务或者履行合同义务不符合约定，造成对方损失的，损失赔偿额应当相当于因违约所造成的损失，包括合同履行后可以获得的利益；但是，不得超过违约一方订立合同时预见到或者应当预见到的因违约可能造成的损失。

433. 合同双方当事人在合同中约定了违约金的条款，若约定的违约金与实际造成的损失不符时怎么处理？

答：法院或仲裁机构可以根据当事人的请求进行调整。

民法典第五百八十五条第二款规定：约定的违约金低于造成的损失的，人民法院或者仲裁机构可以根据当事人的请求予以增加；约定的违约金过分高于造成的损失的，人民法院或者仲裁机构可以根据当事人的请求予以适当减少。

434.合同双方当事人约定一方向对方支付合同标的额的50%作为定金，该约定效力如何？

答：不超过主合同标的额20%以内的部分成立定金，超出部分不产生定金的效力。

民法典第五百八十六条规定：当事人可以约定一方向对方给付定金作为债权的担保。定金合同自实际交付定金时成立。

定金的数额由当事人约定；但是，不得超过主合同标的额的20%，超过部分不产生定金的效力。

由于双方约定的定金数额高达主合同标的额的50%，因此只有20%可以作为定金适用定金罚则。

435.合同双方约定定金，如果给付定金的一方不履行债务，致使合同目的不能实现，其能否要求返还定金？

答：不能。

民法典第五百八十七条规定：债务人履行债务的，定金应当抵作价款或者收回。给付定金的一方不履行债务或者履行债务不符合约定，致使不能实现合同目的的，无权请求返还定金；收受定金的一方不履行债务或者履行债务不符合约定，致使不能实现合同目的的，应当双倍返还定金。

该条规定也被称作"定金罚则"，实际上其功能就是一方当事人给付一定金额作为债的担保以保证合同的履行。

436.合同当事人在合同中既约定违约金又约定定金的，一方违约时，适用哪一条款？

答：相对人可以选择适用违约金或者定金条款。定金不足以弥补违约一方造成的损失的，对方还可以请求赔偿超过定金数额的损失。因此，不会存在选择了定金条款就无法得到足够赔偿的情况。

437. 甲、乙订立买卖合同，约定甲将货物运送至码头后由乙自行提货。由于甲将货物运送至码头后，乙一直拒绝前往提货，导致甲不得不将货物在码头寄存并为此支付一笔费用。对于甲额外支出的这一笔费用，甲能否要求乙赔偿呢？

答：可以。

民法典第五百八十九条第一款规定：债务人按照约定履行债务，债权人无正当理由拒绝受领的，债务人可以请求债权人赔偿增加的费用。

由于乙不前往码头提货属于无正当理由拒绝受领标的物，因此甲为此支付的费用都可以请求乙予以赔偿。

438. 甲、乙订立买卖合同，在原定的交付日期甲未能按期交付货物，在约定时间之后的一周内均未交付。在此期间甲的仓库因发生地震塌陷，仓库内的货物全部损毁，此时甲可否主张不可抗力免责？

答：不可以。

民法典第五百九十条第一款规定：当事人一方因不可抗力不能履行合同的，根据不可抗力的影响，部分或者全部免除责任，但是法律另有规定的除外。

但当事人迟延履行后发生不可抗力的，不免除其违约责任。本题中甲就属于迟延履行后发生不可抗力的情形，此时其不能援用不可抗力为自己免责。

439. 合同一方当事人违约后，合同相对人坐视不理，任由损失扩大。其认为反正一切损失都可以由对方承担，果真如此吗？

答：违约方无需赔偿相对人全部损失。

民法典第五百九十一条第一款规定：当事人一方违约后，对方应当采取适当措施防止损失的扩大；没有采取适当措施致使损失扩大的，不得就扩大的损失请求赔偿。

因此，对于相对人由于自身放任损失扩大的部分，违约方无需进行赔偿。若相对人及时采取了合理的措施避免自身遭受更大的损失，其为此支出的合理费用由违约方支付。如此守约方能更好地保护自身的合法权益。

440. 甲、乙作为合同当事人，因甲违约给乙造成损失，但乙对于损失的发生亦有过错的，是否可以因此减少甲相应的损失赔偿额呢？

答：可以。

民法典第五百九十二条第二款规定：当事人一方违约造成对方损失，对方对损失的发生有过错的，可以减少相应的损失赔偿额。

该款规定的是过错相抵原则，即行为人应当为自己的过错负责，并承担相应的后果。

441.甲向乙购买家具一套，约定一个月后交付。其间乙的仓库遭窃，家具被盗，乙无法按期向甲交付家具。此时是由乙还是由小偷赔偿甲的损失呢？

答：乙应向甲承担违约责任。

民法典第五百九十三条中规定：当事人一方因第三人的原因造成违约的，应当依法向对方承担违约责任。

虽然乙违约不是出于自身的原因，而是因为小偷行窃所致，但根据合同的相对性，合同的当事人是甲和乙，因此乙就应当向甲承担违约责任。至于乙所受有的损失如何救济，属于乙和小偷之间的纠纷。

442.因国际货物买卖合同和技术进出口合同争议提起诉讼或者申请仲裁的时效是几年？

答：四年。

根据民法典第一百八十八条的规定，原则上民事案件的诉讼时效是三年。当然存在一些例外的情况，由法律另行规定。其中国际货物买卖合同纠纷以及技术进出口合同纠纷的诉讼时效就是一种特殊情况，并非三年而是四年。

第二分编 典型合同

第九章 买卖合同

443. 甲的父亲承诺一周后将一栋房屋赠与甲，甲因此与乙签订房屋买卖合同，约定待其父亲将房子赠与自己后就与乙办理过户手续。但其后，甲的父亲撤销了赠与，决定将房屋转赠给甲的姐姐，导致甲无法取得房屋的所有权。此时乙可以采取何种措施？

答：乙可以解除与甲的买卖合同并请求甲承担违约责任。

民法典第五百九十七条第一款规定：因出卖人未取得处分权致使标的物所有权不能转移的，买受人可以解除合同并请求出卖人承担违约责任。

出卖人无处分权不会影响合同的效力，因此买受人可以主张解除合同并请求违约方承担违约责任。

444. 买卖房屋时，出卖人是否将房屋钥匙交付给买受人即完成自己的义务？

答：不是。房屋出卖人还应该办理房屋过户才算履行完毕自己所负义务。

民法典第五百九十八条规定：出卖人应当履行向买受人交付标的物或者交付提取标的物的单证，并转移标的物所有权的义务。

据此对于不动产买卖来说，出卖人负有两项义务，一是交付房屋，二是转移房屋所有权。出卖人将房屋的钥匙交给买受人实际上是转移房屋的占有，但还需要到房地产管理部门办理过户手续将房屋所有权变更登记至买受人名下才算履行了第二项义务。

445. 甲向乙购买一台精密机械，操作复杂，约定一个月后甲凭订货单和发票自行前往乙公司提货。甲前往提货时，乙仅交付机械未交付操作说明书，导致甲无法使用该机械。对此，甲能否请求乙交付该机械的操作说明书？

答：可以。

民法典第五百九十九条规定：出卖人应当按照约定或者交易习惯向买受人

交付提取标的物单证以外的有关单证和资料。

双方虽然未在合同中约定乙要向甲交付操作说明书，但是按照交易习惯，卖方应当配有产品的说明书一并交给买方，以便买方使用产品，因此甲可以请求乙交付说明书。

446. 甲向乙购买了一台包含了很多项专利技术的检测仪器，乙出卖该仪器的时候是否将其中的专利技术也一并出卖给了甲？

答：该仪器的知识产权不属于甲。

民法典第六百条规定：出卖具有知识产权的标的物的，除法律另有规定或者当事人另有约定外，该标的物的知识产权不属于买受人。

因此，甲只是获得了该仪器的所有权，其中包含的知识产权并不随仪器所有权的转移而转移。

447. 小红在某蛋糕店订购了一个生日蛋糕为朋友庆祝生日。蛋糕店通过闪送送至小红的收货地址。但在运送途中，蛋糕不慎毁坏。此时蛋糕毁坏的风险是由小红还是由蛋糕店承担？

答：由蛋糕店承担。

民法典第六百零四条规定：标的物毁损、灭失的风险，在标的物交付之前由出卖人承担，交付之后由买受人承担，但是法律另有规定或者当事人另有约定的除外。

在题述情况中，小红与蛋糕店约定的交付地点是小红告知蛋糕店的收货地址，在蛋糕未送至该地址之前均未完成交付。故在蛋糕运送过程中毁损的风险仍由蛋糕店承担。但事后蛋糕店可以根据与闪送公司之间的协议向其追偿。

448. 甲公司将尚在海上运输的10吨黄豆卖给乙公司，其后船只在航行途中遭遇台风导致船舱进水，黄豆遭受浸泡腐烂。在该种情况下损失应由甲公司承担还是由乙公司承担？

答：由乙公司承担黄豆被海水浸泡导致的损失。

民法典第六百零六条规定：出卖人出卖交由承运人运输的在途标的物，除当事人另有约定外，毁损、灭失的风险自合同成立时起由买受人承担。

题述情况中甲、乙两公司买卖的10吨黄豆就属于运输在途的标的物，因此自双方的买卖合同成立之时起，风险就转移至乙公司，故损失也应由乙公司自行承担。

449.甲向乙采购钢铁，约定乙将钢铁运送至码头交航运公司后即为交付。其后航运公司在运输中发生倾覆，整船的钢材均沉没，此时货物毁损灭失的风险应由甲还是由乙承担呢？

答：应由甲承担。

民法典第六百零七条第一款规定：出卖人按照约定将标的物运送至买受人指定地点并交付给承运人后，标的物毁损、灭失的风险由买受人承担。

由于甲、乙的合同约定乙将货物送至指定地点交承运人即算交付，因此钢材交航运公司后风险发生转移，转由甲承担标的物毁损、灭失的风险。

450.某公司向一服装生产企业订购100套大码服装作为公司年会上体重较重的员工的演出服。但在合同上约定的交货日期当日，服装生产企业给该公司送来的是100套小码的服装。由于服装尺码过小与该公司体重较重的员工身材不符，该公司拒收这100套演出服。该公司拒收后这100套服装被意外毁损。请问，应由该公司还是由服装生产企业承担损失？

答：应由服装生产企业自担损失。

民法典第六百一十条规定：因标的物不符合质量要求，致使不能实现合同目的的，买受人可以拒绝接受标的物或者解除合同。买受人拒绝接受标的物或者解除合同的，标的物毁损、灭失的风险由出卖人承担。

公司订购的是大码服装，服装厂交付的是小码服装，自然会导致该公司体重较重的员工无法穿着演出服在公司年会上表演，从而致使合同目的无法实现。该公司有权拒收，其后衣物毁损的风险就由出卖人承担了。

451.甲向乙购买一盒鸡蛋，乙将鸡蛋交给甲后，甲转身时不慎摔倒，鸡蛋全部打碎。甲在收拾打碎的鸡蛋时发现这些鸡蛋全是人造蛋，不是甲、乙约定的合格的鸡蛋。此时甲是否还能请求乙承担违约责任？

答：可以。

民法典第六百一十一条规定：标的物毁损、灭失的风险由买受人承担的，不影响因出卖人履行义务不符合约定，买受人请求其承担违约责任的权利。

题述情形中，乙将鸡蛋交付给甲时风险即转移给甲，鸡蛋被打碎的损失由甲自行承担。但是由于乙交付的鸡蛋不符合约定，甲仍然有权向其主张违约。

452. 小红从小明手中购买一台笔记本电脑，购买时小红明知小明出卖的这台电脑并不是小明的，而是小张借给小明使用的。但由于小明出价极其低廉并出于侥幸心理，小红还是从小明手中购买了该电脑。后来小张要求小红返还该笔记本电脑，小红返还后还能要求小明承担违约责任吗？

答：不能。

根据民法典第六百一十三条的规定，买受人订立合同时知道或者应当知道第三人对买卖的标的物享有权利的，出卖人对标的物不承担权利瑕疵担保责任。

小红明知电脑的所有权归属于小张，故电脑被小张要回后小明也无需向小红承担违约责任。

453. 甲、乙签订房屋买卖合同，约定甲将全部价款分三次支付给乙。甲按期支付了第一笔价款，此后甲发现乙出卖的这套房屋并非乙所有，而是登记在乙的哥哥名下，此时甲能否中止支付剩余的第二、第三笔款项？

答：可以。

民法典第六百一十四条规定：买受人有确切证据证明第三人对标的物享有权利的，可以中止支付相应的价款，但是出卖人提供适当担保的除外。

由于甲可以证明乙出卖的房屋登记在其哥哥名下，那么该房屋的所有权就归其哥哥所有，此时甲可以中止支付相应的价款。当然，若乙能够提供适当的担保，甲仍需继续履行自己的给付义务。

454. 买卖合同双方当事人对标的物的质量未作出约定的，应当如何确定卖房的交货标准？

答：应当首先依据民法典第五百一十条的规定进行协议补充，如不能达成补充协议的，按照合同中其他相关条款或者交易习惯确定货物的质量标准。

如果仍然不能确定的，就根据民法典第五百一十一条第一项的规定，适用强制性国家标准；没有强制性国家标准的，按照推荐性国家标准履行；没有推荐性国家标准的，按照行业标准履行；没有国家标准、行业标准的，按照通常标准或者符合合同目的的特定标准履行。

455. 小红向小芳购买地砖用于装修房屋，双方约定地砖如有轻微的质量问题无需小芳承担责任。但小红装修完毕住进房屋后突然生病，经检查发现是房屋地砖存在放射性物质超标的情况导致小红生病。事后小红得知小芳明知地砖存在前述情况，但并未告知自己。此时小红请求小芳承担违约责任，小芳能否主张免除自己的责任呢？

答：不能。

民法典第六百一十八条规定：当事人约定减轻或者免除出卖人对标的物瑕疵承担的责任，因出卖人故意或者重大过失不告知买受人标的物瑕疵的，出卖人无权主张减轻或者免除责任。

法律上允许当事人进行意思自治，在合同中约定瑕疵担保责任的减免。但是若出卖人主观上存在过错，即故意或有重大过失隐瞒标的物的瑕疵的，瑕疵担保责任减免的约定无效。因此，小芳此时仍需承担瑕疵担保责任。

456. 小帅向晓波订购一批货物，双方未在合同中约定货物的包装方式。此时应当通过什么方式确定该批货物的包装呢？

答：双方应当先根据民法典第五百一十条的规定进行协议补充，若不能达成补充协议，就按照合同相关条款或者交易习惯确定；如仍不能确定的，就按照通用的方式包装；如没有通用方式的，应当采取足以保护标的物且有利于节约资源、保护生态环境的包装方式。

457. 买卖合同双方当事人在没有约定商品的检验期限的情况下，并且该商品没有质量保证期，若买方在收到货物后第三年发现该商品存在质量问题，能否向卖方主张违约？

答：不能。

民法典第六百二十一条第二款规定：当事人没有约定检验期限的，买受人应当在发现或者应当发现标的物的数量或者质量不符合约定的合理期限内通知出卖人。买受人在合理期限内未通知或者自收到标的物之日起二年内未通知出卖人的，视为标的物的数量或者质量符合约定；但是，对标的物有质量保证期的，适用质量保证期，不适用该二年的规定。

因此，若商品没有质保期的，买方最长可在收到商品后两年内请求卖方承担违约责任。当然例外的情况是，若卖方明知或应知商品不符合合同约定的，不受两年的时间限制。

458. 出卖人依照买受人的指示向第三人交付标的物，但出卖人与买受人之间约定的检验标准与买受人和第三人约定的检验标准不同的，应以哪一项检验标准为准？

答：根据民法典第六百二十四条的规定，应以出卖人和买受人约定的检验标准为准。盖因合同具有相对性，买卖合同的当事人是出卖人与买受人，至于第三人与买受人作何约定并不能约束出卖人。因此，出卖人在向第三人交付标的物时也只需要遵循其与买受人之间约定的检验标准即可。

459. 甲向乙订购1吨大米，约定1周后送货。送货当日，乙给甲送来了1.5吨大米，甲全部接收。后来乙请求甲支付货款，甲应当按照1吨还是按照1.5吨支付价款呢？

答：按照1.5吨支付。

民法典第六百二十九条规定：出卖人多交标的物的，买受人可以接收或者拒绝接收多交的部分。买受人接收多交部分的，按照约定的价格支付价款。

由于甲接收了乙多交的0.5吨大米且没有拒绝接收的意思表示，那么对于这一部分大米甲也要按照约定的价格支付给乙。

460. 甲以100元的价格向乙购买了1只母鸡，双方约定1周后交付。其间这只母鸡每天都下蛋，共下了7枚鸡蛋。请问，这7枚鸡蛋归甲还是归乙所有？

答：这7枚鸡蛋归乙所有。

民法典第六百三十条规定：标的物在交付之前产生的孳息，归出卖人所有；交付之后产生的孳息，归买受人所有。但是，当事人另有约定的除外。

由于甲、乙之间关于这只母鸡产下的鸡蛋的归属没有特别的安排，因此根据法条在乙交付母鸡之前，母鸡产下的鸡蛋作为孳息均归属于出卖人，即乙所有。

461. 小明在某电器城购买了一台液晶电视机，这台电视机还配有一个遥控器。电器城将电视机送货上门后，小明发现这台电视机不符合合同约定，因此要解除合同。解除合同后小明是否需要将遥控器退还电器城？

答：需要。

民法典第六百三十一条规定：因标的物的主物不符合约定而解除合同的，解除合同的效力及于从物。

所谓主物从物是指两个在物理上相互独立，但在经济用途上又相互关联，只有相结合使用才能发挥经济效益的两个物。其中发挥主要作用的是主物，起辅助作用的是从物。例如，电视机和遥控器，电视机是主物，遥控器是从物。从物随主物，因此，电视机因解除合同要返还时，遥控器也要一并返还。

462. 小李购买一对花瓶陈列在家中作为装饰，收到货后发现其中一只花瓶不符合合同约定，此时他能否就这两只花瓶均解除合同？

答：可以。

民法典第六百三十二条规定：标的物为数物，其中一物不符合约定的，买受人可以就该物解除。但是，该物与他物分离使标的物的价值显受损害的，买受人可以就数物解除合同。

由于成对的花瓶缺少一只就失去了陈列观赏的价值，因此若只就不符合合同约定的那一只花瓶解除合同，另一只花瓶的价值也严重降低，对买受人不公平，因此允许买方就两只花瓶均解除合同。

463. 甲向乙紧急订购了一台精密器械，由于该器械体积过大不便于运输，因此乙将分别生产各部分部件并分为10批次交付给甲。其中第五批次交付的部件尺寸不对，无法与其他各部件组装成一台完整的器械。请问，此时甲能否就这10批次标的物解除合同？

答：可以。

民法典第六百三十三条第三款规定：买受人如果就其中一批标的物解除，该批标的物与其他各批标的物相互依存的，可以就已经交付和未交付的各批标的物解除。

由于乙交付的第五批标的物不符合质量要求，而只有10批次标的物均符合约定质量才能组装成为一台器械，因此各批次标的物是相互依存的关系。故甲可以就这10批次标的物解除合同。

464. 分期付款购买商品，买受人未支付到期价款达到总价款的比例的多少时，出卖人有权请求买受人支付全部价款或者解除合同？

答：1/5。对于分期付款买卖，当买受人未支付到期价款的数额达到全部价款的1/5时，出卖人并不能立即请求买受人支付全部价款或者解除合同。

根据民法典第六百三十四条第一款的规定，出卖人应当先催告买受人支付到期价款，在合理期限内买受人仍不支付的方可要求其支付全部价款或行使合同解除权。

465.小张在商场看到一只作为样品陈列的碗非常精美,就向商家订购了100只。1周后,商家向小张交付了与样品一模一样的碗100只。其后,小张发现这种碗一遇热就会破裂,存在严重的质量问题。对此,小张能否要求商家承担瑕疵担保责任?

答:可以。

民法典第六百三十六条规定:凭样品买卖的买受人不知道样品有隐蔽瑕疵的,即使交付的标的物与样品相同,出卖人交付的标的物的质量仍然应当符合同种物的通常标准。

商场销售的这种碗就不符合一般碗的质量标准,因此即便其交付的碗与样品一致,也要承担瑕疵担保责任。

466.对于试用买卖,如果当事人没有约定标的物的试用期,经补充协议仍然未能确定的,也无法根据合同相关条款或者交易习惯确定的,应由出卖人还是买受人确定标的物的试用期呢?

答:应由出卖人确定标的物的试用期。

民法典第六百三十七条规定:试用买卖的当事人可以约定标的物的试用期限。对试用期限没有约定或者约定不明确,依据本法第五百一十条的规定仍不能确定的,由出卖人确定。

467.某公司给老客户寄送了新产品,并告知客户可以免费试用15天,客户试用后觉得满意再购买。试用期限届满后,有的客户既未向公司表示愿意购买该产品,也没有表示不愿意购买该产品。请问,公司能否请求这类客户支付价款呢?

答:可以。

民法典第六百三十八条第一款规定:试用买卖的买受人在试用期内可以购买标的物,也可以拒绝购买。试用期限届满,买受人对是否购买标的物未作表示的,视为购买。

据此,若客户没有明确表示拒绝该商品的均视为选择购买,因此,待试用期限届满后公司可以请求客户支付相应的价款。

468. 某公司给老客户邮寄新产品让客户免费试用1个月后再决定是否购买。一客户试用半个月后觉得该产品不合适就将其退还给公司了。此时该公司突然要求这名客户支付这半个月产品的使用费，客户需要支付吗？

答：不需要。

民法典第六百三十九条规定：试用买卖的当事人对标的物使用费没有约定或者约定不明确的，出卖人无权请求买受人支付。

该公司让该客户试用产品时双方没有约定使用费的问题，因此该客户并没有义务支付产品的使用费。

469. 商品在试用期内损坏，损失是由商家承担还是由消费者承担呢？

答：由商家承担。

民法典第六百四十条规定：标的物在试用期内毁损、灭失的风险由出卖人承担。

据此，商品在试用期内损坏的，消费者无需为此支付价款或赔偿商家的损失。商家作为出卖人自行承担商品毁损、灭失的风险。

470. 什么是所有权保留买卖？

答：民法典第六百四十一条第一款规定：当事人可以在买卖合同中约定买受人未履行支付价款或者其他义务的，标的物的所有权属于出卖人。

所有权保留事实上是一种通过延缓所有权转移的方式来担保出卖人债权获得清偿的担保方式。根据物权的公示原则，通常情况下对于动产而言，转移标的物的占有就意味着移转标的物的所有权，而所有权保留则是在一定程度上突破了这一原则。

471. 若甲、乙两人签订了一个所有权保留买卖合同，甲是买受人，乙是出卖人。在所有权转移之前，甲有哪些情形造成乙损害的，乙可以取回标的物？

答：依据民法典第六百四十二条规定，在下列情形下乙可以取回标的物：甲未按照约定支付价款，经催告后在合理期限内仍未支付的；甲未按照约定完成特定条件的；甲将标的物出卖、出质或者作出其他不当处分的。

第十章 供用电、水、气、热力合同

472. 某小区住户由于是失信被执行人，故供电公司拒绝为其居住的房屋供电。供电公司有权这样做吗？

答：供电公司无权这样做。

民法典第六百四十八条第二款规定：向社会公众供电的供电人，不得拒绝用电人合理的订立合同要求。

这一条规定了供电公司负有强制缔约的义务，即只要社会公众的用电需求是合理的，都应当为其供电，此时双方就订立了供用电合同。

473. 供电公司因临时检修线路而中断供电，但并未提前通知附近用户，导致某公司的生产因断电而中断并损失一批半成品。该公司能否要求供电公司承担赔偿责任？

答：可以。

民法典第六百五十二条规定：供电人因供电设施计划检修、临时检修、依法限电或者用电人违法用电等原因，需要中断供电时，应当按照国家有关规定事先通知用电人；未事先通知用电人中断供电，造成用电人损失的，应当承担赔偿责任。

因此，对于因供电公司临时断电且并未提前告知而导致的损失，可以请求供电公司予以赔偿。

474. 用电人逾期不支付电费和违约金，供电公司能否直接中止供电？

答：不能。

根据民法典第六百五十四条第一款中的规定，用电人逾期不支付电费的，应当按照约定支付违约金。

经催告，用电人在合理期限内仍不支付电费和违约金的，供电人可以按照国家规定的程序中止供电。供电人依据前款规定中止供电的，应当事先通知用电人。据此，即便用电人逾期不支付电费和违约金，供电公司仍应先完成催告和通知的程序后方能中止供电。

第十一章　赠与合同

475. 只要赠与人没有将赠与财产交付受赠人，都可以撤销赠与。该判断是否正确？

答：不正确。

尽管根据民法典第六百五十八条第一款的规定，原则上赠与人在赠与财产的权利转移之前都可以撤销赠与，但存在例外的情况。

民法典第六百五十八条第二款规定了几种例外情形，即经过公证的赠与合同或者依法不得撤销的具有救灾、扶贫、助残等公益、道德义务性质的赠与合同不能随意撤销。

476. 王某与李某签订了一份赠与合同并进行了公证，约定王某赠与李某一辆跑车。在交付之前，一次王某在驾驶该跑车时发生车祸导致该跑车严重损毁并报废，在该起交通事故中由于王某系超速驾驶故应负全责。此时李某能否请求王某承担赔偿责任？

答：可以。

根据民法典第六百六十条的规定，对于经过公证的赠与合同或者依法不得撤销的具有救灾、扶贫、助残等公益、道德义务性质的赠与合同，应当交付的赠与财产因赠与人故意或者重大过失致使毁损、灭失的，赠与人应当承担赔偿责任。

由于王某与李某的赠与合同经过了公证，并且跑车报废也是由于王某超速驾驶所致，超速驾驶构成重大过失，那么李某有权请求王某承担赔偿责任。

477. 小红明知自己饲养的鸡患有传染病，仍然送给了邻居5只，导致邻居鸡舍里的50只鸡全部染病死亡。小红对于邻居的损失是否应当承担赔偿责任？

答：小红应当承担赔偿责任。

根据民法典第六百六十二条的规定，原则上即便赠与的财产有瑕疵的，赠与人也不承担责任。但是若赠与人故意不告知瑕疵造成受赠人损失的，则应当承担赔偿责任。

小红故意隐瞒自己赠送的鸡有病的事实，造成了邻居的损失应当予以赔偿。

478. 当受赠人出现哪些情况时，赠与人可以撤销赠与？

答：严重侵害赠与人或者赠与人近亲属的合法权益，对赠与人有扶养义务而不履行，不履行赠与合同约定的义务。

民法典第六百六十三条规定的是法定撤销权，即不论赠与人是否履行合同，只要出现前述三种情形，赠与人均可撤销赠与合同。而赠与人的任意撤销权是指在赠与合同履行之前，赠与人原则上可以无条件撤销赠与。对于法定撤销权的行使，法律规定赠与人应在知道或应当知道撤销事由之日起一年内行使，若未在该时间内行使则撤销权消灭。

479. 小明与小方订立赠与合同，约定小明送给小方一套房屋，并且已经完成了过户手续。在此期间，小方因与小明发生争吵，一怒之下失手将小明推下楼梯致其死亡。请问，此时小明的儿子能否撤销对小方的赠与？

答：可以。

民法典第六百六十四条第一款规定：因受赠人的违法行为致使赠与人死亡或者丧失民事行为能力的，赠与人的继承人或者法定代理人可以撤销赠与。

因此作为小明的继承人，他的儿子有权撤销赠与，并且法律上规定了该撤销权的行使具有时间限制，应在小明的儿子知道或应当知道小方致使小明死亡之日起六个月内行使，否则该撤销权消灭。

480. 王某承诺赠与李某100万元并且经过了公证，在王某给付前，王某因经营不善破产，此时王某能否不再履行赠与义务呢？

答：可以。

民法典第六百六十六条规定：赠与人的经济状况显著恶化，严重影响其生产经营或者家庭生活的，可以不再履行赠与义务。

由于王某的经济状况显著恶化，已经影响了他的生产经营，因此可以不再履行赠与李某100万元的义务。

第十二章　借款合同

481. 甲向乙借款100万元，按照年利率10%计算利息，约定借款期限是5年。乙在出借时预先扣除了50万元利息，将50万元转到了甲的银行账户上。在这种情况下，乙出借的利息到底是50万元本金还是100万元本金？

答：是50万元。

民法典第六百七十条规定：借款的利息不得预先在本金中扣除。利息预先在本金中扣除的，应当按照实际借款数额返还借款并计算利息。

据此，由于乙实际借贷给甲的本金只有50万元，就应当按照50万元本金、年利率10%、借款期限5年来计算利息。

482. 小红向小明借款1万元，分10个月每月1000元连续发放。小红借款时向小明保证该笔款项将用于自己报名参加吉他培训班。小明向小红提供借款的第4个月发现，小红并未将这笔钱用于参加吉他培训班，而是用于给网络游戏充值。此时小明可以采取哪些措施？

答：此时小明可以选择停止发放剩余6个月的借款、提前收回借款或者解除合同。

民法典第六百七十三条规定：借款人未按照约定的借款用途使用借款的，贷款人可以停止发放借款、提前收回借款或者解除合同。

据此，鉴于小红未将借款用于学习吉他而是给网络游戏充值，属于未按照约定的借款用途使用借款。因此，小明可以停止发放借款、提前收回借款或者解除合同。

483. 借款合同的当事人没有约定支付利息的期限的，应该如何确定支付利息的期限呢？

答：双方当事人应当先协议补充确定支付利息的期限，如不能达成补充协议的，按照合同的有关条款和交易习惯确定；如还不能确定的，借款期间不满一年的，应当在返还借款时一并支付；借款期间一年以上的，应当在每届满一年时支付，剩余期间不满一年的，应当在返还借款时一并支付。

484. 甲向乙借款100万元，按照年利率10%计算利息，借款期限为5年。但第三年的时候甲就还清了全部本金并按期支付了前三年的利息。甲是否还需要支付剩余两年的利息呢？

答：不需要。

民法典第六百七十七条规定：借款人提前返还借款的，除当事人另有约定外，应当按照实际借款的期间计算利息。

由于甲、乙之间并无特别的约定，因此，甲提前两年返还了借款就只能按照甲实际借款的期间——3年计算利息，而不能按照5年来计算利息。

485. 甲、乙两人订立借款合同，约定甲自2020年8月1日起出借人民币100万元给乙，年利率5%，借款期限为10年。双方于2020年8月1日在借款合同上签字。但实际上甲直至2020年12月1日才将100万元的借款转至乙的银行账户上。该种情况下应从哪一天起计算利息呢？

答：应从2020年12月1日起计算利息。

民法典第六百七十九条规定：自然人之间的借款合同，自贷款人提供借款时成立。

因此，无论是甲、乙签订借款合同当日还是合同中约定的2020年8月1日，合同均未成立。直到甲将100万元借款实际提供给乙时，借款合同方成立，才能开始计算利息。

486. 甲、乙签订借款合同，约定甲出借1万元给乙，借款期限为半年。但合同中没有约定借款的利率。这种情况下乙是否需要向甲支付借款利息呢？

答：不用。

民法典第六百八十条第二款规定：借款合同对支付利息没有约定的，视为没有利息。

据此，鉴于甲、乙没有约定利息视为无息借贷。

第十三章 保证合同

487.甲、乙签订了借款合同，约定甲借款1000万元给乙。丙为乙的这笔借款提供担保，与甲签订了保证合同，约定在乙不履行还款义务时向甲返还借款。后甲、乙之间的借款合同无效，那么甲、丙之间的保证合同效力如何？

答：甲、丙之间的保证合同无效。

民法典第六百八十二条第一款规定：保证合同是主债权债务合同的从合同。主债权债务合同无效的，保证合同无效，但是法律另有规定的除外。

由于甲丙间的保证合同是甲、乙间的借款合同的从合同，因此借款合同无效，保证合同也随之无效。

488.张某为王某的一笔借款提供保证，与出借人李某订立了保证合同，但合同中并未就保证方式作出约定。那么，张某应当按照何种保证方式承担保证责任？

答：张某应当按照一般保证来承担保证责任。

民法典第六百八十六条第二款规定：当事人在保证合同中对保证方式没有约定或者约定不明确的，按照一般保证承担保证责任。

所谓一般保证，就是在债务人不能履行债务时才由保证人承担保证责任的保证方式。相较于连带保证，一般保证中保证人的责任更轻。

489.甲、乙订立了一般保证合同，为甲、丙之间的借款合同提供担保。借款到期后，甲能否直接让乙承担保证责任，而不先要求丙返还借款？

答：不能。

根据民法典第六百八十七条第二款规定，一般保证的保证人在主合同纠纷未经审判或者仲裁，并就债务人财产依法强制执行仍不能履行债务前，有权拒绝向债权人承担保证责任。此种情况下丙行使的是作为一般保证人的先诉抗辩权。但当债务人下落不明，且无财产可供执行、人民法院已经受理债务人破产案件、债权人有证据证明债务人的财产不足以履行全部债务或者丧失履行债务能力以及保证人书面表示放弃先诉抗辩权的情况下，一般保证人不得再行使该权利。

因此，甲必须先要求丙履行还款义务，若丙不履行并且经强制执行仍不履行时，甲方能请求乙承担保证责任。

490.甲、乙订立保证合同，为甲、丙之间的借款合同提供担保。保证合同中约定保证方式为连带保证。借款到期后，甲能否直接要求乙承担保证责任，而不先要求丙返还借款？

答：可以。

民法典第六百八十八条第二款规定：连带责任保证的债务人不履行到期债务或者发生当事人约定的情形时，债权人可以请求债务人履行债务，也可以请求保证人在其保证范围内承担保证责任。

当保证方式为连带保证时，债权人无需先请求债务人履行债务，而可以选择直接要求保证人承担保证责任。因此，连带保证对于债权人而言更为有利。

491.什么是最高额保证合同？

答：是指保证人和债权人签订一个总的保证合同，为一定期限内连续发生的借款合同或同种类其他债权提供保证，只要债权人和债务人在保证合同约定的期限和债权额限度内进行交易，保证人则依法承担保证责任的保证合同。最高额保证虽具有从债性质，但与所担保的债权之间仍存在一定独立性。

一是债务发生时，保证人非即刻承担责任，保证人并不因债权的实时发生而被要求即时承担保证责任，承担保证责任前，也必须经过"决算"。

二是最高额保证的发生，并不直接从属于主债权的发生，且不以主债权存在为前提。

三是最高额保证并不因所担保的债权的产生、消灭而直接受影响，即使在某一时间节点上债权余额为零，最高额保证也不会因此消灭。最高额保证所担保的债权并非指向特定的某一个债权或交易合同。

492.保证的范围包括哪些？

答：民法典第六百九十一条规定：保证的范围包括主债权及其利息、违约金、损害赔偿金和实现债权的费用。当事人另有约定的，按照其约定。

因此，若债务人因违约而需要向债权人支付违约金或进行损害赔偿时，保证人对此仍然负有保证责任。

493. 甲、乙之间订立保证合同为丙向甲的借款进行担保。甲、丙的借款合同中约定借款期限为2020年1月1日至2020年12月31日，甲、乙的保证合同中约定保证期间为2020年1月1日至2020年6月30日。请问，甲、乙的保证合同中关于保证期间的约定效力如何？

答：甲、乙之间关于保证期间的约定无效，视为没有约定。

民法典第六百九十二条第二款规定：债权人与保证人可以约定保证期间，但是约定的保证期间早于主债务履行期限或者与主债务履行期限同时届满的，视为没有约定；没有约定或者约定不明确的，保证期间为主债务履行期限届满之日起六个月。

鉴于甲、乙约定的保证期间比甲丙的借款期限更短，故视为没有约定，而由法律加以规定其保证期间为借款合同履行期限届满之日起六个月。

494. 一般保证的债权人未在保证期间对债务人提起诉讼或者申请仲裁的，保证人是否还需要承担保证责任？

答：不需要。

民法典第六百九十三条第一款规定：一般保证的债权人未在保证期间对债务人提起诉讼或者申请仲裁的，保证人不再承担保证责任。

495. 连带责任保证的债权人未在保证期间对债务人提起诉讼或者申请仲裁的，是否影响保证人保证责任的承担？

答：不影响。

民法典第六百九十三条第二款规定：连带责任保证的债权人未在保证期间请求保证人承担保证责任的，保证人不再承担保证责任。

据此对于连带责任保证，债权人是否在保证期间对债务人提起诉讼或者申请仲裁并不影响保证人承担保证责任。唯有债权人未在保证期间内请求保证人承担保证责任，保证人的保证责任才消灭。

496. 甲为乙向丙借的100万元借款提供担保。其后乙丙在未告知甲的情况下将借款金额提高至150万元。此时甲应对多少万元的债务承担保证责任？

答：甲只需对原100万元的债务承担保证责任。

民法典第六百九十五条第一款中规定：债权人和债务人未经保证人书面同意，协商变更主债权债务合同内容，加重债务的，保证人对加重的部分不承担保证责任。

由于甲并未书面同意为乙新增加的50万元借款提供担保，因此其不对这部分承担担保责任。

497.甲为乙向丙的借款提供担保。乙、丙的借款合同约定的借款期限是2020年1月1日至2020年6月30日，甲、丙之间的保证合同的保证期间是借款合同履行期限届满之日起6个月。后乙、丙在未告知甲的情况下将借款期限延长了1年，此时甲的保证期间如何计算？

答：甲的保证期间不受影响，仍为原借款合同中约定的履行期限届满之日起6个月，并不因借款期限的延长而延长。

民法典第六百九十五条第二款规定：债权人和债务人变更主债权债务合同的履行期限，未经保证人书面同意的，保证期间不受影响。

由于甲未书面同意借款期限的延长，因此其保证期间不受影响。

498.债权人转让债权，未通知保证人的，该转让对保证人效力如何？

答：根据民法典第六百九十六条的规定，该转让对保证人不发生效力。转让对保证人不发生效力不意味着保证人不再承担保证责任，而是指保证人不对债权受让人承担保证责任，仍然对原债权人承担保证责任。

499.债权人未经保证人书面同意，允许债务人转移全部债务的，该债务转移对保证人效力如何？

答：保证人对全部债务均不再承担保证责任。

民法典第六百九十七条第一款规定：债权人未经保证人书面同意，允许债务人转移全部或者部分债务，保证人对未经其同意转移的债务不再承担保证责任，但是债权人和保证人另有约定的除外。

由于保证人是基于对原债务人的信赖而为其所负债务提供的保证，在未经保证人书面同意的情况下，债务人的变更存在极大增加保证人承担保证责任的风险，因此此时法律免除保证人的保证责任。

500.第三人加入债务与原债务人共同承担债务的，对保证人承担保证责任效力如何？

答：不影响保证人的保证责任承担。

民法典第六百九十七条第二款规定：第三人加入债务的，保证人的保证责任不受影响。

究其原因，第三人加入债务实际上是增加了债务人债务履行的可能性，从而降低了需由保证人承担保证责任的风险，对保证人的利益并无不利影响。因此，第三人加入债务不影响保证人的保证责任。

501.甲向乙借款1000万元，丙为甲提供保证，保证方式为一般保证。甲的还款期限届满后，甲一直未履行债务。丙向乙提供了甲的一套房产的信息，但乙未及时向法院起诉查封甲的该套房产，导致甲的这套房产被其他债权人查封。甲的这套房产价值500万元。对此丙能否主张对这500万元不再承担保证责任？

答：可以。

民法典第六百九十八条规定：一般保证的保证人在主债务履行期限届满后，向债权人提供债务人可供执行财产的真实情况，债权人放弃或者怠于行使权利致使该财产不能被执行的，保证人在其提供可供执行财产的价值范围内不再承担保证责任。

由于丙给乙提供了甲的财产情况，但是由于乙自己怠于行使债权才导致该财产不能被执行，因此丙在此范围内不再承担保证责任。这一规定也旨在促使债权人积极行使权利。

502.甲向乙借款100万元，丙和丁为甲的借款提供保证担保，但丙和丁未约定保证份额。那么当甲的债务到期后并且甲不履行债务时，乙可以请求哪一位保证人承担保证责任？

答：丙、丁均可。

民法典第六百九十九条规定：同一债务有两个以上保证人的，保证人应当按照保证合同约定的保证份额，承担保证责任；没有约定保证份额的，债权人可以请求任何一个保证人在其保证范围内承担保证责任。

由于丙和丁没有约定保证份额，因此乙可以向任何一个保证人请求其承担保证责任。

503.债务人对债权人享有一项抗辩权，当债权人向债务人主张债权时，债务人放弃抗辩。若其后债权人向保证人主张请求其承担保证责任，保证人是否还有权向债权人主张债务人对债权人的抗辩？

答：可以。

民法典第七百零一条规定：保证人可以主张债务人对债权人的抗辩。债务人放弃抗辩的，保证人仍有权向债权人主张抗辩。

因此债务人放弃抗辩并不影响保证人援用债务人的抗辩。

504.甲欠乙100万元，丙为甲提供保证担保，乙欠甲50万元，两笔借款同时到期。其后由于甲不履行还款义务，乙请求丙对甲100万元的借款承担担保责任。丙能否以甲、乙债务可抵销为由，只对50万元承担担保责任？

答：可以。

民法典第七百零二条规定：债务人对债权人享有抵销权或者撤销权的，保证人可以在相应范围内拒绝承担保证责任。

由于甲、乙互负债务，可以抵销50万元的债务，因此在该范围内，保证人丙免于承担保证责任。

第十四章　租赁合同

505.小明租赁小芳的房屋，双方签订租赁合同，约定租赁期限为50年。请问，合同中关于租赁期限的约定效力如何？

答：租赁期限超过20年的部分约定无效。

民法典第七百零五条第一款规定：租赁期限不得超过二十年。超过二十年的，超过部分无效。

据此，小明与小芳的租赁合同约定的租赁期限只有20年是有效的。20年的租赁期限届满后，小明可以与小芳续订租赁合同，但是续租的租赁期限也不得超过20年。

506.有关部门要求租赁合同进行备案登记，小明与小芳订立租赁合同后办理登记备案手续，这对租赁合同的效力影响如何？

答：不影响租赁合同的效力。

民法典第七百零六条规定：当事人未依照法律、行政法规规定办理租赁合同登记备案手续的，不影响合同的效力。

合同原则上自成立时生效，除法律有特别规定须批准生效的除外。租赁合同不属于前述具备特殊生效要件的合同，法律、行政法规规定的登记备案手续是出于行政管理之便，不影响租赁合同民法上的效力。

507.租赁期限多久以上的，应当采用书面形式订立租赁合同？

答：租赁期限6个月以上的，应当采用书面形式。当事人未采用书面形式，无法确定租赁期限的，视为不定期租赁。对于不定期租赁，除非出租人与承租人有特别约定，否则双方均可随时解除合同。

508.租赁合同中没有约定租赁物的使用方法的，应当如何确定租赁物的使用方法？

答：应当先由承租人和出租人协议补充确定，如果不能达成补充协议的，应按照合同相关条款或交易习惯确定使用方法；如还不能确定的，应当根据租赁物的性质加以使用。

509.承租人按照租赁合同中约定的方式或者租赁物的性质使用租赁物，致使租赁物受到损耗的，是否需要向出租人承担赔偿责任？

答：不用。如果承租人按照约定的方法或者租赁物的性质正常使用租赁物，租赁物因使用受到损耗是一种合理的情况，因为任何物品随着使用，其价值都会逐渐变小，只要使用就会有一定的磨损和损耗。

例如，彩电的显像管的寿命是1万个小时，就意味着只要一开电视，随着时间的运行，彩电的显像管的寿命就会逐渐缩短，直到全部丧失。出租人在出租他的物品时，应当知道其正常损耗的情况，在合同中订立了使用方法，就意味着出租人认可了这种正常的损耗，并且实际上出租人已把这种折旧的价值打入了租金中。

510.甲承租乙的仓库，租赁合同中约定甲承租仓库用于存放服装，但实际上甲在仓库中存放的是易燃易爆危险化学物品。租赁期间，仓库因化学品爆炸发生严重损毁，此时乙可以采取哪些措施？

答：乙可以解除租赁合同并请求甲赔偿自己所受的损失。

民法典第七百一十一条规定：承租人未按照约定的方法或者未根据租赁物的性质使用租赁物，致使租赁物受到损失的，出租人可以解除合同并请求赔偿损失。

甲未按照约定的用途使用仓库导致仓库发生爆炸，乙有权解除合同并请求甲赔偿损失。

511. 小明承租小红的房屋时双方未约定房屋的维修义务应由哪一方来承担。在租赁期间，房屋出现漏水的情况，此时是由小明还是小红对房屋进行修缮？

答：应由小红来维修房屋。

民法典第七百一十二条规定：出租人应当履行租赁物的维修义务，但是当事人另有约定的除外。

据此，小红作为房东应当承担房屋的维修义务。

512. 承租人在租赁物需要维修时请求出租人进行维修，但出租人未履行维修义务的，承租人自行维修后，维修费用由承租人自行承担还是由出租人承担？

答：由出租人承担。

民法典第七百一十三条第一款规定：承租人在租赁物需要维修时可以请求出租人在合理期限内维修。出租人未履行维修义务的，承租人可以自行维修，维修费用由出租人负担。因维修租赁物影响承租人使用的，应当相应减少租金或者延长租期。

因承租人的过错致使租赁物需要维修的，出租人不承担维修义务，自然也就无需负担维修费用。

513. 小红向小方租赁了一件晚礼服，用于参加公司年会。但是在年会上有一盆菜不慎洒到了这件晚礼服上。小红是否要向小方承担赔偿责任？

答：需要。

民法典第七百一十四条规定：承租人应当妥善保管租赁物，因保管不善造成租赁物毁损、灭失的，应当承担赔偿责任。

由于这件晚礼服小红保管不善，导致被弄脏并且无法再使用，即为毁损，那么小红自然需要为此向小方承担赔偿责任。

514. 承租人未经出租人同意，对租赁物进行改善或者增设他物的，出租人如何维护自己的合法权益？

答：出租人可以请求承租人恢复原状或者赔偿损失。所谓增设他物，也叫添附，是指在原有的租赁物上添加另外的物，如在汽车上安装音响设备、在房屋里安装空调等。承租人未经出租人同意对租赁物进行改善、增设他物的，承租人不但不能要求出租人返还所支付的费用，反过来出租人可以要求承租人恢复原状或者赔偿损失。

515. 甲经房东同意将房屋转租给乙，在乙租住期间房屋的墙壁被乙破坏，那么应由甲还是乙赔偿房东的损失？

答：应由甲赔偿房东的损失。

民法典第七百一十六条第一款规定：承租人经出租人同意，可以将租赁物转租给第三人。承租人转租的，承租人与出租人之间的租赁合同继续有效；第三人造成租赁物损失的，承租人应当赔偿损失。

516. 甲从房东处租赁一公寓，租赁期限为2020年1月1日至2020年12月30日。后经房东同意，甲将该公寓转租给乙。甲、乙约定的租赁期限自2020年6月30日至2021年6月30日。2020年12月31日至2021年6月30日的转租期限对于房东效力如何？

答：该转租期限对房东不具有法律约束力。

民法典第七百一十七条规定：承租人经出租人同意将租赁物转租给第三人，转租期限超过承租人剩余租赁期限的，超过部分的约定对出租人不具有法律约束力，但是出租人与承租人另有约定的除外。

由于甲、乙约定的转租期限超过了甲剩余的租赁期限，因此超出的部分对房东不具有法律约束力。究其原因在于合同具有相对性，房东并非甲、乙的转租合同的当事人，因此转租合同对其不具约束力。

517. 甲承租乙的房屋后，没有事先告知乙就将房屋转租给了丙。但甲将房屋转租后不久乙就知道了转租的事实并没有表示异议。1年后，乙能否以甲未经其同意私自转租房屋为由要求解除租赁合同？

答：不能。

民法典第七百一十八条规定：出租人知道或者应当知道承租人转租，但是在六个月内未提出异议的，视为出租人同意转租。

518. 承租人拖欠租金，次承租人能否代其支付其欠付的租金和违约金？次承租人代为支付的租金和违约金能否充抵次承租人应当向承租人支付的租金呢？

答：根据民法典第七百一十九条的规定，承租人拖欠租金的，次承租人可以代承租人支付其欠付的租金和违约金。次承租人代为支付的租金和违约金，可以充抵次承租人应当向承租人支付的租金；超出其应付的租金数额的，可以向承租人追偿。

519.承租人与出租人对租金支付的期限没有约定的,应当如何确定租金的支付期限呢?

答:承租人与出租人应当首先进行协议补充,如不能达成补充协议的,应当按照合同相关条款或交易习惯确定;如仍不能确定的,租赁期限不满1年的,应当在租赁期限届满时支付;租赁期限1年以上的,应当在每届满1年时支付,剩余期限不满1年的,应当在租赁期限届满时支付。

520.承租人无正当理由迟延支付租金,出租人能否直接解除合同?

答:可以。

民法典第七百二十二条规定:承租人无正当理由未支付或者迟延支付租金的,出租人可以请求承租人在合理期限内支付;承租人逾期不支付的,出租人可以解除合同。

因此,当承租人无正当理由未支付或者迟延支付租金时,出租人首先应当请求其在合理期限内进行支付。只有在这个期限过后承租人仍未支付,出租人才能解除合同。

521.因第三人主张权利,致使承租人不能对租赁物使用、收益的,承租人可以采取怎样的措施?

答:承租人可以请求减少租金或者不支付租金。第三人主张权利的,承租人应当及时通知出租人。如第三人主张实现房屋的抵押权,使承租人无法继续租住,这时的责任应由出租人承担,承租人可以要求减少租金或者不支付租金,给承租人造成损失的,应当给予赔偿。在第三人主张权利时,承租人应当及时通知出租人,因承租人怠于通知致使出租人能够补救而未能补救的,出租人对承租人的损失不承担赔偿责任。

522.房东在租客承租房屋期间将房屋出卖给他人,承租人与原房东的租赁合同是否还继续有效?

答:承租人与原房东的租赁合同继续有效,承租人可以继续租住在房屋中。

民法典第七百二十五条规定:租赁物在承租人按照租赁合同占有期限内发生所有权变动的,不影响租赁合同的效力。

据此,即便房屋所有人在房屋出租期间将房屋出卖亦不会使原租赁合同失去效力,房屋的买受人要继受原租赁合同的效力。该法条的规定也被称作"买卖不破租赁"原则,旨在保护承租人的合法权益。

523. 甲承租了乙的房屋，后乙将该房屋出卖给其亲弟弟，且未事先通知甲。在这种情况下，甲作为承租人的优先购买权是否被侵犯？

答：没有。

民法典第七百二十六条第一款规定：出租人出卖租赁房屋的，应当在出卖之前的合理期限内通知承租人，承租人享有以同等条件优先购买的权利；但是，房屋按份共有人行使优先购买权或者出租人将房屋出卖给近亲属的除外。

据此，原则上当出租人出卖租赁房屋时承租人享有优先购买权，只有两种情况承租人的优先购买权受到限制，一是房屋的按份共有人的优购权优先，二是出租人将房屋出卖给近亲属。

524. 出租人出卖出租房屋，并在出卖前的合理期限内通知了承租人，询问承租人是否行使优先购买权。出租人履行通知义务后，承租人在多少日内未明确表示购买的，能否视为放弃优先购买权？

答：民法典第七百二十六条第二款规定：出租人履行通知义务后，承租人在十五日内未明确表示购买的，视为承租人放弃优先购买权。

故承租人应在出租人通知后的十五日内明确表示购买出租房屋，否则视为不行使优先购买权。

525. 出租人出卖出租房屋未事先通知承租人，那么出租人与房屋的买受人订立的房屋买卖合同的效力如何？

答：出租人与第三人订立的房屋买卖合同的效力不受影响。

民法典第七百二十八条规定：出租人未通知承租人或者有其他妨害承租人行使优先购买权情形的，承租人可以请求出租人承担赔偿责任。但是，出租人与第三人订立的房屋买卖合同的效力不受影响。

据此，当承租人的优先购买权受到侵害时，可以请求出租人赔偿损失，但这并不影响出租人与第三人间的买卖合同的效力。

526. 甲承租的乙的房屋因洪水被冲毁，此时甲能否解除与乙的租赁合同？

答：这种情况下甲可以解除与乙的租赁合同。

民法典第七百二十九条规定：因不可归责于承租人的事由，致使租赁物部分或者全部毁损、灭失的，承租人可以请求减少租金或者不支付租金；因租赁物部分或者全部毁损、灭失，致使不能实现合同目的的，承租人可以解除合同。

据此，租赁房屋是因为自然灾害毁损的，不可归责于承租人，并且由于房屋损毁不能使用，租赁合同的目的显然已不能实现，故此时甲享有合同解除权。

527.甲租赁乙的汽车时明知该汽车质量不合格，但在使用中发现该汽车刹车失灵，驾驶该汽车时会危及甲的安全，此时甲是否可以解除合同？

答：可以。

民法典第七百三十一条规定：租赁物危及承租人的安全或者健康的，即使承租人订立合同时明知该租赁物质量不合格，承租人仍然可以随时解除合同。

据此，即便甲明知乙的汽车存在质量问题，但在发现该汽车危及自身的安全时仍可随时解除租赁合同。

528.甲与乙订立房屋租赁合同后，甲及其配偶两人实际租住在该房屋中。在租赁期间甲不幸因病去世，此时甲的配偶能否继续租赁该房屋？

答：可以。

民法典第七百三十二条规定：承租人在房屋租赁期限内死亡的，与其生前共同居住的人或者共同经营人可以按照原租赁合同租赁该房屋。

这一条规定旨在保护承租人的共同居住人及共同经营人。

529.租赁期限届满后，承租人继续使用租赁物，出租人未提出异议的，原租赁合同的效力如何？

答：原租赁合同继续有效，但租赁期限为不定期，当事人可以随时解除租赁合同。

民法典第七百三十四条第一款规定：租赁期限届满，承租人继续使用租赁物，出租人没有提出异议的，原租赁合同继续有效，但是租赁期限为不定期。

不定期租赁的特点是当事人可以随时解除合同，但应当在合理期限之前通知对方。

530.承租人租赁的房屋合同到期后，房东发布房屋出租公告，并有其他房客前来看房。若此时原承租人仍想续租，房东能否将房屋租给其他房客？

答：在相同的条件下，若原承租人仍想续租，房东应将房屋继续出租给原承租人。

民法典第七百三十四条第二款规定：租赁期限届满，房屋承租人享有以同等条件优先承租的权利。

据此，原承租人享有优先承租权。若在原承租人愿意按照相同条件继续租赁房屋的情况下，房东将房屋出租给他人就侵害了原承租人的合法权益。

第十五章　融资租赁合同

531.什么是融资租赁合同？

答：民法典第七百三十五条规定：融资租赁合同是出租人根据承租人对出卖人、租赁物的选择，向出卖人购买租赁物，提供给承租人使用，承租人支付租金的合同。

该法条的规定与合同法第二百三十七条完全一致。本法条虽删除了《融资租赁合同解释》第二条（即"最高人民法院关于审理融资租赁合同纠纷案件适用法律问题的解释"）及民法典（草案）中关于"售后回租"的内容，但并未禁止"承租人和出卖人为同一主体"的情形。民法典的立法目的并非排除"售后回租"的合同类型，而只是从立法技术角度删去了不必要的表述，并不会实际动摇"售后回租"在融资租赁业务中的地位。

532.承租人何时享有赔偿请求权？

答：民法典第七百四十八条规定：出租人应当保证承租人对租赁物的占有和使用。

出租人有下列情形之一的，承租人有权请求其赔偿损失：

（一）无正当理由收回租赁物；

（二）无正当理由妨碍、干扰承租人对租赁物的占有和使用；

（三）因出租人的原因致使第三人对租赁物主张权利；

（四）不当影响承租人对租赁物占有和使用的其他情形。

533.承租人在何种情形下可以拒绝受领租赁物？

答：民法典第七百四十条规定：出卖人违反向承租人交付标的物的义务，有下列情形之一的，承租人可以拒绝受领出卖人向其交付的标的物。

（一）标的物严重不符合约定；

（二）未按照约定交付标的物，经承租人或者出租人催告后在合理期限内仍未交付。

承租人拒绝受领标的物的,应当及时通知出租人。

本法条吸收了《融资租赁合同解释》第五条的内容,并在原有规范上进行了修订。

534.出租人未取得特定行业从业资格证是否会影响租赁合同?

答:民法典第七百三十八条规定:依照法律、行政法规的规定,对于租赁物的经营使用应当取得行政许可的,出租人未取得行政许可不影响融资租赁合同的效力。

本法条吸收了《融资租赁合同解释》第三条的内容,规定得更为明确。根据该法条的规定,出租人的经营范围是否包含融资租赁业务以及出租人是否取得特定行业的融资租赁业务资格,均不影响融资租赁合同的效力。

535.承租人对出卖人索赔失败后,可以要求出租人承担责任吗?

答:根据民法典第七百四十三条的规定,出租人有下列情形之一的,承租人有权请求出租人承担相应的责任:

(一)明知租赁物有质量瑕疵而不告知承租人;

(二)承租人行使索赔权利时,未及时提供必要协助。

出租人怠于行使只能由其对出卖人行使的索赔权利,造成承租人损失的,承租人有权请求出租人承担赔偿责任。

本法条吸收了《融资租赁合同解释》第十八条的内容,并将第十八条第三项和第四项内容合并表述,立法语言更为精练,同时承租人仅需举证存在(一)、(二)项情形即可,而无需证明其有实际损失。

536.租赁物登记对抗效力是指什么?

答:民法典第七百四十五条规定:出租人对租赁物享有的所有权,未经登记,不得对抗善意第三人。

在合同法第二百四十二条规定的基础上,民法典第七百四十五条增加了"未经登记,不得对抗善意第三人",删除了"承租人破产的,租赁物不属于破产财产"。这一变化有两方面意义。

一是对租赁物重新定义,强调以登记公示作为对抗善意第三人的要件,隐约看到担保物权规则的"身影"。

二是承租人破产时,租赁物不再按合同法第二百四十二条规定,从承租人破产财产中排除,被赋予了类似担保物权的属性。

537.融资租赁制度对承租人的利处有哪些？

答：根据民法典合同编对融资租赁合同的规定和立法目的分析，融资租赁制度对承租人的利处有以下几点。

一是避免一次性支付大额费用，减轻资金负担。如果企业自己购买设备，则需要在购买时集中支付大额资金，采用融资租赁则可以避免这种集中的大额支付。

二是分期付款，融资租赁在实质上是一种分期付款，设备成本和当期收益可以匹配。

三是按期（月、季度、半年）付款，便于费用预算。

538.承租人对租赁物占有期间的毁损、灭失是否一律承担责任？

答：民法典第七百五十一条规定：承租人占有租赁物期间，租赁物毁损、灭失的，出租人有权请求承租人继续支付租金，但是法律另有规定或者当事人另有约定的除外。

本法条在《融资租赁合同解释》第七条内容的基础上，将现行规范中"租赁物毁损、灭失的风险由承租人承担"中的"风险由承租人承担"予以删除，进一步明确出租人在丧失租赁物所有权之时享有的是租金支付请求权而非损失赔偿请求权，在功能上将出租人的所有权转为类似抵押物的担保权益。

539.承租人拒付租金的后果是什么？

答：民法典第七百五十二条规定：承租人应当按照约定支付租金。承租人经催告后在合理期限内仍不支付租金的，出租人可以请求支付全部租金；也可以解除合同，收回租赁物。

本法条沿用了合同法第二百四十八条的规定，明确了承租人拒付租金的后果，即出租人有两个路径选择：既可选择解除合同、收回租赁物，也可选择要求承租人立即支付全部未付租金，使承租人丧失期限利益。

540.出租人的解除权有哪些变化？

答：民法典第七百五十三条规定：承租人未经出租人同意，将租赁物转让、抵押、质押、投资入股或者以其他方式处分的，出租人可以解除融资租赁合同。

本法条在吸收《融资租赁合同解释》第十二条内容的基础上，对现行规范进行大幅度修改，仅保留了承租人擅自"将租赁物转让、抵押、质押、投资入股或以其他方式处分"的法定解约情形，删去其他解约情形，原因在于民法典第七百五十二条已有规定，从法典编纂体系化的角度考虑，已无必要重复规定解约事由。

541. 融资租赁合同中双方均可解除合同的情形有哪些？

答：民法典第七百五十四条规定：有下列情形之一的，出租人或者承租人可以解除融资租赁合同：

（一）出租人与出卖人订立的买卖合同解除、被确认无效或者被撤销，且未能重新订立买卖合同；

（二）租赁物因不可归责于当事人的原因毁损、灭失，且不能修复或者确定替代物；

（三）因出卖人的原因致使融资租赁合同的目的不能实现。

本法条吸收了《融资租赁合同解释》第十一条的内容，即明确租赁双方的法定解约事由。

542. 承租人支付象征性留购价款的法律意义和后果是什么？

答：民法典第七百五十九条规定：当事人约定租赁期限届满，承租人仅需向出租人支付象征性价款的，视为约定的租金义务履行完毕后租赁物的所有权归承租人。

本法条为新增条款，规定从法律层面明确承租人支付象征性留购价款的法律意义和后果，体现了法律对实践中当事人交易习惯的认可。

第十六章　保理合同

543. 什么是保理合同？

答：民法典第七百六十一条规定：保理合同是应收账款债权人将现有的或者将有的应收账款转让给保理人，保理人提供资金融通、应收账款管理或者催收、应收账款债务人付款担保等服务的合同。

通俗一点说，保理即为供货商以融资为目的，银行购买应收账款后，对应收账款进行管理，包括办理账款、催收（收取与催讨）、信用调查、短期资金的融通、账务管理及咨询等服务。

544.什么是应收账款?

答:根据民法典保理合同的规定,保理合同的本质是应收账款债权让与,根据中国人民银行《应收账款质押登记办法》(2020年1月1日起施行)第二条规定:应收账款是指权利人因提供一定的货物、服务或设施而取得的要求义务人付款的权利以及依法享有的其他付款请求权,包括现有的和未来的金钱债权,但不包括因票据或其他有价证券而产生的付款请求权,以及法律、行政法规禁止转让的付款请求权。

545.哪些应收账款因被禁止转让而不能被保理?

答:根据民法典保理合同的规定,至少有以下几种:

(一)违反国家法律法规,无权经营而导致无效的债权;

(二)正在发生纠纷的债权;

(三)约定销售不成即可退货而形成的债权;

(四)保证金类的应收账款;

(五)可能发生抵销的债权;

(六)已经转让或设定担保的债权;

(七)被第三方主张代位权的债权;

(八)法律法规规定不得转让的债权;

(九)当事人约定不得转让的债权(当事人变更约定同意转让的除外);

(十)被采取法律强制措施的债权;

(十一)可能存在其他权利瑕疵的债权。

546.保理人的义务有哪些?

答:根据民法典第七百六十一条的规定,保理人可以承担多种职责,主要包括:提供资金融通、应收账款管理或者催收、应收账款债务人付款担保等。

547.什么是应收账款管理或者催收?什么是应收账款债务人付款担保?

答:应收账款管理是指保理人可以根据债权人的要求,定期或不定期向其提供关于应收账款的回收情况、逾期账款情况、对账单等各种财务和统计报表,协助其进行应收账款管理。应收账款催收是指保理人根据应收账款账期,主动或应债权人的要求,采取电话、函件、上门等方式或运用法律手段等对债务人进行催收。应收账款债务人付款担保是指保理人与债权人签订保理协议后,为债务人核定信用额度,并在核准额度内对债权人无商业纠纷的应收账款提供约定的付款保障。

548.债权人与债务人虚构应收账款的，为什么不得对抗保理人？

答：民法典第七百六十三条规定：应收账款债权人与债务人虚构应收账款作为转让标的，与保理人订立保理合同的，应收账款债务人不得以应收账款不存在为由对抗保理人，但是保理人明知虚构的除外。

保理的客体是应收账款债权，因债权缺乏公示性，实践中存在虚构债务的问题，导致保理人受让的债权不存在，权利难以救济。因此，该条的意义在于保理人可以对债务人行使"债权"，债务人无权拒绝，除非保理人明知虚构债务，债务人可以抗辩。

549.保理合同中的明保理与暗保理是什么意思？

答：根据民法典第七百六十四条和第七百六十五条的规定，保理人向应收账款债务人发出应收账款转让通知的，应当表明保理人身份并附有必要凭证。保理依是否向债务人发出应收账款债权让与通知，可区分为明保理（通知型或揭露型保理）和暗保理（不通知型或隐蔽型或保密型保理）。明保理事先通知，暗保理事后通知。

550.什么是有追索权的保理？

答：民法典第七百六十六条规定：当事人约定有追索权保理的，保理人可以向应收账款债权人主张返还保理融资款本息或者回购应收账款债权，也可以向应收账款债务人主张应收账款债权。保理人向应收账款债务人主张应收账款债权，在扣除保理融资款本息和相关费用后有剩余的，剩余部分应当返还给应收账款债权人。

若债务人于账款到期时无法付款，账款承购商可要求供应商返还已预支之价金，买回该应收账款，即账款承购商并不承担债务人之财务及信用风险者，即为有追索权应收账款承购。

551.什么是无追索权的保理？

答：民法典第七百六十七条规定：当事人约定无追索权保理的，保理人应当向应收账款债务人主张应收账款债权，保理人取得超过保理融资款本息和相关费用的部分，无需向应收账款债权人返还。

即账款承购商承购供应商因销售货物或提供劳务给债务人所产生之应收账

款，若债务人因财务困难以致无法付款，账款承购商不可要求供应商买回该应收账款，即账款承购商必须承担债务人给付不能之财务风险。

552. 应收账款登记的，保理人是否有优先受偿权？

答：根据民法典第七百六十八条的规定，应收账款债权人就同一应收账款订立多个保理合同，致使多个保理人主张权利的，已经登记的先于未登记的受偿；均已经登记的，按照登记的先后顺序受偿；均未登记的，由最先到达应收账款债务人的转让通知中载明的保理人受偿；既未登记也未通知的，按照应收账款比例清偿。

该法条规定的顺序按照公示优先于通知的原则处理，如果均未登记或者均未通知时，多个债权人按照比例受偿。

553. 保理合同内容主要包括哪些？

答：民法典第七百六十二条第一款规定：保理合同的内容一般包括业务类型、服务范围、服务期限、基础交易合同情况、应收账款信息、保理融资款或者服务报酬及其支付方式等条款。

该条款确立了保理合同属于要式合同，即订立保理合同必须采用书面形式。此外，对保理合同一般包括的内容进行了列举。

第十七章　承揽合同

554. 什么叫承揽合同？承揽合同有什么特征？

答：民法典第七百七十条规定：承揽合同是承揽人按照定作人的要求完成工作，交付工作成果，定作人支付报酬的合同。

承揽包括加工、定作、修理、复制、测试、检验等工作。

主要特征如下：

（一）承揽合同以完成一定的工作并交付工作成果为标的；

（二）承揽合同的标的物具有特定性；

（三）承揽人工作具有独立性；

（四）承揽合同具有一定人身性质；

（五）承揽合同是诺成合同、有偿合同、双务合同；

（六）承揽合同的双方是相互独立的责任主体。

555.买卖合同与承揽合同的区别是什么？

答： 根据民法典第五百九十五条和第七百七十条的规定，买卖合同属于转移财产所有权的合同，而承揽合同也往往涉及财产所有权的转移，主要区别体现在：

（一）承揽合同是以特定的工具和技能完成一定工作任务的合同，买卖合同则是转移财产所有权的合同。

（二）承揽合同中的标的物只能是承揽人严格按照定作人的要求所完成的工作成果，具有特定性；而买卖合同的标的物是当事人约定出卖人应该交付的物，可以是特定物，也可以是种类物。

556.定作人不履行协助义务的法律后果是什么？

答： 民法典第七百七十八条规定：承揽工作需要定作人协助的，定作人有协助的义务。定作人不履行协助义务致使承揽工作不能完成的，承揽人可以催告定作人在合理期限内履行义务，并可以顺延履行期限；定作人逾期不履行的，承揽人可以解除合同。

因此，在合理期限内定作人仍未履行协助义务的，将构成本条所称的"逾期不履行"，逾期不履行将导致合同不能继续履行，承揽工作无法按约完成，此时承揽人可以解除合同。

557.承揽合同工作物的所有权归属于谁？

答： 承揽合同工作物的所有权归属，民法典并未作明文规定。司法实践根据材料的来源不同，区分"来料加工"和"包工包料"。其中，在"来料加工"的情形下，承揽物所有权归属于定作人。在"包工包料"的情形下，"包工包料"的承揽物的所有权归属问题，各地在司法实践中分歧很大。笔者认为，应当进行如下区分：

（一）定作人来料加工的合同中，定作人取得工作物之所有权；

（二）承揽人包工包料，定作人支付材料价款的情形下，应具体区分定作人是否取得材料所有权，有条件地适用承揽合同中对于工作物所有权归属的判断规则；

（三）不规则承揽中，如承揽人未以自己的材料进行代替时，适用承揽合同中工作物所有权归属的一般规则，由定作人作为加工人而原始取得工作物之所有权；当承揽人以自己的材料代替定作人的材料时，由承揽人原始取得工作物之所有权。

558. 承揽合同中定作人的义务有哪些？

答：根据民法典第七百八十二条、第七百七十五条、第七百七十八条、第七百七十九条的规定，定作人的义务有：

（一）按照约定提供材料的义务。承揽方式为定作人提供材料的，定作人应当按照约定的数量、质量等及时提供材料。如果提供的材料不符合约定，应当及时予以更换、补齐或者采取其他补救措施。

（二）协助工作的义务。一方面，承揽工作需要定作人协助的，定作人有协助工作的义务。另一方面，定作人在对承揽人的工作进行监督检验时，不得妨碍承揽人的正常工作；

（三）验收工作成果的义务。对承揽人交付的工作成果，定作人应当予以验收。具体来说，定作人应当按照合同约定的时间、地点、方式等，接受承揽人完成的工作成果，不得无理拒收；

（四）支付报酬的义务。定作人应当按照合同约定的期限，向承揽人支付报酬。如没有确定支付报酬的期限，定作人应当在承揽人交付工作成果时支付；工作成果部分交付的，定作人应当相应支付。

559. 民法典对定作人任意解除权的限制有哪些？

答：民法典第七百八十七条规定：定作人在承揽人完成工作前可以随时解除合同，造成承揽人损失的，应当赔偿损失。

此法条是关于定作人任意解除权的规定。该规定在合同法第二百六十八条的基础上，对任意解除权增加了行使时间限制。

560. 民法典对承揽合同的瑕疵担保责任是如何规定的？

答：民法典第七百八十一条规定：承揽人交付的工作成果不符合质量要求的，定作人可以合理选择请求承揽人承担修理、重作、减少报酬、赔偿损失等违约责任。

该法条规定的是承揽人瑕疵担保责任，即承揽人向定作人给付的工作成果应当符合合同的约定标准，不能在品质、价值和工作效能上存在瑕疵，否则应承担修理、重作、减少报酬、赔偿损失等违约责任。

561. 承揽合同与劳务合同有何区别？

答： 根据民法典第七百七十条的规定，承揽合同是以承揽人完成一定的工作并交付该工作成果为标的，而劳务合同则是以提供劳务者的劳务为标的。二者主要区别如下：

（一）劳务合同强调劳务本身，而承揽合同只要完成的成果符合定作人的要求即可；

（二）双方当事人的地位关系不同。承揽合同的双方当事人没有从属关系，承揽人并不受定作人的指挥。在劳务合同中，接受劳务一方与提供劳务者之间有从属关系。

562. 承揽人保守秘密的义务包括哪些内容？

答： 民法典第七百八十五条规定：承揽人应当按照定作人的要求保守秘密，未经定作人许可，不得留存复制品或者技术资料。

承揽人为完成定作人交付的工作，需要定作人提供图纸、技术资料等，定作人要求承揽人完成的工作成果，通常在市场上是难以购买到的，承揽合同的标的具有特殊性，这种工作成果对定作人来说具有特殊的作用，或具有商业价值，或具有科研价值等。这些工作成果，涉及有关商业利益、商业秘密等，因此承揽人有保守秘密的义务。

563. 哪些情形下承揽人可以成立留置权？

答： 民法典第七百八十三条规定：定作人未向承揽人支付报酬或者材料费等价款的，承揽人对完成的工作成果享有留置权或者有权拒绝交付，但是当事人另有约定的除外。

留置权成立的条件有：

（一）承揽人依合同约定占有标的物；

（二）必须是定作人没有按照合同规定付款；

（三）承揽人的债权与占有的动产之间有牵连关系；

（四）不得违反法律、行政法规的强制性规定，不得违反公序良俗。

564. 承揽人是否应接受定作人的监督检验？

答： 民法典第七百七十九条规定：承揽人在工作期间，应当接受定作人必要的监督检验。定作人不得因监督检验妨碍承揽人的正常工作。

即使合同未约定，对于定作人的合理监督检验，承揽人不得拒绝，应当为定作人的监督检验提供方便和条件，并应当如实地向定作人反映工作情况，不得故意隐瞒工作中存在的问题，对于定作人提出的合理建议和指示，应当及时采纳，改进自己的工作。

565.加工承揽合同的定作人对承揽人的过错行为是否承担赔偿责任？

答：根据最高人民法院《关于审理人身损害赔偿案件适用法律若干问题的解释》第十条的规定，承揽人在完成工作过程中对第三人造成损害或者造成自身损害的，定作人不承担赔偿责任，但定作人对定作、指示或者选任有过失的，应当承担相应的赔偿责任。

因此，是否承担责任主要看定作人对承揽人在工作中是否有过错。

第十八章　建设工程合同

566.什么是建设工程合同？应当采取何种形式订立？

答：民法典第七百八十八条规定：建设工程合同是承包人进行工程建设，发包人支付价款的合同。

建设工程合同包括工程勘察、设计、施工合同。

民法典第七百八十九条规定：建设工程合同应当采用书面形式。

567.建设工程施工合同的特点和订立的条件是什么？

答：建设工程施工合同的特点：

（一）合同标的的特殊性；

（二）合同的履行期限的长期性；

（三）合同内容的多样性和复杂性；

（四）合同监督的严格性。

建设工程施工合同订立的条件：

（一）初步设计已经批准；

（二）工程项目已经列入年度建设计划；

（三）有能够满足施工需要的设计文件和有关技术资料；

（四）建设资金和主要建筑材料设备已经落实；

（五）招标工程中标通知书已经下达。

568.勘察人和设计人对勘察、设计是否承担责任？

答： 民法典第八百条规定：勘察、设计的质量不符合要求或者未按照期限提交勘察、设计文件拖延工期，造成发包人损失的，勘察人、设计人应当继续完善勘察、设计，减收或者免收勘察、设计费并赔偿损失。

勘察、设计的质量是决定整个建设工程质量的基础，如果勘察、设计的质量存在问题，整个建设工程质量也就没有保障，因此工程的勘察、设计必须符合质量要求。

569.施工人对建设工程质量承担何种民事责任？

答： 民法典第八百零一条规定：因施工人的原因致使建设工程质量不符合约定的，发包人有权请求施工人在合理期限内无偿修理或者返工、改建。经过修理或者返工、改建后，造成逾期交付的，施工人应当承担违约责任。

返工是工程质量不符合规定的质量标准，而又无法修理的情况下重新进行施工；修理是指工程质量不符合标准，而又有可能修复的情况下，对工程进行修补使其达到质量标准的要求。不论是施工过程中出现质量问题的建设工程，还是竣工验收时发现质量问题的工程，施工单位都要负责返修。

570.建设工程竣工后，可否不经验收就投入使用？

答： 民法典第七百九十九条规定：建设工程竣工后，发包人应当根据施工图纸及说明书、国家颁发的施工验收规范和质量检验标准及时进行验收。验收合格的，发包人应当按照约定支付价款，并接收该建设工程。

建设工程竣工经验收合格后，方可交付使用；未经验收或者验收不合格的，不得交付使用。

571.施工合同的内容包括哪些？

答： 民法典第七百九十五条规定：施工合同的内容一般包括工程范围、建设工期、中间交工工程的开工和竣工时间、工程质量、工程造价、技术资料交付时间、材料和设备供应责任、拨款和结算、竣工验收、质量保修范围和质量保证期、相互协作等条款。

572.什么是暂列金额？

答： 暂列金额是指发包人在工程量清单或预算书中暂定并包括在合同价格中的一笔款项，用于工程合同签订时尚未确定或者不可预见的所需材料、工程设备、服务的采购，施工中可能发生的工程变更、合同约定调整因素出现时的合同价格调整以及发生的索赔、现场签证确认等的费用。

573.承包人转包、违法分包的后果是什么？

答：民法典第八百零六条规定：承包人将建设工程转包、违法分包的，发包人可以解除合同。

发包人提供的主要建筑材料、建筑构配件和设备不符合强制性标准或者不履行协助义务，致使承包人无法施工，经催告后在合理期限内仍未履行相应义务的，承包人可以解除合同。

合同解除后，已经完成的建设工程质量合格的，发包人应当按照约定支付相应的工程价款；已经完成的建设工程质量不合格的，参照本法第七百九十三条的规定处理。

根据民法典第八百零六条的规定，转包为法律禁止，无论哪种形式的转包，均违反了法律的禁止性规定，一律无效。原来经常使用的"非法转包"概念在民法典时代就没有存在的必要了。

574.发包人未支付工程价款应承担哪些责任？

答：发包人在工程建设完成后，对竣工验收合格的工程应当按照合同约定的方式和期限进行工程结算，支付工程价款，并在向承包人支付价款后接受工程。

实践中，发包人没有严格按照合同支付工程价款的，民法典第八百零七条规定：发包人未按照约定支付价款的，承包人可以催告发包人在合理期限内支付价款。发包人逾期不支付的，除根据建设工程的性质不宜折价、拍卖外，承包人可以与发包人协议将该工程折价，也可以请求人民法院将该工程依法拍卖。建设工程的价款就该工程折价或者拍卖的价款优先受偿。

575.因发包人的原因致使工程停建、缓建的，发包人承担何种责任？

答：在工程建设过程中，发包人应当按照合同约定履行自己的义务，为承包人的建设工作提供必要的条件，保证工程建设顺利进行。如果因发包人的原因致使工程建设无法按照约定的进度进行，根据民法典第八百零四条的规定，发包人应当采取措施弥补或者减少损失，赔偿承包人因此造成的停工、窝工、倒运、机械设备调迁、材料和构件积压等损失和实际费用。

576.工程勘察与工程设计合同包括哪些内容?

答:工程勘察是指勘察人对工程的地理状况进行调查研究,包括对工程进行测量,对工程建设地址的地质、水文地质进行调查等工作。工程设计是指设计人对工程结构进行设计、对工程价款进行概预算。勘察、设计合同是指勘察人、设计人完成工程勘察设计任务,发包人支付勘察设计费的协议。

民法典第七百九十四条规定:勘察、设计合同的内容一般包括提交有关基础资料和概预算等文件的期限、质量要求、费用以及其他协作条件等条款。

577.建设工程合同无效、验收不合格的应当如何处理?

答:民法典第七百九十三条规定:建设工程施工合同无效,但是建设工程经验收合格的,可以参照合同关于工程价款的约定折价补偿承包人。

建设工程施工合同无效,且建设工程经验收不合格的,按照以下情形处理:

(一)修复后的建设工程经验收合格的,发包人可以请求承包人承担修复费用;

(二)修复后的建设工程经验收不合格的,承包人无权请求参照合同关于工程价款的约定折价补偿。

发包人对因建设工程不合格造成的损失有过错的,应当承担相应的责任。

第十九章 运输合同

578.什么是运输合同?

答:民法典第八百零九条规定:运输合同是承运人将旅客或者货物从起运地点运输到约定地点,旅客、托运人或者收货人支付票款或者运输费用的合同。

运输合同的特征有如下几点:

(一)运输合同的主体是承运人和旅客、托运人;

(二)运输合同中的托运人有时就是收货人,有时则否,具体看双方当事人约定;

(三)运输合同是承运人将旅客或者货物运输到约定地点,运输合同的客体是运送行为;

(四)运输合同中,承运人的义务是将旅客或者货物运输到约定地点,权利是收运费;

（五）旅客、托运人的权利是要求承运人将其运输到约定地点，义务是向承运人支付票款或者运费。

579. 出租车的强制缔约义务是什么？

答：民法典第八百一十条规定：从事公共运输的承运人不得拒绝旅客、托运人通常、合理的运输要求。

本法条是对公共运输的承运人不得拒绝运输的规定。公共运输包括班轮、班机和班车运输，还包括其他对外公布的固定路线、固定时间、固定价格进行商业性运输的运输行为。由此可见，从事公共运输的承运人被设定了强制缔约义务。就出租车行业而言，其也是社会公用事业的一部分，因此出租车司机理所当然属于从事公共运输的承运人，其理当负有强制缔约义务，因此，出租车司机不能拒绝乘客通常、合理的运输要求。

580. 什么是客运合同？有什么特征？

答：客运合同是运输合同的一种。

民法典第八百一十四条规定：客运合同自承运人向旅客出具客票时成立，但是当事人另有约定或者另有交易习惯的除外。

客运合同的法律特征如下：

（一）客运合同的标的为运输旅客的行为。客运合同是旅客与承运人关于运输旅客的协议，客运合同的目的是承运人按时将旅客安全送达目的地，因此，客运合同的标的即为运输旅客的行为。

（二）客运合同为实践性合同。客运合同自承运人向旅客交付客票时成立，但当事人另有约定或者另有交易习惯的除外。

581. 客运合同中承运人的义务是什么？

答：根据民法典第八百一十一条、第八百一十九条、第八百二十条、第八百二十二条、第八百二十三条第一款的规定，承运人负有以下义务：

（一）承运人应当按时、按地、安全地完成运输义务；

（二）承运人应当向旅客及时告知有关不能正常运输的重要理由和安全运输应当注意的事项；

（三）按约定运输旅客义务承运人应当按照有效客票载明的时间和班次运输旅客。承运人迟延运输的，应当根据旅客的要求安排改乘其他班次或退票；

（四）救助义务承运人在运输过程中，应当尽力救助患有急病、分娩、遇险的旅客；

（五）承运人应当对运输过程中旅客的伤亡承担损害赔偿责任，但伤亡是旅客自身健康原因造成的或承运人证明伤亡是旅客故意、重大过失造成的除外。

上述规定适用于按照规定免票、持优待票或经承运人许可搭乘的无票乘客。

582.什么是货运合同？其特点是什么？

答：货运合同也叫货物运输合同，是指承运方根据托运方的具体要求，将货物安全、及时、完整运到指定的地点，并交付给托运人指定的收货方，托运方按约定付给运输费用的协议。根据运输工具的不同，可以将货物运输合同分为铁路运输合同、水路运输合同、公路运输合同和航空运输合同等。

货运合同的特征有如下几点：

（一）收货人是货运合同的特殊当事人。货物运输合同是由托运人和承运人签订的，托运人和承运人是合同的当事人。但作为合同的收货人，既可以是托运人本身，也可以是托运人指定的任何第三方。

（二）货运合同以将货物交付给收货人为履行终点，承运人只有将货物交付给指定的收货人后，运输合同当事人的权利义务即告终结，其义务才算履行完结。

583.货物运输中，承运人对运输货物的毁损、灭失是否应当承担责任？

答：民法典第八百三十二条规定：承运人对运输过程中货物的毁损、灭失承担赔偿责任。但是，承运人证明货物的毁损、灭失是因不可抗力、货物本身的自然性质或者合理损耗以及托运人、收货人的过错造成的，不承担赔偿责任。

应当注意的是，承运人要免除赔偿责任的，应当负举证责任。如果承运人自己不能证明货物的毁损、灭失是由于不可抗力、货物本身的自然性质或者合理损耗以及托运人、收货人的过错造成的，就要承担损害赔偿责任。

584.旅客上车就意味着客运合同成立吗？

答：民法典第八百一十四条规定：客运合同自承运人向旅客出具客票时成立，但是当事人另有约定或者另有交易习惯的除外。

一般情况下，当事人各方对合同条款达成一致的协议，合同即为成立。但由于现运输工具复杂，购票的方式也多种多样，客运合同的成立时间也应区分不同情况。如：

（一）旅客先上车后购票的情况下，旅客上车为要约，承运人准许上车为承诺，合同自旅客登上车时成立；

（二）旅客在指定购票地点购票的情况下，旅客向承运人提出到站路线要求，并支付相应的票款即构成要约，承运人给客票即为承诺，交付客票时客运合同成立；

（三）旅客向承运人预订车票，承运人实施送票服务的情况下，预订行为是预约合同，承运人送票为要约，旅客签收客票为承诺，合同自旅客签收车票时成立。

当然，旅客与承运人就客运合同成立的时间另有约定或另有交易习惯的，成立时间从其约定或从其交易习惯。

585.客运合同旅客的义务有哪些？

答：民法典第八百一十五条第一款规定：旅客应当按照有效客票记载的时间、班次和座位号乘坐。旅客无票乘坐、超程乘坐、越级乘坐或者持不符合减价条件的优惠客票乘坐的，应当补交票款，承运人可以按照规定加收票款；旅客不支付票款的，承运人可以拒绝运输。

根据民法典第八百一十八条的规定，旅客有不得随身携带或者在行李中夹带违禁物品的义务。

586.承运人擅自提高服务标准，旅客是否应加价？

答：不应加价。

民法典第八百二十一条规定：承运人擅自降低服务标准的，应当根据旅客的请求退票或者减收票款；提高服务标准的，不得加收票款。

本法条是对承运人擅自变更合同内容行为的约束，客运合同是双方当事人意思表示一致而成立的。因此，对合同内容的变更也需要双方当事人协商一致，不得擅自决定，擅自变更合同内容对另一方当事人不产生影响。最典型的案例是航空公司调整乘客舱位的情形，如从经济舱调整至头等舱，此时乘客无需加价。

587.什么是承运人留置权？

答：民法典第八百三十六条规定：托运人或者收货人不支付运费、保管费或者其他费用的，承运人对相应的运输货物享有留置权，但是当事人另有约定的除外。

行使留置权的条件：

（一）托运人或者收货人未支付的运费、保管费及其他运输费用必须是因所要留置的货物产生的；

（二）承运人必须占有货物，即货物在承运人掌管之下；

（三）承运人必须在合理限度内留置货物；

（四）运输合同没有事先排除承运人行使留置权的约定。

588. 多式联运经营人负责履行合同有什么义务？

答：民法典第八百三十八条规定：多式联运经营人负责履行或者组织履行多式联运合同，对全程运输享有承运人的权利，承担承运人的义务。

根据本条的规定，多式联运经营人要对与之签订合同的托运人或者收货人承担全程运输的义务，同时根据本条的规定，多式联运经营人要承担全程运输所发生的责任和风险。当然，多式联运经营人也享有作为全程运输承运人的权利，如有向托运人或者收货人要求运输费用的权利等。

589. 多式联运合同责任制度是什么？

答：民法典第八百三十九条规定：多式联运经营人可以与参加多式联运的各区段承运人就多式联运合同的各区段运输约定相互之间的责任；但是，该约定不影响多式联运经营人对全程运输承担的义务。

即多式联运经营人对全程运输中所发生的责任对托运人或者收货人负全责，但是多式联运经营人可以与参加多式联运的各区段运输约定相互之间的责任。例如，在一个海陆空的多式联运合同中，多式联运经营人与海上运输区段的承运人、陆路运输区段的承运人、航空运输区段的承运人分别对每一段的运输责任约定，在多式联运经营人对托运人或者收货人负全程的运输责任后，可以依据其与每一区段的运输承运人签订的合同，向其他承运人追偿。

第二十章　技术合同

590. 什么是技术合同？订立技术合同的原则或目的是什么？

答：根据民法典第八百四十三条和第八百四十四条的规定，技术合同是当事人就技术开发、转让、许可、咨询或者服务订立的确立相互之间权利和义务的合同，包括技术开发合同、技术转让合同、技术许可合同、技术咨询合同和技术服务合同。

订立技术合同的原则或目的是有利于知识产权的保护和科学技术的进步,促进科学技术成果的研发、转化、应用和推广。

591. 什么是技术成果？什么是技术秘密？

答：《最高人民法院关于审理技术合同纠纷案件适用法律若干问题的解释》（简称《技术合同纠纷司法解释》）第一条规定：技术成果，是指利用科学技术知识、信息和经验作出的涉及产品、工艺、材料及其改进等的技术方案，包括专利、专利申请、技术秘密、计算机软件、集成电路布图设计、植物新品种等。

技术秘密，是指不为公众所知悉、具有商业价值并经权利人采取保密措施的技术信息。

592. 哪些属于职务技术成果？职务技术成果的权益是属于谁的？

答：根据民法典第八百四十七条的规定，职务技术成果包括两类：执行法人或者非法人组织的工作任务（包括工作时间和业余时间完成），和主要是利用法人或者非法人组织的物质技术条件所完成的技术成果（"物质技术条件"指资金、设备、零部件、原材料或不对外公开的技术资料等）。

职务技术成果的使用权、转让权属于法人或者非法人组织的，法人或者非法人组织可以就该项职务技术成果订立技术合同。法人或者非法人组织订立技术合同转让职务技术成果时，职务技术成果的完成人享有以同等条件优先受让的权利。

593. 谁享有非职务技术成果的权益？

答：民法典第八百四十八条规定：非职务技术成果的使用权、转让权属于完成技术成果的个人，完成技术成果的个人可以就该项非职务技术成果订立技术合同。

完成技术成果的"个人"，包括对技术成果单独或者共同作出创造性贡献的人，也即技术成果的发明人或者设计人。提供资金、设备、材料、试验条件，进行组织管理、协助绘制图纸、整理资料、翻译文献等人员，不属于完成技术成果的个人。

594. 什么是技术开发合同？

答：民法典第八百五十一条第一款规定：技术开发合同是当事人之间就新技术、新产品、新工艺、新品种或者新材料及其系统的研究开发所订立的合同。

"新技术、新产品、新工艺、新品种或者新材料及其系统",包括当事人在订立技术合同时尚未掌握的产品、工艺、材料及其系统等技术方案,但对技术上没有创新的现有产品的改型、工艺变更、材料配方调整以及对技术成果的验证、测试和使用除外。

技术开发合同包括委托开发合同和合作开发合同。另外,当事人之间就具有实用价值的科技成果实施转化订立的合同,参照适用技术开发合同的有关规定。

595. 甲公司和乙签订技术开发合同,委托乙为甲公司开发一款新型游戏。乙按照约定的时间完成了新型游戏开发,并向甲公司交付了技术成果,但是甲公司未按照约定向乙支付报酬。由于双方之前没有约定技术成果的归属,发生了争执。请问,谁享有技术成果的权益归属?

答:甲公司和乙之间签订的是委托开发合同。

民法典第八百五十九条规定:委托开发完成的发明创造,除法律另有规定或者当事人另有约定外,申请专利的权利属于研究开发人。研究开发人取得专利权的,委托人可以依法实施该专利。研究开发人转让专利申请权的,委托人享有以同等条件优先受让的权利。

因此在此案例中,乙享有技术成果的权利归属,并且有权利向甲公司主张报酬请求权。如果之后乙转让游戏的专利申请权,甲公司在同等条件下享有优先受让权。

596. 甲、乙、丙三人合作开发完成一项新技术,但是没有约定技术成果的权利归属。在此项新技术成功研发后,甲和乙想要申请专利,但是丙不同意。请问,甲和乙能否为此项新技术申请专利?

答:甲、乙、丙三人之间属于合作开发完成新技术。

民法典第八百六十条规定:合作开发完成的发明创造,申请专利的权利属于合作开发的当事人共有;当事人一方转让其共有的专利申请权的,其他各方享有以同等条件优先受让的权利。但是,当事人另有约定的除外。

合作开发的当事人一方声明放弃其共有的专利申请权的,除当事人另有约定外,可以由另一方单独申请或者由其他各方共同申请。申请人取得专利权的,放弃专利申请权的一方可以免费实施该专利。

合作开发的当事人一方不同意申请专利的,另一方或者其他各方不得申请专利。

因此,根据法条规定可知,由于丙不同意申请专利权,所以甲和乙不能为此项新技术申请专利。

597. 委托开发或者合作开发完成的技术秘密成果的权益归属于谁？

答：根据民法典第八百六十一条的规定，当事人对委托开发或者合作开发完成的技术秘密成果的使用权、转让权以及收益的分配办法没有约定的，在没有相同技术方案被授予专利权前，当事人均有使用和转让的权利。但是，委托开发的研究开发人不得在向委托人交付研究开发成果之前，将研究开发成果转让给第三人。

598. 什么是技术转让合同、技术许可合同？

答：根据民法典第八百六十二条第一款和第八百六十三条的规定，技术转让合同是合法拥有技术的权利人，将现有特定的专利、专利申请、技术秘密的相关权利让与他人所订立的合同。技术转让合同包括专利权转让合同、专利申请权转让、技术秘密转让合同等。

民法典第八百六十二条第二款规定：技术许可合同是合法拥有技术的权利人，将现有特定的专利、技术秘密的相关权利许可他人实施、使用所订立的合同。

技术许可合同包括专利实施许可、技术秘密使用许可等合同。

技术转让合同和技术许可合同中关于提供实施技术的专用设备、原材料或者提供有关的技术咨询、技术服务的约定，属于合同的组成部分。技术转让合同和技术许可合同可以约定实施专利或者使用技术秘密的范围，但是不得限制技术竞争和技术发展。

599. 技术转让合同中的受让人与让与人、技术许可合同中的许可人和被许可人分别需要承担哪些义务？

答：根据民法典第八百七十条和第八百七十一条的规定，技术转让合同的让与人和技术许可合同的许可人应当保证自己是所提供的技术的合法拥有者，并保证所提供的技术完整、无误、有效，能够达到约定的目标。

技术转让合同中的受让人和技术许可合同中的被许可人应当按照约定的范围和期限，对让与人、许可人提供的技术中尚未公开的秘密部分，承担保密义务。

600. 如何定义技术咨询合同、技术服务合同？

答：根据民法典第八百七十八条的规定，技术咨询合同是当事人一方以技术知识为对方就特定技术项目提供可行性论证、技术预测、专题技术调查、分析评价报告等所订立的合同（"特定技术项目"，包括有关科学技术与经济社会协调发展的软科学研究项目，促进科技进步和管理现代化、提高经济效益和社会效益等运用科学知识和技术手段进行调查、分析、论证、评价、预测的专业性技术项目）。

技术服务合同是当事人一方以技术知识为对方解决特定技术问题所订立的合同，不包括承揽合同和建设工程合同（"特定技术问题"，包括需要运用专业技术知识、经验和信息解决的有关改进产品结构、改良工艺流程、提高产品质量、降低产品成本、节约资源能耗、保护资源环境、实现安全操作、提高经济效益和社会效益等专业技术问题）。

601. 技术咨询合同和技术服务合同的技术成果归属于谁？

答：民法典第八百八十五条规定：技术咨询合同、技术服务合同履行过程中，受托人利用委托人提供的技术资料和工作条件完成的新的技术成果，属于受托人。委托人利用受托人的工作成果完成的新的技术成果，属于委托人。当事人另有约定的，按照其约定。

602. 哪些技术合同需要采用书面形式订立？

答：技术开发合同（包括委托开发合同和合作开发合同）、技术转让合同（包括专利权转让合同、专利申请权转让合同、技术秘密转让合同等）、技术许可合同（包括专利实施许可合同、技术秘密使用许可合同等）。

第二十一章 保管合同

603. 什么是保管合同？保管合同何时成立？

答：根据民法典第八百八十八条和第八百九十条的规定，保管合同是保管人保管寄存人交付的保管物，并返还该物的合同。

保管合同的标的为保管行为，标的物为保管物，保管物的寄存人不一定要是保管物的所有人。保管合同自保管物交付时成立，但是当事人另有约定的除外。

此外，民法典第八百八十八条第二款规定：寄存人到保管人处从事购物、就餐、住宿等活动，将物品存放在指定场所的，视为保管，但是当事人另有约定或者另有交易习惯的除外。

604.寄存人主要承担哪些义务？

答：根据民法典第八百八十九条、第八百九十三条和第八百九十八条的规定，寄存人主要有以下几个义务：

（一）若为有偿保管合同，寄存人应当按照约定向保管人支付保管费；

（二）寄存人交付的保管物有瑕疵或者根据保管物的性质需要采取特殊保管措施的，寄存人应当将有关情况告知保管人；

（三）寄存人寄存货币、有价证券或者其他贵重物品的，应当向保管人声明，由保管人验收或者封存。

605.保管人需要承担哪些义务？

答：保管人的义务来自对保管物的占有。

根据民法典第八百九十一条、第八百九十六条等的规定，保管人主要承担以下几个义务：

（一）寄存人向保管人交付保管物的，保管人应当出具保管凭证，但是另有交易习惯的除外；

（二）保管人应当妥善保管保管物。当事人可以约定保管场所或者方法。除紧急情况或者为维护寄存人利益外，不得擅自改变保管场所或者方法；

（三）保管人不得将保管物转交第三人保管，但是当事人另有约定的除外；

（四）保管人不得使用或者许可第三人使用保管物，但是当事人另有约定的除外；

（五）第三人对保管物主张权利的，除依法对保管物采取保全或者执行措施外，保管人应当履行向寄存人返还保管物的义务；

（六）第三人对保管人提起诉讼或者对保管物申请扣押的，保管人应当及时通知寄存人。

606.对于保管物的领取时间有什么规定？

答：民法典第八百九十九条规定：寄存人可以随时领取保管物。

当事人对保管期限没有约定或者约定不明确的，保管人可以随时请求寄存人领取保管物；约定保管期限的，保管人无特别事由，不得请求寄存人提前领取保管物。

607.保管合同可以分为几类，不同保管合同的保管人的妥善保管义务相同吗？

答：保管合同根据是否需要交付保管费用分为有偿保管合同和无偿保管合同。有偿保管合同的保管人和无偿保管合同的保管人需要承担的妥善保管义务是不同的。在传统的民法理论上，债务人即保管人的妥善保管的注意义务可以分为一般人的注意义务、处理自己事务的注意义务和善良管理人的注意义务。

民法典第八百九十七条规定：保管期内，因保管人保管不善造成保管物毁损、灭失的，保管人应当承担赔偿责任。但是，无偿保管人证明自己没有故意或者重大过失的，不承担赔偿责任。

由此可知，无偿保管人妥善保管的注意义务要低于有偿保管合同保管人妥善保管的注意义务。

608.对于保管人归还保管物方面有哪些相关规定？

答：根据民法典第九百条和第九百零一条的规定，保管期限届满或者寄存人提前领取保管物的，保管人应当将原物及其孳息归还寄存人。

保管人保管货币的，可以返还相同种类、数量的货币；保管其他可替代物的，可以按照约定返还相同种类、品质、数量的物品。

609.保管人不得使用保管物是否存在特殊情形？

答：保管由于其属于一种保存的行为，因此保管人只能对保管物进行保护，而不允许其擅自利用或者改动保管物。

民法典第八百九十五条规定了保管人不得使用或者许可第三人使用保管物，除非当事人另有约定。

但是现实情况中存在一些特殊情形，虽然使用了保管物但是并不违反不得使用保管物的义务。例如，保管物是一辆汽车，而汽车如果长期不使用容易出故障，因此保管人定期发动汽车的行为如果只是为了防止出现汽车故障，那么即使未与寄存人另做约定也不视为违反法律规定。

610.保管人和寄存人在什么情形下需要承担赔偿责任？

答：根据民法典第八百九十三条、第八百九十四条等的规定，（一）寄存人如果没有履行如实告知义务（保管物有瑕疵或者根据保管物的性质需要采取特殊保管措施），致使保管物受损失的，保管人不承担赔偿责任；保管人因此受损失的，除保管人知道或者应当知道且未采取补救措施外，寄存人应当承担赔偿责任；

（二）保管人违反亲自保管义务，将保管物转交第三人保管，造成保管物损失的，应当承担赔偿责任；

（三）保管期内，因保管人保管不善造成保管物毁损、灭失的，保管人应当承担赔偿责任。但是，无偿保管人证明自己没有故意或者重大过失的，不承担赔偿责任；

（四）寄存人未履行声明义务（寄存货币、有价证券或者其他贵重物品的，应当向保管人声明），该物品毁损、灭失后，保管人可以按照一般物品予以赔偿。

611. 在有偿保管合同中寄存人何时支付保管费用？

答：民法典第九百零二条规定：有偿的保管合同，寄存人应当按照约定的期限向保管人支付保管费。

当事人对支付期限没有约定或者约定不明确，依据本法第五百一十条的规定仍不能确定的，应当在领取保管物的同时支付。

在没有另外约定给付保管费用时间的情形下，关于保管费用支付的规定与一般的劳务合同相同，都是在之后给付费用。因此，保管人不能因为寄存人未给付保管费用而行使同时履行抗辩权，不保管寄存物。

612. 在有偿保管合同中，如果寄存人未按约定支付费用，保管人如何维护自身权益？

答：民法典第九百零三条规定：寄存人未按照约定支付保管费或者其他费用的，保管人对保管物享有留置权，但是当事人另有约定的除外。

因此保管人享有留置并占有保管物的权利，并且在宽限期满后债务人仍未履行债务的情况下，保管人可以对鲜活易腐等不易继续保管的物品行使优先受偿权。

第二十二章　仓储合同

613. 什么是仓储合同？

答：民法典第九百零四条规定：仓储合同是保管人储存存货人交付的仓储物，存货人支付仓储费的合同。

其中交付仓储物的一方当事人称为存货人，负责存储并保管仓储物的另一方当事人称为保管人。仓储合同在其性质上属于保管合同的范畴，是保管合同的一种特殊形式。

614.仓储合同何时成立？相较于保管合同的成立是否存在差异？

答：民法典第九百零五条规定：仓储合同自保管人和存货人意思表示一致时成立。

由此可见，仓储合同属于诺成合同，诺成合同是指当事人意思表示一致即告成立的合同。而保管合同的成立时间不同于仓储合同。

民法典第八百九十条规定：保管合同自保管物交付时成立，但是当事人另有约定的除外。

因此保管合同属于实践合同，实践合同又称为"要物合同"，是指除当事人意思表示一致外，还需要以标的物的交付作为成立要件的合同。

615.法律为何要明确规定仓储合同为诺成合同？

答：仓储合同具有一定的特殊性，一方面，仓储服务是一种营利性质的服务，仓储合同的保管人是具备仓储资质且从事仓储服务的专业人士，在双方达成合意后存货人交付存储的货物前，仓储保管人就必须做好相应的准备工作。如果存货人在这期间变更了合同中的相关规定，甚至反悔不再交付货物，则会损害仓储保管人的相关利益。另一方面，存货人在交付货物之前也需要一段时间来准备货物的交付手续，如运输等。如果在存货人交付货物前，保管人变更了合同中相关规定或者拒绝接收货物，则会损害存货人的利益。

根据民法典第九百零五条的规定，法律明确规定仓储合同为诺成合同是因为仓储合同具有一定的特殊性，诺成合同的性质更有利于保护双方当事人的合法权益。在诺成合同中，交付标的物或者完成其他的给付不属于合同的成立要件，属于当事人的给付义务，如果违反则构成违约责任；而在实践合同中，交付标的物或者完成其他的给付属于先合同义务，违反先合同义务只是构成缔约过失责任。违约责任相对于缔约过失责任而言，更能保护合同当事人的利益。

616.法律对于危险物品或者易变质物品的储存有何规定？

答：民法典第九百零六条第一款规定：储存易燃、易爆、有毒、有腐蚀性、有放射性等危险物品或者易变质物品的，存货人应当说明该物品的性质，提供有关资料。

如果存货人并未说明该物品性质、未提交相关资料的，保管人可以拒绝接受此仓储物，也可以采取相应措施以避免损失的发生，而因此产生的费用由存货人负担。

民法典第九百零六条第三款规定：保管人储存易燃、易爆、有毒、有腐蚀性、有放射性等危险物品的，应当具备相应的保管条件。

617.什么是仓单？

答：根据民法典第九百零八条和第九百一十条的规定，仓单是提取仓储物的凭证，存货人交付仓储物的，保管人应当出具仓单、入库单等凭证。

具体来说，仓单是由保管人在确认收到存货人交付的仓储物后，向存货人开具的凭证。仓单不仅是收据，也是对仓单下所记载的仓储货物的所有权凭证，仓单的持有人可以凭借仓单向保管人提取货物。此外，仓单是在权利证券化的趋势中产生的一种有价证券，法律规定了存货人或者仓单持有人在仓单上背书并经保管人签名或者盖章的，可以转让提取仓储物的权利。

618.仓单上应该记载哪些内容？

答：根据民法典第九百零九条的规定，仓单上应记载以下这些事项：

（一）存货人的姓名或者名称和住所；

（二）仓储物的品种、数量、质量、包装及其件数和标记；

（三）仓储物的损耗标准；

（四）储存场所；

（五）储存期限；

（六）仓储费；

（七）仓储物已经办理保险的，其保险金额、期间以及保险人的名称；

（八）填发人、填发地和填发日期。

此外，保管人应当在仓单上签名或者盖章。

619.能否将仓单进行质押？

答：根据民法典第四百四十条、第四百四十一条的规定，仓单作为财产权利的凭证可以进行质押，以仓单出质的，质权自权利凭证交付质权人时设立；没有权利凭证的，质权自办理出质登记时设立。法律另有规定的，依照其规定。

仓单的兑现日期或者提货日期先于主债权到期的，质权人可以兑现或者提货，并与出质人协议将兑现的价款或者提取的货物提前清偿债务或者提存。

620. 仓单和仓储合同在本质上有何区别？

答：保管人和存货人之间既有仓储合同，又有仓单，仓储合同和仓单在本质上是存在差异的。仓单是仓储货物的所有权凭证，是将来提取仓储货物的凭证。仓储合同是保管人和存货人之间经过意思表示一致而订立的具有权利义务的合同。

背书转让仓单，受让人取得的只是这批仓储货物的所有权；而仓储合同的转让，若为债权债务的概括转移，第三人则会概括地继受仓储合同中的债权和债务，成为仓储合同中的一方当事人，享有仓储合同中约定的权利，同时也将承担合同中约定的义务（债权债务的概括移转是债的一种移转形态，是指债的关系中的一方当事人在另一方当事人同意的情况下，将自己的债权和债务一并转移给第三人，由第三人概括继受这些债权债务）。

621. 何时可以提取仓储物？

答：根据民法典第九百一十四条和第九百一十五条的规定，如果当事人对储存期限没有约定或者约定不明确的，存货人或者仓单持有人可以随时提取仓储物，保管人也可以随时请求存货人或者仓单持有人提取仓储物，但是应当给予必要的准备时间。

如果当事人之间约定了储存期限，当储存期限届满时，存货人或者仓单持有人应当凭仓单、入库单等提取仓储物；不提取仓储物的，保管人可以催告其在合理期限内提取；逾期不提取的，保管人可以提存仓储物。此外，存货人或者仓单持有人逾期提取的，还应当加收仓储费；但若是提前提取的，也不减收仓储费。

622. 仓储合同中的保管人有哪些主要义务？

答：根据民法典第九百零七条、第九百一十二条等的规定，仓储合同中的保管人主要有以下义务：

（一）订立仓储合同后，保管人有义务为之后的仓储货物入库做好准备工作，如储存货物所需要的场地、设备、人员等；

（二）仓储物入库时，保管人应当按照约定对入库仓储物进行验收；保管人验收时发现入库仓储物与约定不符合的，应当及时通知存货人；

（三）在存货人交付仓储物后，保管人应当出具仓单、入库单等凭证；

（四）仓储物储存期间，保管人有妥善保管仓储货物的义务；

（五）保管人发现入库仓储物有变质或者其他损坏的，应当及时通知存货人或者仓单持有人。

如果入库仓储物变质或者其他损坏危及其他仓储物的安全和正常保管的，保管人应当催告存货人或者仓单持有人作出必要的处置。若情况紧急，保管人可以作出必要的处置，但是事后应当将该情况及时通知存货人或者仓单持有人。

623.仓储合同中的保管人有哪些主要权利？

答：根据民法典第九百一十六条等的规定，仓储合同中的保管人主要有以下权利：

（一）请求存货人支付仓储费的权利。保管合同分为有偿合同和无偿合同，而根据仓储合同的定义以及营利性的性质可知仓储合同属于有偿合同，因此保管人有请求合同相对人支付合同中约定的报酬的权利；

（二）催告权和提存权。仓储合同中约定的储存期限届满时，存货人或者仓单持有人不提取仓储物的，保管人可以催告其在合理期限内提取；如果逾期不提取的，保管人可以提存仓储物；

（三）紧急处置权。保管人发现入库仓储物有变质或者其他损坏且危及其他仓储物的安全和正常保管的，如果情况紧急，保管人可以作出必要的处置。

624.与保管人赔偿责任相关的规定有哪些？

答：根据民法典第九百零七条、第九百一十七条的规定，保管人按照约定对入库仓储物进行验收后，发生仓储物的品种、数量、质量不符合约定的，保管人应当承担赔偿责任。

在仓储合同约定的储存期内，因保管不善造成仓储物毁损、灭失的，保管人应当承担赔偿责任。因仓储物本身的自然性质、包装不符合约定或者超过有效储存期造成仓储物变质、损坏的，保管人不承担赔偿责任。

第二十三章 委托合同

625.什么是委托合同？

答：根据民法典第九百一十九条、第九百二十条的规定，委托合同是委托人和受托人约定，由受托人处理委托人事务的合同。

委托合同是诺成合同，即双方当事人意思表示一致，合同就成立；委托合同是不要式合同，即不要求使用书面形式来订立合同。委托合同根据委托人是否给付受托人报酬而分为有偿委托合同和无偿委托合同，两者之间存在一定的差异性；委托合同根据委托人委托受托人处理事务的范围分为特别委托合同和概括委托合同，特别委托合同即委托人可以特别委托受托人处理一项或者数项事务，概括委托合同即概括委托受托人处理一切事务。

此外，在实践中不能仅以合同的名称来判断是否为委托合同，因为随着经济的发展，现今许多合同具有委托合同和其他合同的特征，很难从合同的名称上来区分所属合同的类型。因此，在判断是否属于委托合同时，还应该仔细辨别合同是否满足委托合同的特性，如委托人和受托人之间的相互信任是委托合同的基础，这是委托合同的特征，不同于其他合同。

626.委托人何时给付受托人处理委托事务所支付的费用？

答：委托人给付受托人处理委托事务所支出的费用在其性质上不同于受托人在有偿委托合同中所获得的报酬，这是两笔不同的费用。

根据民法典第九百二十一条的规定，无论是有偿委托合同还是无偿委托合同，委托人都应当预先支付受托人处理委托事务所要支出的费用。如果受托人垫付了为处理委托事务所支出的必要费用，事后委托人应当偿还该费用并支付相应的利息。

此外，委托人预付处理委托事务所支付费用的义务和受托人处理委托事务的义务，不属于对待给付义务关系，不适用同时履行抗辩权。

627.受托人能否将委托的事务转委托给第三人？

答：根据民法典第九百二十二条的规定，原则上受托人应当亲自处理委托事务，但是如果委托人同意受托人将委托事务转委托给第三人的，受托人可以转委托。若转委托经委托人同意或者追认，委托人可以就委托事务直接指示转委托的第三人，受托人仅就第三人的选任及其对第三人的指示承担责任。若转委托未经委托人同意或者追认，受托人应当对转委托的第三人的行为承担责任；但是，在紧急情况下受托人为了维护委托人的利益需要转委托第三人的除外。

628.受托人以自己的名义从事受托事务时，法律效果如何？

答：民法典第九百二十五条规定：受托人以自己的名义，在委托人的授权范围内与第三人订立的合同，第三人在订立合同时知道受托人与委托人之间的代理关系的，该合同直接约束委托人和第三人；但是，有确切证据证明该合同只约束受托人和第三人的除外。

629.受托人以自己的名义与第三人订立合同时，委托人何时可以行使介入权？

答：根据民法典第九百二十六条的规定，受托人以自己的名义与第三人订立合同时，第三人不知道受托人与委托人之间的代理关系的，受托人因第三人的原因对委托人不履行义务，受托人应当向委托人披露第三人，委托人因此可以行使受托人对第三人的权利，即行使介入权。但存在例外情形，即第三人与受托人订立合同时，若第三人当时知道受托人是在处理该委托人事务，第三人就不会与受托人订立此合同的，这种情形下委托人不能行使介入权。此外，若委托人行使受托人对第三人的权利，即行使了介入权的，第三人可以向委托人主张其对受托人的抗辩。

630.受托人以自己的名义与第三人订立合同时，第三人在什么情况下可以行使选择权？

答：根据民法典第九百二十六条的规定，受托人因委托人的原因对第三人不履行义务，受托人应当向第三人披露委托人，第三人因此可以选择受托人或者委托人作为相对人主张其权利，即行使选择权。选择权只能行使一次，即第三人选定相对人后不得再次行使选择权变更相对人。此外，第三人选定委托人作为其相对人的，委托人可以向第三人主张其对受托人的抗辩以及受托人对第三人的抗辩。

631.受托人能否变更委托人的指示处理委托事务？

答：根据民法典第九百二十二条的规定，原则上受托人应当按照委托人的指示处理委托事务，如果需要变更委托人指示的，应当经委托人同意，不得擅自变更。但是在情况紧急，难以和委托人取得联系的情形下，受托人需要变更委托人的指示才能够妥善处理委托事务的，可以在未经委托人同意的情况下变更委托人的指示，但是事后应当将该情况及时报告委托人。

632.法律对委托合同报酬的支付有何规定？

答：委托合同分为有偿委托合同和无偿委托合同。在无偿委托合同中，委托人没有支付报酬的义务。在有偿委托合同中，根据民法典第九百二十八条的规定，受托人完成委托事务的，委托人应当按照约定向其支付报酬。

如果因为不可归责于受托人的事由，致使委托合同解除或者委托事务不能完成的，委托人不能以此为由拒绝支付报酬，而应当按照合同的约定向受托人支付相应的报酬。如果当事人之间另有约定的，则按照其约定处理。

633.在委托合同中，若因受托人的过错致使委托人遭受损失，关于受托人的赔偿责任法律是如何规定的？

答：委托合同根据委托人是否支付受托人报酬而分为有偿委托合同和无偿委托合同。由于有偿委托合同和无偿委托合同中受托人享有的利益不同，导致其承担的义务也有所区别，因此若因受托人的过错导致委托人遭受了损失，受托人是否需要承担赔偿责任也存在不同的规定。

根据民法典第九百二十九条的规定，在有偿的委托合同中，因受托人的过错造成委托人损失的，委托人可以请求赔偿损失。在无偿的委托合同中，因受托人的故意或者重大过失造成委托人损失的，委托人可以请求赔偿损失。有偿委托合同中的受托人的注意义务高于无偿委托合同中受托人的注意义务。

此外，在委托合同中，无论是有偿委托合同还是无偿委托合同，只要受托人是因为超越权限而造成委托人损失的，都应当赔偿委托人的损失。

634.委托人能否委托不同的受托人处理事务？

答：根据民法典第九百三十一条和第九百三十二条的规定，如果委托人已经委托受托人处理委托事务的，委托人只有经受托人同意后，才可以在受托人之外委托第三人处理同一委托事务。并且，受托人若因此造成了损失，受托人可以向委托人请求赔偿损失。

此外，委托人可以同时委托两个以上的受托人共同处理委托事务，两个以上的受托人要对委托人承担连带责任。

635.委托合同中的受托人主要承担哪些义务？

答：根据民法典第九百二十二条、第九百二十三条、第九百二十四条、第九百二十七条的规定，委托合同中的受托人主要承担以下义务：

（一）受托人应当按照委托人的指示处理委托事务。需要变更委托人指示，但情况紧急难以和委托人取得联系的，受托人应当妥善处理委托事务，但是事后应当将该情况及时报告委托人。

（二）受托人应当亲自处理委托事务，只有经委托人同意，受托人才可以转委托。

（三）受托人应当按照委托人的要求，报告委托事务的处理情况。委托合同终止时，受托人应当报告委托事务的结果。

（四）受托人处理委托事务取得的财产，应当转交给委托人。

636. 什么是任意解除权？委托合同中的委托人和受托人是否享有任意解除权？

答： 民法典中规定了三种合同的解除权，约定解除权、法定解除权和任意解除权。约定解除权即民法典第五百六十二条规定的两种情形，其一是在合同成立并生效后，尚未履行完毕之前，当事人对于合同的解除协商一致的，可以解除合同；其二是当事人事先约定了合同的解除事由，当该解除合同的事由发生时，享有解除权的一方可以解除合同。

法定解除权即出现民法典第五百六十三条规定的法定解除事由时，享有解除权的一方当事人无需与合同的相对方进行协商，即可单方面行使解除权，解除合同。

任意解除权可以分为不定期继续性合同中任意解除权和服务合同中的任意解除权。不定期继续性合同任意解除权即民法典第五百六十三条第二款规定的，以持续履行的债务为内容的不定期合同，当事人可以随时解除合同，但是应当在合理期限之前通知对方。而委托合同的任意解除权属于服务合同中的任意解除权。

民法典第九百三十三条规定：委托人或者受托人可以随时解除委托合同。因解除合同造成对方损失的，除不可归责于该当事人的事由外，无偿委托合同的解除方应当赔偿因解除时间不当造成的直接损失，有偿委托合同的解除方应当赔偿对方的直接损失和合同履行后可以获得的利益。

637. 关于委托合同的终止有哪些相关规定？

答： 根据民法典第九百三十四条和第九百三十五条的规定，委托人死亡、终止或者受托人死亡、丧失民事行为能力、终止的，委托合同终止；但是，当事人另有约定或者根据委托事务的性质不宜终止的除外。

此外，因委托人死亡或者被宣告破产、解散，致使委托合同终止将损害委托人利益的，在委托人的继承人、遗产管理人或者清算人承受委托事务之前，受托人应当继续处理委托事务。

638.因受托人死亡等事由导致委托合同终止的，法律如何保护委托人利益？

答：民法典第九百三十六条规定：因受托人死亡、丧失民事行为能力或者被宣告破产、解散，致使委托合同终止的，受托人的继承人、遗产管理人、法定代理人或者清算人应当及时通知委托人。因委托合同终止将损害委托人利益的，在委托人作出善后处理之前，受托人的继承人、遗产管理人、法定代理人或者清算人应当采取必要措施。

第二十四章　物业服务合同

639.什么是物业服务合同？

答：民法典第九百三十七条规定：物业服务合同是物业服务人在物业服务区域内，为业主提供建筑物及其附属设施的维修养护、环境卫生和相关秩序的管理维护等物业服务，业主支付物业费的合同。

物业服务人包括物业服务企业和其他管理人。

物业服务合同是要式合同，即必须采用书面形式订立合同；物业服务合同是有偿合同，业主需要按照合同的约定给付物业费。

物业服务合同包括了建设单位依法与物业服务人订立的前期物业服务合同，以及业主委员会与业主大会依法选聘的物业服务人订立的物业服务合同，这两个合同都对业主具有法律约束力。

640.物业服务合同的内容包括哪些？

答：民法典第九百三十八条第一款、第二款规定：物业服务合同的内容一般包括服务事项、服务质量、服务费用的标准和收取办法、维修资金的使用、服务用房的管理和使用、服务期限、服务交接等条款。

物业服务人公开作出的有利于业主的服务承诺，为物业服务合同的组成部分。

此外，根据《物业管理条例》第二十八条的规定，物业服务企业承接物业时，应当对物业共用部位、共用设施设备进行查验。

641.什么情形下前期物业服务合同终止？

答：根据民法典第九百四十条的规定，建设单位依法与物业服务人订立的前期物业服务合同中可以约定服务期限，但是在前期物业服务合同期限届满前，业主委员会或者业主与新物业服务人订立的物业服务合同生效的，前期物业服务合同终止。

642. 物业服务合同能否转委托？

答：根据民法典第九百四十一条的规定，物业服务人可以将物业服务区域内的部分专项服务事项委托给专业性服务组织或者其他第三人，但是物业服务人应当就该部分转委托的专项服务事项向业主负责。

物业服务人不可以将其应当提供的全部物业服务转委托给第三人，或者将全部物业服务支解后分别转委托给第三人。

643. 物业服务人的主要义务有哪些？

答：根据民法典第九百四十二条和第九百四十三条等的规定，物业服务人主要承担以下义务：

（一）物业服务人应当按照约定和物业的使用性质，妥善维修、养护、清洁、绿化和经营管理物业服务区域内的业主共有部分，维护物业服务区域内的基本秩序，采取合理措施保护业主的人身、财产安全；

（二）对物业服务区域内违反有关治安、环保、消防等法律法规的行为，物业服务人应当及时采取合理措施制止、向有关行政主管部门报告并协助处理；

（三）物业服务人应当定期将服务的事项、负责人员、质量要求、收费项目、收费标准、履行情况，以及维修资金使用情况、业主共有部分的经营与收益情况等以合理方式向业主公开并向业主大会、业主委员会报告。

644. 物业服务人如何行使报酬请求权？

答：根据民法典第九百四十四条的规定，业主应当按照约定向物业服务人支付物业费。物业服务人已经按照约定和有关规定提供相应服务的，业主不得以未接受或者无需接受相关物业服务为由拒绝支付物业费。

如果业主违反约定逾期不支付物业费的，物业服务人可以行使报酬请求权，催告业主在合理期限内支付物业费；合理期限届满后，业主仍不支付物业费的，物业服务人可以提起诉讼或者申请仲裁。

但是，物业服务人不得采取停止供电、供水、供热、供燃气等方式催交物业费。

645.业主的事先告知义务具体是什么？

答：根据民法典第九百四十五条的规定，业主的事先告知义务主要包括：

（一）业主装饰装修房屋的，应当事先告知物业服务人，遵守物业服务人提示的合理注意事项，并配合其进行必要的现场检查。

（二）业主转让、出租物业专有部分、设立居住权或者依法改变共有部分用途的，应当及时将相关情况告知物业服务人。

646.业主解聘物业服务人的程序有哪些？

答：根据民法典第二百七十八条、第二百八十四条第二款以及第九百四十六条的规定，对建设单位聘请的物业服务企业或者其他管理人，以及业主委员会与业主大会依法选聘的物业服务人，业主有权依法更换。

由专有部分面积占比2/3以上的业主且人数占比2/3以上的业主参与表决，再经参与表决专有部分面积过半数的业主参与表决人数过半数的业主同意的，业主可以共同决定解聘物业服务人，解除物业服务合同。

业主如果决定解聘物业服务人，应当提前60日书面通知物业服务人，物业服务合同若对通知期限另有约定的，则依照约定。

此外，解除物业服务合同造成物业服务人损失的，除了不可归责于业主的事由外，业主应当赔偿损失。

647.物业服务人的续聘规则有哪些？

答：民法典第九百四十七条规定：物业服务期限届满前，业主依法共同决定续聘的，应当与原物业服务人在合同期限届满前续订物业服务合同。

物业服务期限届满前，物业服务人不同意续聘的，应当在合同期限届满前九十日书面通知业主或者业主委员会，但是合同对通知期限另有约定的除外。

648.什么是不定期物业服务合同？

答：物业服务合同有定期物业服务合同和不定期物业服务合同，不定期物业服务合同即以持续履行的债务为内容的不定期合同。

根据民法典第九百四十八条的规定，定期物业服务合同的期限届满后，业主没有依法作出续聘或者另聘物业服务人的决定，物业服务人继续提供物业服务的，原物业服务合同继续有效，但是服务期限为不定期，即变为不定期物业服务合同。在不定期物业服务合同中，双方当事人享有任意解除权，可以随时解除不定期物业服务合同，但是应当提前六十日书面通知对方。

649. 物业服务合同终止后，原物业服务人有什么义务？

答：根据民法典第九百四十九条、第九百五十条的规定，物业服务合同终止的，原物业服务人应当在约定期限或者合理期限内退出物业服务区域，将物业服务用房、相关设施、物业服务所必需的相关资料等交还给业主委员会、决定自行管理的业主或者其指定的人，配合新物业服务人做好交接工作，并如实告知物业的使用和管理状况。

原物业服务人违反上述规定的，不得请求业主支付物业服务合同终止后的物业费；造成业主损失的，应当赔偿损失。

此外，物业服务合同终止后，在业主或者业主大会选聘的新物业服务人或者决定自行管理的业主接管之前，原物业服务人应当继续处理物业服务事项，并可以请求业主支付该期间的物业费。

第二十五章　行纪合同

650. 什么是行纪合同？

答：民法典第九百五十一条规定：行纪合同是行纪人以自己的名义为委托人从事贸易活动，委托人支付报酬的合同。

行纪合同是诺成合同，即双方当事人意思表示一致，合同就成立；行纪合同是不要式合同，即不要求使用书面形式来订立合同；行纪合同是有偿合同，委托人根据行纪人完成委托事务的情况并按照合同的约定，给予行纪人相应的报酬；行纪合同是双务合同，即合同双方当事人互负对待给付义务的合同。

651. 行纪人处理委托事务的费用由谁负担？

答：行纪合同中对于行纪人处理委托事务费用负担的规定不同于委托合同，在委托合同中，委托人应当预付处理委托事务的费用，如果受托人为处理委托事务垫付了必要费用的，委托人应当偿还该费用并支付利息。

而在行纪合同中，根据民法典第九百五十二条的规定，行纪人处理委托事务支出的费用由行纪人负担，如果行纪人与委托人另有约定的，则按照约定。

652.农夫甲将自己收获的200斤土豆委托给乙商家出售。双方约定，乙商家以自己的名义对外销售，每公斤土豆两元，乙商家可获得价款10%的报酬。请问，甲和乙之间是什么样的合同关系？

答：根据行纪合同的定义可知，农夫甲和乙商家之间建立行纪合同关系。由于甲和乙在合同中没有约定乙商家销售土豆需要支出的费用由谁支付，所以乙商家需要自行支付销售土豆所支出的费用，但农夫甲需要按照约定支付乙商家报酬。

653.委托物若有瑕疵或者容易腐烂、变质的，应当如何处理？

答：根据民法典第九百五十三条和第九百五十四条的规定，行纪人对于其占有的委托物，具有妥善保管的义务。如果委托人将委托物交付给行纪人时有瑕疵或者容易腐烂、变质的，经委托人同意，行纪人可以处分该委托物。

但是，如果行纪人不能与委托人及时取得联系的，行纪人则具有合理处分委托物的权利。

654.行纪人按约定价格买卖的义务具体是指什么？

答：行纪人按约定价格买卖的义务是指委托人若对买入或卖出的价格有特别指示的，行纪人应该按照委托人的指示行事。民法典第九百五十五条第一款、第二款规定了行纪人违反按约定价格买卖义务的法律效果：

（一）行纪人以低于委托人指定的价格卖出或者以高于委托人指定的价格买入，且未经委托人同意的，若行纪人补偿其差额的，则该买卖对委托人发生效力；若行纪人没有补偿其差额的，委托人可以拒绝受领买卖的结果（此处"对委托人发生效力"是指委托人按照行纪合同的约定受领买卖的结果，而不是指行纪人与第三人的买卖合同可以直接约束委托人）；

（二）行纪人以高于委托人指定的价格卖出或者以低于委托人指定的价格买入的，可以按照行纪合同中的约定增加行纪人的报酬。若行纪合同中没有约定或者约定不明确，且依法也不能确定的，该利益属于委托人。

655.行纪人如何行使介入权？

答：根据民法典第九百五十六条的规定，行纪人卖出或者买入具有市场定价的商品，除委托人有相反的意思表示外，行纪人自己可以作为买受人或者出卖人。由此可知，行纪人行使介入权有两个要件：

（一）行纪人买入或者卖出的商品要具有市场定价；

（二）委托人对于行纪人自买自卖的行为没有相反的意思表示。此外，行纪人介入时，仍然应该遵循按约定价格买卖的义务；介入后，行纪人既是买卖合同的当事人也是行纪人，其仍然有权行使报酬请求权，要求委托人按照行纪合同的约定支付相应的报酬。

656.行纪人在什么情形下可以提存委托物？

答：根据民法典第九百五十七条的规定，在以下两种情形下行纪人可以提存委托物：

（一）行纪人按照约定买入委托物后，委托人没有及时受领。经行纪人催告后，委托人在没有正当理由的情况下拒绝受领委托物的，行纪人依法可以提存该委托物。

（二）委托物不能卖出或者委托人撤回出卖的，经行纪人催告后，委托人仍然不取回委托物或者不处分委托物的，行纪人依法可以提存委托物。

657.行纪人与第三人订立合同的效力是什么？

答：行纪合同和行纪人与第三人订立的合同属于两个法律关系。

民法典第九百五十八条第一款规定：行纪人与第三人订立合同的，行纪人对该合同直接享有权利、承担义务。

即根据合同的相对性原则，该合同只约束行纪人和第三人，委托人与第三人之间则无合同关系。并且，与委托合同不同的是，在行纪人和第三人合同中，委托人不享有介入权，第三人也不享有选择权。此外，第三人若不履行义务致使委托人受到损害的，行纪人应当承担赔偿责任，但是行纪人与委托人另有约定的除外。

658.行纪人何时可以行使报酬请求权和留置权？

答：行纪合同与委托合同中关于支付报酬的规定，都是采取"后付主义"。

根据民法典第九百五十九条的规定，行纪人完成或者部分完成委托事务的，行纪人可以向委托人主张报酬请求权，委托人应当向其支付相应的报酬。

当委托人逾期不支付报酬时，行纪人对委托物则享有留置权，行纪人可以按照民法典物权编中关于留置权的规定来行使留置权。但是，如果委托人和行纪人对此另有约定的，则按照约定处理。

659.行纪合同和委托合同有哪些主要的区别？

答：行纪合同和委托合同主要有以下几个方面的区别：

（一）主体资格不同，行纪合同中的行纪人具有主体资格的限制，必须是经过批准经营行纪业务的人；委托合同中的受托人一般没有主体资格的限制。

（二）可以处理的事务范围不同，行纪合同中行纪人从事的事务仅限于贸易活动；委托合同则无此限制。

（三）在行纪合同中，行纪人是以自己的名义实施法律行为；在委托合同中，受托人可以以自己的名义或者委托人的名义实施法律行为。

（四）合同的性质不同，行纪合同是双务合同、有偿合同；委托合同为双务合同或者单务合同，有偿合同或者无偿合同。

660.行纪人有哪些主要的权利和义务？

答：行纪人需要承担的主要义务有：

（一）行纪人需要自行负担处理委托事务所支出的费用；

（二）行纪人占有委托物的，有妥善保管委托物的义务；

（三）委托人如果对买入或者卖出的价格有特别指示的，受托人具有按照该指示买入或者卖出的义务。

行纪人主要有以下权利：

（一）委托人交付给行纪人的委托物有瑕疵或者容易腐烂、变质，需要处分的，但是行纪人无法及时与委托人取得联系，此种情形下行纪人可以自行合理处分委托物。

（二）行纪人自己作为买受人或者出卖人时，仍然可以依据行纪合同向委托人主张报酬请求权。

（三）行纪人按照约定买入委托物，委托人未及时受领。经行纪人催告，委托人无正当理由拒绝受领的，行纪人有提存委托物的权利。委托物不能卖出或者委托人撤回出卖，经行纪人催告，委托人不取回或者不处分该物的，行纪人有提存委托物的权利。

（四）行纪人完成或者部分完成委托事务的，行纪人享有报酬请求权，可以请求委托人向其支付相应的报酬；委托人逾期不支付报酬，行纪人对委托物享有留置权。

第二十六章　中介合同

661.什么是中介合同？

答：中介合同即原来的居间合同。

民法典第九百六十一条规定：中介合同是中介人向委托人报告订立合同的机会或者提供订立合同的媒介服务，委托人支付报酬的合同。

中介合同包括两类：一类是中介人向委托人报告订立合同机会的中介合同，另一类是中介人向委托人提供订立合同媒介服务的中介合同。

662.中介人没有履行如实报告义务的法律后果是什么？

答：根据民法典第九百六十二条的规定，中介人有义务就有关订立合同的事项向委托人如实报告。

如果中介人故意隐瞒与订立合同有关的重要事实或者提供虚假情况，并且损害委托人利益的，不得向委托人请求支付报酬并应当承担赔偿责任。

663.中介人应当在何时向谁主张报酬请求权？

答：中介合同包含两种类型，在不同类型的中介合同中，法律对于中介人报酬请求权的规定存在差异。

根据民法典第九百六十三条的规定，在中介人向委托人报告订立合同机会的中介合同中，中介人促成合同成立的，中介人可以向委托人主张报酬请求权，委托人应当按照约定向中介人支付报酬。如果先前双方当事人对中介人的报酬没有约定或者约定不明确，并且依照法律相关规定也不能明确的，则根据中介人的劳务合理确定。

此外，在中介人向委托人提供订立合同媒介服务的中介合同中，中介人促成合同成立的，中介人可以向该合同的当事人主张报酬请求权，由该合同的当事人平均负担中介人的报酬。

664.中介活动所支出的费用由谁负担？与行纪合同以及委托合同中的规定是否存在差异？

答：根据民法典第九百六十三条和第九百六十四条的规定，如果中介人促成合同成立的，中介活动的费用由中介人负担。如果中介人未促成合同成立的，中介人可以按照约定请求委托人支付从事中介活动支出的必要费用，但是中介人不得请求委托人支付报酬。

中介合同中关于中介活动所支出费用的承担问题和行纪合同以及委托合同中的规定存在差异。在行纪合同中，行纪人处理委托事务支出的费用由行纪人负担，除非当事人另有约定。而在委托合同中，处理委托事务的费用由委托人预先支付，如果受托人为处理委托事务垫付了必要费用，委托人应当偿还该费用并支付利息。

665. 有关支付报酬方面的规定，中介合同、行纪合同以及委托合同存在哪些差异？

答：在中介合同中，无论是中介人向委托人报告订立合同机会的中介合同，还是中介人向委托人提供订立合同媒介服务的中介合同，都只有在促成合同成立的情形下，中介人才有权利要求委托人支付报酬。在行纪合同中，行纪人只有在完成或者部分完成委托事务的情形下，才能要求委托人支付相应的报酬。而在委托合同中，若是因为不可归责于受托人的事由，导致委托合同解除或者委托事务不能完成的，受托人也有权利要求委托人支付相应的报酬，除非当事人之间另有约定。

666. 委托人"跳单"是否需要向中介人支付报酬？

答：民法典中新增了关于委托人"跳单"的情形下，委托人是否应当向中介人支付报酬的规定。"跳单"是中介合同实务界使用的一个通用术语，是指中介人和委托人订立中介合同后，委托方一方面利用了中介人提供的信息，另一方面为了规避给付中介人报酬，而选择绕开中介人直接与相对方订立合同的行为。

民法典第九百六十五条规定：委托人在接受中介人的服务后，利用中介人提供的交易机会或者媒介服务，绕开中介人直接订立合同的，应当向中介人支付报酬。

667. 关于与第三人订立合同的规定中，中介合同、行纪合同以及委托合同存在哪些差异？

答：根据民法典第九百二十五条、第九百五十八条以及第九百六十一条的规定，在中介合同中，中介人并不参与委托人与第三人之间订立的合同，中介人只向委托人报告订立合同的机会或者提供订立合同的媒介服务。在行纪合同中，是由行纪人与第三人订立合同，并且此合同只约束行纪人和第三人；委托人和行纪人之间则由另一个法律关系，即行纪合同进行约束。

在委托合同中，受托人以自己的名义在委托人授权范围内与第三人订立合同，但是第三人在订立合同时知道受托人与委托人之间的代理关系的，该合同可以直接约束委托人和第三人。

此外，委托人在特定情形下还享有介入受托人和第三人合同的权利，第三人在特殊情形下还享有选择受托人或者委托人作为合同相对方的权利。

第二十七章　合伙合同

668. 什么是合伙合同？

答：民法典合同编中设"合伙合同"一章，明确规定了民事合伙的相关内容。

民法典第九百六十七条规定：合伙合同是两个以上合伙人为了共同的事业目的，订立的共享利益、共担风险的协议。

我国的合伙体系可以分为民事合伙和商事合伙，商事合伙又可以分为普通合伙和有限合伙。商事合伙主要由《合伙企业法》进行规制，而民事合伙只有在法律明确规定可以准用《合伙企业法》的情形下才能适用《合伙企业法》。

民事合伙和商事合伙两者主要的区别在于，该合伙的共同目的是否表现为以企业的方式经营营业，或者是否经过商事登记取得商事营业的准入资格。

669. 合伙人的出资义务具体是什么？如何定义合伙财产？

答：民法典第九百六十八条规定：合伙人应当按照约定的出资方式、数额和缴付期限，履行出资义务。

在商事合伙中，普通合伙人可以用货币、实物、知识产权、土地使用权或者其他财产权利出资，也可以用劳务出资；有限合伙人可以用货币、实物、知识产权、土地使用权或者其他财产权利作价出资，但不得以劳务出资。

根据民法典第九百六十九条的规定，合伙财产包括合伙人的出资、因合伙事务依法取得的收益和其他财产。此外，法律规定在合伙合同终止前，合伙人不得请求分割合伙财产。

670.合伙人如何执行合伙事务？

答：民法典第九百七十条第一款规定：合伙人就合伙事务作出决定的，除合伙合同另有约定外，应当经全体合伙人一致同意。

如果合伙事务是由全体合伙人共同执行的，那么按照合伙合同的约定或者全体合伙人的决定，可以委托一个或者数个合伙人执行合伙事务；其他合伙人则不再执行合伙事务，但是有监督执行情况的权利。如果合伙人分别执行合伙事务的，那么执行事务合伙人可以对其他合伙人执行的事务提出异议；提出异议后，其他合伙人应当暂停该项事务的执行。

671.合伙人执行合伙事务能否请求支付报酬？

答：合伙合同是由合伙人订立的共享利益、共担风险的协议。

根据民法典第九百七十一条的规定，合伙人不得因执行合伙事务而请求支付报酬，除非在合伙合同中，合伙人对此另有约定。

672.对于合伙的利润分配和亏损分担问题，法律是如何规定的？

答：根据民法典第九百七十二条的规定，合伙的利润分配和亏损分担，按照合伙合同的约定办理。如果合伙合同对此没有约定或者约定不明确的，由合伙人协商决定；协商不成的，由合伙人按照实缴出资比例分配、分担。但是，如果无法确定出资比例，则由合伙人平均分配、分担。

673.合伙人对合伙债务如何承担责任？什么情形下合伙人享有追偿权？

答：根据民法典第九百七十三条的规定，合伙人需要对合伙债务承担连带责任。如果合伙人清偿的合伙债务超过了自己应当承担的份额，该合伙人享有追偿权，有权向其他合伙人追偿其多承担的那部分份额。

在商事合伙中，普通合伙人对合伙债务承担连带责任，而有限合伙人则以其认缴的出资额为限对合伙债务承担责任。

674.合伙人是否可以对外转让财产份额？

答：根据民法典第九百七十四条的规定，合伙人向合伙人以外的人转让其全部或者部分财产份额的，须经其他合伙人一致同意。但合伙合同对此另有约定的，则按照约定处理。

在商事合伙中，普通合伙人向合伙人以外的人转让其全部或者部分财产份额的，须经其他合伙人一致同意，并且在同等条件下，其他合伙人有优先购买权,除非合伙协议另有约定;有限合伙人向合伙人以外的人转让其全部或者部分财产份额的,应按照合伙协议的约定,并且应当提前30日通知其他合伙人。

675. 法律对于合伙人个人债务的清偿有何规定?

答:个人债务是指合伙人发生与合伙企业无关的债务。

根据民法典第九百七十五条的规定,合伙人个人债务的债权人不得代位行使合伙人依照民法典合同编中合伙合同的规定和合伙合同中享有的权利。但是当合伙人的自有财产不足以清偿其与合伙企业无关的债务时,该合伙人可以行使利益分配请求权,用其从合伙企业中分取的收益来清偿个人债务。

676. 什么是不定期合伙?

答:合伙可以分为定期合伙和不定期合伙。

根据民法典第九百七十六条的规定,不定期合伙主要有以下两种情形:

(一)合伙人对合伙期限没有约定或者约定不明确,依据民法典第五百一十条的规定仍不能确定的,视为不定期合伙;

(二)合伙期限届满,合伙人继续执行合伙事务,其他合伙人没有提出异议的,原合伙合同继续有效,但是合伙期限为不定期。

在不定期合伙中,合伙人享有任意解除权,合伙人可以随时解除不定期合伙合同,但是应当在合理期限之前通知其他合伙人。

677. 合伙人死亡、丧失民事行为能力或者终止的,合伙合同的效力如何?

答:民法典第九百七十七条规定:合伙人死亡、丧失民事行为能力或者终止的,合伙合同终止;但是,合伙合同另有约定或者根据合伙事务的性质不宜终止的除外。

678. 合伙合同终止后,剩余合伙财产如何分配?

答:根据民法典第九百七十八条的规定,合伙合同终止后,合伙财产在支付因终止而产生的费用以及清偿合伙债务后有剩余的,依据民法典第九百七十二条的规定进行分配,即合伙合同有约定的,按照约定办理;合伙合同没有约定或者约定不明确的,由合伙人协商决定;协商不成的,由合伙人按照实缴出资比例分配、分担;无法确定出资比例的,由合伙人平均分配、分担。

第二十八章　无因管理

679. 什么是无因管理？

答：根据民法典第一百二十一条和第九百七十九条的规定，无因管理是指管理人没有法定的或者约定的义务，但为了避免他人的利益受到损失而对他人的事务进行管理，并且管理事务符合受益人真实意思。

在民法典中，由于没有设置独立的债法总则编，因此设立了准合同制度，无因管理的规定就在合同编下的准合同中。

680. 无因管理的构成要件有哪些？

答：构成无因管理，必须具备以下几个要件：

（一）管理的是他人的事务，即为他人进行管理。如果将自己的事务误以为是他人的事务进行管理，即使具有为他人管理的意思，也不能构成无因管理。

（二）管理人没有法定或者约定的义务，即无因。如果管理人原本就有法定或者约定的管理义务，则不构成无因管理。

（三）管理人进行管理的目的是为了避免他人的利益受到损失，如果为他人利益和自己利益进行管理，可以在为他人利益的范围内成立无因管理。

（四）管理事务需要符合受益人真实意思，即管理人管理事务不得违背受益人明示或者可得推知的意思。

681. 甲的朋友乙开车途中不小心撞伤了行人丙，乙也因此而受伤。甲立刻叫车送乙和丙去了医院，并且为他们垫付了医疗费用。在这种情形下，甲和乙之间以及甲和丙之间是否成立无因管理？

答：根据民法典第一百二十一条和第九百七十九条第一款中关于无因管理的定义可推知，甲和乙之间成立无因管理，甲和丙之间也成立无因管理。在实际情况中，时常会发生一个管理行为同时管理了数个特定他人事务的情形。在无因管理中，管理他人事务中的"他人"必须是特定的人，既可以是特定的一人，也可以是特定的多数人，但是不能是不特定的多数人，因为无因管理的本质是债，而债的双方主体都是特定的。因此，一个管理行为，可能同时成立多个无因管理。

682. 10岁的甲和15岁的乙一起出门玩耍，甲不小心摔倒，乙立马带甲去药店，并出钱给甲买了消毒水和创可贴。在民法典中，自然人的民事行为能力根据自然人的辨识能力差异分为完全民事行为能力、限制民事行为能力和无民事行为能力。10岁的甲和15岁的乙均属于限制民事行为能力人，那么在这种情形下，甲和乙之间是否成立无因管理？

答：在无因管理中，管理人的行为可以包括事实行为和法律行为（事实行为不以意思表示为要素，法律行为以意思表示为要素），但是无论其是事实行为还是法律行为，管理事务本身都属于事实行为。因此在无因管理中，只要求管理人具有相应的管理能力，而对其民事行为能力并没有要求，即管理人既可以是完全民事行为能力人，也可以是限制民事行为能力人、无民事行为能力人。因此，根据民法典第一百二十一条和第九百七十九条中关于无因管理的定义可推知，在限制民事行为能力人甲和乙之间可以成立无因管理。

683. 甲不在家，邻居乙发现甲家中起火，乙为了防止火势加大，也防止自家被火烧着，积极采取灭火措施，导致自己身上的衣物毁坏并且受了一点轻伤。在此案例中，甲和乙之间是否构成无因管理？

答：无因管理的构成要件之一是管理人管理他人事务的目的是避免他人的利益受到损失。在这个案例中，乙实施的行为不仅是为了减少甲可能遭受的利益损害，也是为了避免自己的利益受到损害。在这个案例中乙的行为虽然有一部分是为了防止自己的利益受损，但是也在一定程度上保护了甲的利益不受到损失。如果乙放任火势发展，甲受到的损失必然更多。

因此，如果一个管理行为既避免了他人的利益受到损失，也避免了管理人自己的利益受到损失，那么可以在为避免他人利益受到损失的范围内成立无因管理。因此，此案例中乙的行为可以构成无因管理。

684. 在无因管理中，管理人享有哪些权利？

答：根据民法典第一百二十一条、第九百七十九条第一款以及第九百八十条的规定，在无因管理中，管理人主要享有以下权利：

（一）管理人有权请求受益人偿还因管理事务而支出的必要费用。

（二）管理人因管理事务受到损失的，有权请求受益人给予适当补偿。管理人的损失包括因人身损害和财产损害所造成的损失。这里的"适当补偿"请求权不是债权的侵权请求权，也不是因合同关系而产生的请求权，而是由法律直接规定的请求权。此外，补偿不等于赔偿，赔偿一般是损失多少赔偿多少，而补偿是要根据受害人受损害情况以及受益人受益情况等因素综合考量来决定补偿多少。

（三）即使管理人管理的事务不属于民法典第九百七十九条规定的情形，但是只要受益人享有管理利益的，在受益人获得的利益范围内，管理人有权向其主张上述两个权利，即因管理事务而支出的必要费用和因管理事务受到损失的适当补偿请求权。

685. 甲外出打工，台风即将来临，邻居乙担心甲年久失修的房子被风雨损毁，因此雇人帮忙加固了甲的房屋。可是甲的房子最终还是没有抵住强大的风雨，部分毁损。请问，乙的行为是否构成无因管理？

答：按照无因管理的构成要件分析，乙管理的是甲的事务，乙和甲之间没有约定或者法定的义务，乙是为了防止甲的房屋毁损而进行的管理，乙的行为也没有违背甲可推知的真实意思，因此乙的行为可以构成无因管理。

此题中，判断乙的行为是否构成无因管理可能会给部分人带来疑惑的是，虽然乙对甲的房屋进行了加固，可是甲的房屋最后还是遭到了毁损，管理的目的并没有达到，这种情况下乙的行为是否还可以构成无因管理？在此情形下乙的行为是可以构成无因管理的，因为无因管理的注重点不在于管理目的是否达到，而在于无因管理行为本身。只要管理人的管理行为尽到了管理义务，即使管理目的没有达成也不影响无因管理的成立。

686.在无因管理中，管理人应该承担哪些义务？

答：根据民法典第九百八十一条到第九百八十三条的规定，在无因管理中，管理人主要承担以下义务：

（一）善良管理义务。管理人管理他人事务的，应该按照受益人明示或者可推知的意思，采取有利于受益人的方法进行管理，并尽到善良管理人的注意标准。此外，如果中断管理不利于受益人的，在没有正当理由的情况下不得中断管理；

（二）通知义务。管理人管理他人事务的，能够通知受益人的，应当及时通知受益人。管理的事务不需要紧急处理的，应当等待受益人的指示；

（三）报告以及转交财产义务。在管理结束后，管理人应当向受益人报告管理事务的情况。管理人因管理事务而取得财产的，应当及时转交给受益人。

687. 10岁的甲在河边玩耍，不小心落入水中，乙跳入河中救了甲。乙在救助甲的过程中，不小心使甲的面部受损，乙的手表也因进水损坏。在此案例中，甲、乙的损失应该如何处理？

答：在此案例中，乙的行为构成无因管理。在无因管理中，管理人如果没有尽到善良管理义务，造成受益人损失的，需要承担相应的赔偿责任。但是，如果管理人是对受益人的生命、身体以及财产等具有紧急危险性的事务进行管理的，需要降低管理人的善良管理义务，管理人只有在故意或重大过失的情况下造成受益人损失的，才需要承担相应赔偿责任。

在此案例中，乙是为了救助落水的甲，才不小心造成甲面部受损，乙没有故意也没有重大过失，因此乙不需要对甲面部受损承担赔偿责任。但乙是因为无因管理而导致自己的手表损坏，乙有权利请求甲给予适当补偿。

688. 在什么情形下，无因管理适用委托合同的规定？

答：民法典第九百八十四条规定：管理人管理事务经受益人事后追认的，从管理事务开始时起，适用委托合同的有关规定，但是管理人另有意思表示的除外。

例如，在管理人的通知义务中，如果管理人管理的事务不具有紧急性，应当等待受益人的指示。受益人如果指示管理人继续管理的，此时的无因管理则转化为委托合同；受益人如果指示管理人停止管理，而管理人违背受益人的意思继续管理的，则自受益人指示时起，管理人构成不当的无因管理。

689. 什么是不当的无因管理？

答：无因管理可以分为正当的无因管理和不当的无因管理，只有正当的无因管理才可以自动在管理人和受益人之间成立无因管理关系。不当的无因管理和正当的无因管理区别在于，在不当的无因管理中，管理人的管理行为不利于受益人或者违背了受益人明示或可推知的意思。

此外，要注意区分不成立无因管理的情形和不当的无因管理。例如，误把他人事务当作自己事务而进行管理的，由于缺乏管理的意思，因此不成立无因管理；明知道是他人的事务还当作是自己的事务进行管理的，也缺乏管理的意思，因此也不成立无因管理。

690. 见义勇为能否构成无因管理？

答：民法典第一百八十三条规定：因保护他人民事权益使自己受到损害的，

由侵权人承担民事责任，受益人可以给予适当补偿。没有侵权人、侵权人逃逸或者无力承担民事责任，受害人请求补偿的，受益人应当给予适当补偿。

见义勇为行为的构成符合无因管理的四个构成要件，即管理他人的事务、管理人和受益人之间没有法定或约定的义务、管理人为了避免他人的利益受到损失而进行管理、管理事务符合受益人真实意思，因此见义勇为可以构成无因管理。

由于民法典对见义勇为有单独的规定，因此在适用法条的时候应当优先适用第一百八十三条的规定。

第二十九章　不当得利

691. 什么是不当得利？

答：根据民法典第一百二十二条和第九百八十五条的规定，不当得利是指在没有法律根据的情形下，自己取得不当利益，而使他人受到损失。取得不当利益的一方称为得利人。受到损失的一方可以向得利人主张不当得利返还请求权，请求其返还不当利益。不当得利可以分为给付型不当得利和非给付型不当得利，非给付型不当得利又可以分为权益侵害型不当得利、支出费用型不当得利和求偿型不当得利。

692. 不当得利的构成要件有哪些？

答：不当得利的构成要件有四个：

（一）一方民事主体获得利益，包括财产利益的积极增加和财产利益的消极增加。财产利益的积极增加是指财产总额的增多，财产利益的消极增加是指财产总额本应该减少而没有减少。

（二）他方民事主体受到损失，包括财产的积极损失和财产的消极损失。财产的积极损失是指财产总额减少；财产的消极损失是指财产总额本应该增加而没有增加。

（三）一方获得利益和他方受到损失之间有因果关系。

（四）获得利益没有法律上的依据。如果一方获得利益和他方受到损失之间具有法律根据，则不构成不当得利。

693. 甲去乙饭店吃饭，甲只点了西红柿炒蛋、青椒炒肉和一碗米饭，但是服务员误将他人点的酸菜鱼汤端给了甲。甲没有吭声，把酸菜鱼汤也食用了。请问，甲是否构成不当得利？

答：按照不当得利构成要件分析，具有足够消费能力的甲获得利益，原本应该支付酸菜鱼汤的费用没有支付，即财产消极增加。乙饭店受到了损失，因为甲没有支付酸菜鱼汤的费用。甲获得利益和乙受到损失之间存在因果关系。甲获得利益并没有法律根据。

因此，甲喝掉不属于他的酸菜鱼汤的行为构成了不当得利。乙可以向甲主张不当得利返还请求权，甲负有向乙返还不当得利的债务。一般情况下，如果没有法律根据地食用了他人的食物、饮用了他人的酒水等，都构成不当得利。

694. 某大学学生甲花了800元在蛋糕店定制了一款豪华蛋糕，并让蛋糕店在具体时间送去给他暗恋的女生乙。但是住在同一宿舍楼的丙与乙同名同姓还同一天生日，送蛋糕的小哥错将蛋糕送给了丙。丙没有打算买蛋糕过生日，收到蛋糕后很开心并吃了蛋糕。请问，丙是否需要返还甲买蛋糕的费用？

答：丙不需要返还甲买蛋糕的费用，因为在此案例中丙属于善意得利人。

根据民法典第九百八十六条的规定，善意得利人在取得的利益不存在时，不承担返还该利益的义务。由于蛋糕已经被丙食用，其取得的利益不再存在，因此丙无需返还甲买蛋糕的费用。

695. 不当得利的排除情形有哪些？

答：根据民法典第九百八十五条的规定，不当得利排除情形主要有以下几种：

（一）为履行道德义务进行的给付，不构成不当得利。对于道德义务的认定，在不同国家以及不同的时期都可能存在一定的差异，主要包括传统习俗中的道德义务、职业道德义务、社会公共道德义务等。

（二）债务人为清偿未到期的债务而进行的给付，不构成不当得利。在债务清偿期限到期前，债权人不能请求债务人清偿债务，但债务人可以提前清偿。根据民法典第五百三十条的规定，只要提前清偿债务不会损害债权人的利益，债权人就不能拒绝债务人提前清偿。债务人提前履行债务给债权人增加的费用，由债务人负担。

（三）明知无给付义务而进行的债务清偿，不构成不当得利。作此规定的理论根据是禁止出尔反尔，即明知无给付义务，犹任意给付，再请求返还，前后矛盾，有违诚信原则，无保护必要，因此不得请求返还。

696.周末甲开车去心仪的饭店吃饭，车停在了停车场里。甲吃完饭哼着小曲去停车场取车，停车场的工作人员却和他说："我们为你洗了车，请支付15元的洗车费。"甲感到莫名其妙，认为自己并没有要求对方为他洗车，不想支付洗车费。请问，这种情形应该如何处理？

答：甲和停车场之间符合不当得利的构成要件，但是在此情形下甲的得利属于强迫得利。强迫得利是指得利人虽然因为受损方的行为而获得利益，但是受损方违背了得利人的意思，不符合得利人的经济计划的情形。强迫得利也属于不当得利的一种排除情形，应该根据具体情形进行判断，要根据得利人的经济情况以及经济计划等来认定其是否应该偿还。

在此案件中，如果甲的车并不脏，甲也没有洗车打算或者甲一般半个月洗一次车，时间未到绝对不洗车等，甲就没有义务支付洗车费，停车场也没有权利向甲主张不当得利返还请求权。

697.不当得利返还的范围是什么？

答：根据民法典第九百八十六条和第九百八十七条的规定，不当得利返还的范围根据得利人是善意还是恶意存在着区别。善意得利人是指得利人在取得利益时，其不知道且不应当知道取得的利益没有法律根据。当受损方要求得利人返还不当得利时，善意得利人仅对尚存的现存利益负有返还义务，取得的利益已经不存在的，则不承担返还该利益的义务。恶意得利人是指得利人在取得利益时，知道或者应当知道取得的利益没有法律根据。对于恶意得利人，受损失的人可以请求其返还其取得的利益并依法赔偿损失。

698.甲曾经承诺赠与考上大学的弟弟2万元作为奖励。后甲的单位发错工资，多给甲打了2万元，甲不知情，以为是这个月奖金多了2万元，甲把这2万元赠与了弟弟。在此案例中，甲的公司能否向甲主张不当得利返还请求权？

答：在此案例中，甲虽然属于善意得利人，但是甲仍然对单位负有返还2万元不当得利的义务。

根据民法典第九百八十六条的规定，善意得利人取得的利益已经不存在的，则不承担返还该利益的义务。"取得的利益已不存在"包括取得利益本身不存

（受领标的本身不存在）和得利人因取得利益而遭受的其他财产损失。利益本身不存在又包括了取得的利益因毁损、灭失、遗失等事由不能返还和取得的利益赠与他人。取得的利益赠与他人的情形，原则上当得利人将取得的利益赠与他人后，利益就已经不存在了，但是有例外情形。

在此案例中，甲要赠与弟弟2万元与公司是否发奖金以及公司发的奖金数额的多少无关。即使甲将公司发错的2万元赠与弟弟，甲的财产总额的增加尚存在，也不能够认定为取得的利益已不存在，因此甲的公司可以向甲主张不当得利返还请求权。

699. 不当得利由第三人无偿取得时，第三人是否负有返还义务？

答： 民法典第九百八十八条规定：得利人已经将取得的利益无偿转让给第三人的，受损失的人可以请求第三人在相应范围内承担返还义务。

如果得利人是善意得利人，其无偿转让与第三人的部分不负返还义务，因为现存利益不存在，而第三人需要在得利人免除返还责任的限度内对受损人负返还的责任。如果善意得利人有偿让与取得的利益，则负有返还不当得利的义务。如果得利人为恶意得利人，其不当得利返还义务不受无偿转让的影响，但是受损人此时享有选择权，可以选择向第三人或者恶意得利人主张不当得利返还请求权。

700. 甲放养的一只小羊跑到乙的羊群玩耍，乙不知情，以为是自己的羊。不久，乙的亲戚丙筹备婚礼，乙将此羊送给了丙。请问，乙是否要承担返还义务？

答： 在此案例中，乙是善意得利人，由于乙将取得的利益即小羊无偿送给了丙，没有了现存利益，所以乙不需要向甲承担不当得利返还的义务。

根据民法典第九百八十八条的规定，受损人甲可以请求丙在乙免除的责任范围内对其负担不当得利返还义务。

701. 甲放养的一只小羊跑到乙的羊群玩耍，乙发现后便将此羊占为己有，不久后送给了筹办婚礼的亲戚丙。请问，乙是否要承担返还义务？

答： 在此案例中，乙是恶意得利人，即使乙把小羊无偿送给了丙，乙仍然要负担不当得利返还义务。

根据民法典第九百八十八条的规定，受损人甲可以选择向乙或者丙主张不当得利返还请求权。

第四编 人格权

第一章 一般规定

702. 民法典人格权编有何创新与特色？

答：民法典人格权编的创新与特色主要表现在如下六个方面：

（一）民法典独立设人格权一编就是最大的特色，到目前为止世界各国的民法典中几乎都没有独立的人格权编，一般人格权都是在侵权行为中通过作为侵权行为之客体而予以反面规定的。我国民法典设人格权一编，对人格权加以具体详细的规定，目的在于更好地保护人格权，提高我国人权保障程度。

（二）民法典人格权编除了规定各种具体人格权之外，还规定了一般人格权。民法典第一百零九条规定：自然人的人身自由、人格尊严受法律保护。第九百九十条第一款规定：人格权是民事主体享有的生命权、身体权、健康权、姓名权、名称权、肖像权、名誉权、荣誉权、隐私权等权利。本法条第二款规定：除前款规定的人格权外，自然人享有基于人身自由、人格尊严产生的其他人格权益。

基于人身自由与人格尊严产生的其他人格权，在法学理论上称之为一般人格权。一般人格权的功能在于防止人格权法定，表明法律对于自然人的人格尊严的保护是持开放性的态度的，不限于法律所明确列举的那些具体人格权，随着时代的发展凡是被认为属于人格尊严的范畴的，无论法律是否有明确规定都在法律保护的范围之内。一般人格权来源于德国学说与判例，为我国法律所明确继受是立法上的重大进步。

（三）明确规定因违约行为侵害人格权时，受害方选择违约责任的不影响精神损害赔偿。

（四）创设了基于公共利益实施新闻报道、舆论监督等行为的，可以合理使用民事主体的姓名、名称、肖像、个人信息等。

（五）增加了性骚扰行为的责任以及单位防止性骚扰的义务。

（六）对人体试验进行了规范。

703. 在民法典中，人格权为什么独立成编？

答：从世界范围来看，各国都普遍强化了对人格权的保护，但迄今为止，大陆法系各民法典还没有独立成编的人格权规范体系，在民法典之外也没有独立的人格权法。关于人格权是否独立成编的问题，在我国民法典编纂的过程中存在不同的意见，但最高立法机关认为，人格权是民事主体对其特定的人格利益享有的权利，关系到每个人的人格尊严，是民事主体最基本、最重要的权利。保护人格权、维护人格尊严，是我国法治建设的重要任务，近年来加强人格权保护的呼声和期待较多。为了贯彻党的十九大和十九届二中全会关于"保护人民人身权、财产权、人格权"的精神，落实宪法关于"公民的人格尊严不受侵犯"的要求，综合考虑各方面意见，总结我国现有人格权法律规范的实践经验，在民法典中增加人格权编是较为妥当、可取的。因此，最终我国民法典采用人格权独立成编的立法模式。

704. 人格权编调整的范围包括哪些方面？

答：根据民法典第九百八十九条的规定，人格权编调整因人格权的享有和保护产生的民事关系。具体来说，人格权编调整范围包括人格权的享有、人格权的行使以及人格权的保护这三个方面。

（一）人格权的享有，是指民事主体根据法律的规定享有人格权。人格权编对一般人格权和具体人格权都作了相应的规定。

（二）人格权的行使，是指民事主体可以根据人格权编中的相关规定行使自己的人格权，如第九百九十三条规定了人格权利益的许可使用，第九百九十九条规定了新闻报道等如何合理使用人格利益。

（三）人格权的保护，是指民事主体的人格权遭到侵犯，受害方可以根据人格权编等相关的法律关系进行维权。

705. 什么是人格权？

答：人格权是指民事主体对其特定的人格利益享有的权利，是民事主体最基本、最为重要的一项权利。人格权法关系中的权利主体是自然人、法人和非法人组织；义务主体是人格权权利主体之外的不特定一切自然人、法人和非法人组织。

根据民法典第一百零九条、第一百一十条、第九百九十条的规定，人格权分为具体人格权和一般人格权。一般人格权是指自然人享有的基于人身自由、人格尊严产生的具体人格权以外的其他人格权益。一般人格权只有自然人享有，法人和非法人组织不享有一般人格权。一般人格权是人格利益保护的兜底条款，并且第九百九十条第二款的规定保持了人格权益保护范围的开放性。

民法典第九百九十条第一款以类型化的方式对具体人格权作出了规定，具体人格权包括了生命权、身体权、健康权、姓名权、名称权、肖像权、名誉权、荣誉权、隐私权等权利。

706. 周末王女士开心地去逛超市，想买点零食回家看电影吃。但当她购完物走出超市时，超市报警器响起，王女士被怀疑偷拿商品，并被超市的工作人员强行带到办公室搜身。最后发现是误会，王女士很生气。请问，该超市是否侵犯了王女士的人格权？

答：该超市侵犯了王女士所享有的人格权中的人身自由权。

民法典第一千零一十一条规定：以非法拘禁等方式剥夺、限制他人的行动自由，或者非法搜查他人身体的，受害人有权依法请求行为人承担民事责任。

该超市对王女士强行搜身行为侵犯了她的人身自由权，她可以根据法律的规定要求该超市承担侵害其人格权的民事责任。

707. 人格利益能否许可他人使用？

答：根据民法典第九百九十二条和第九百九十三条的规定，人格权虽然不得放弃、转让或者继承，但是民事主体可以将自己的姓名、名称、肖像等许可他人使用，除非依照法律规定或者根据其性质不得许可。

可以许可他人使用的人格利益都是能够脱离权利人本身而独自存在的，因此并不是所有的人格利益都能够许可他人使用，当法律明确规定不得许可他人使用的或者依据人格权益的性质不能许可他人使用的，权利人就不能将此人格权益许可给他人使用。

708. 死者的人格利益是否受到保护？

答：死者的人格利益受到法律的保护。

民法典第九百九十四条规定：死者的姓名、肖像、名誉、荣誉、隐私、遗体等受到侵害的，其配偶、子女、父母有权依法请求行为人承担民事责任；死者没有配偶、子女且父母已经死亡的，其他近亲属有权依法请求行为人承担民事责任。

由此可见，人格权编对死者人格利益的保护采用的是死者近亲属保护的方式。当死者的人格利益受到侵犯时，死者的第一顺位近亲属有权请求行为人承担民事责任；如果没有第一顺位近亲属的，其他近亲属也可以行使相应的权利；没有近亲属的，如侵害英雄烈士的人格利益，有关组织有权行使相应权利。此外，依法请求行为人承担民事责任,既包括向人民法院提起诉讼,也包括其他的救济方式。

709.侵害人格权要承担哪些民事责任?

答:根据民法典第九百九十五条的规定,人格权受到侵害的,受害人有权依照民法典和其他法律的规定请求行为人承担民事责任。受害人的人格权请求权包括了停止侵害、排除妨碍、消除危险、消除影响、恢复名誉、赔礼道歉请求权。

民法典第九百九十五条的规定相较于原民法通则发生了一些变化,民法通则第一百二十条关于侵害人格权民事责任中规定,受害人有权要求停止侵害,恢复名誉,消除影响,赔礼道歉,并可以要求赔偿损失。

民法典第九百九十五条没有再规定损害赔偿请求权,因为损害赔偿是属于侵权责任法救济损害的一般方法,不属于人格权请求权的内容。

710.人格权请求权是否受诉讼时效的限制?

答:根据民法典第九百九十五条的规定,人格权请求权不受诉讼时效的限制,即受害人的停止侵害、排除妨碍、消除危险、消除影响、恢复名誉、赔礼道歉请求权都不受诉讼时效限制。

此外,关于保护死者人格利益的请求权没有期限限制,只要死者有近亲属在世的,法律对于死者人格利益都予以保护。当死者不再有近亲属在世时,一般情形下法律将不再予以保护。

711.什么是违约精神损害赔偿?

答:违约精神损害赔偿是民法典新增的内容。

民法典第九百九十六条规定:因当事人一方的违约行为,损害对方人格权并造成严重精神损害,受损害方选择请求其承担违约责任的,不影响受损害方请求精神损害赔偿。

适用此条款需要满足以下几个要件:

(一)当事人一方违反合同义务构成违约;

(二)违约行为损害了对方当事人的人格权益;

(三)受害方因违约方的违约行为造成了严重的精神损害。

满足以上要件的,受害方既可以向违约方主张违约责任,也可以要求其承担违约精神损害赔偿责任。由于第九百九十六条属于特别规定,因此其相较于民法典侵权责任编的第一千一百八十三条，具有优先适用的效力。

712. 要符合哪些条件，受害人才能向法院申请停止侵害人格权的禁令？

答：停止侵害人格权的禁令是由人民法院发出的禁止行为人实施有可能侵害他人人格权益的行为的一种命令。这种命令具有强制性，行为人必须遵守，违反禁令的需要承担相应的责任。

民法典第九百九十七条规定：民事主体有证据证明行为人正在实施或者即将实施侵害其人格权的违法行为，不及时制止将使其合法权益受到难以弥补的损害的，有权依法向人民法院申请采取责令行为人停止有关行为的措施。

由此可知，受害人需要符合以下要件才能向法院申请停止侵害人格权的禁令：

（一）有证据证明行为人正在实施或者即将实施某种行为；

（二）行为人的行为会侵害受害人人格权益；

（三）不及时制止会给受害人的合法权益造成难以弥补的损害。

713. 某杂志未经某明星的允许，在杂志中使用了该明星的一张肖像照，导致大众以为这位明星与此杂志之间有合作。请问，在认定该杂志的民事责任时，应当考虑哪些因素？

答：民法典第九百九十八条规定：认定行为人承担侵害除生命权、身体权和健康权外的人格权的民事责任，应当考虑行为人和受害人的职业、影响范围、过错程度，以及行为的目的、方式、后果等因素。

在此案例中，考虑到因该杂志导致这位明星人格在较广泛的社会范围内受到商业化侵害，且该明星对此不知情也无过错，因此杂志应当在赔礼道歉外适当赔偿精神损害抚慰金。但是，如果该明星精神损害抚慰金的数额要求过高，对于高出部分法院不予支持。此外，由于该杂志已经发行，对于该明星肖像使用的行为已经完成，该明星要求这家杂志停止侵权不太现实，因此无法得到支持。

714. 如何合理使用他人人格利益？

答：根据民法典第九百九十九条的规定，正当使用他人人格利益需要符合以下几个要求：

（一）为了公共利益而实施的新闻报道、舆论监督等行为。

（二）使用的是民事主体的姓名、名称、肖像、个人信息等人格利益。并不是所有的人格利益都可以使用，可以使用的人格利益一般属于能够脱离权利人本身而独自存在的人格利益。

（三）需要合理使用，使用不合理侵害民事主体人格权的，需要承担民事责任。

符合以上要件使用他人人格利益的属于正当使用，不构成侵害他人人格权，不用承担民事责任。

715.什么是侵害人格权民事责任的相当性？人民法院的替代性执行方式有哪些？

答：根据民法典第一千条的规定，行为人因侵害人格权承担消除影响、恢复名誉、赔礼道歉等民事责任的，一方面要与行为的具体方式相当，如侵犯他人名誉权的应当恢复他人名誉；另一方面要和造成的影响范围相当，如在当地报纸上进行诽谤，不能要求其在全国报纸上消除影响。

行为人拒不承担民事责任的，人民法院可以采取替代性执行方式，如在报刊、网络等媒体上发布公告或者公布生效裁判文书等。人民法院采取替代性执行方式产生的费用由行为人负担。

第二章　生命权、身体权和健康权

716.什么是生命权？

答：民法典第一千零二条规定：自然人享有生命权。

生命权是指以自然人的生命安全和生命尊严作为客体的权利。生命权的内容包括了生命享有权、生命维护权、生命支配权和生命保护请求权。法条规定任何组织或者个人不得侵害他人的生命权，如果他人实施加害行为，致使自然人生理死亡的，即成立对生命权的侵害。

此外，民法典第一千零二条是我国立法上第一次规定生命尊严的概念，也是第一次将生命尊严纳入生命权的内容之中。

民法典明确规定生命尊严，就自觉地把生命尊严概括在人格尊严之内，使之成为人格尊严的组成部分，实现生、活、死的尊严的一体化，成为一个整体。

717.什么是身体权?

答:民法典第一千零三条规定:自然人享有身体权。

身体权是指自然人维护其身体组成部分的完整性,并支配其肢体、器官以及其他身体组织的具体人格权。身体权的内容包括维护身体的完整性和身体组成部分的支配权。与身体相连接,无法自由拆卸的假肢、义眼、支架等也属于身体权的客体。

此外,法条中规定了自然人的身体完整和行动自由受法律保护。身体和身体权是两个不同的概念,身体是指自然人生理组织的整体,法律上的身体强调的是其完整性、自由性。

718.甲去理发店洗头发,理发时睡着了,理发店的实习员工乙觉得甲发型很难看,于是擅自为甲剪了头发。甲醒来后吓了一跳,十分生气。请问,乙的行为是否侵犯了甲的权利?

答:乙的行为侵犯了甲的身体权。侵犯身体权的行为包括破坏身体的完整性和破坏身体的完满性。破坏身体的完整性,如打断别人的腿、牙医拔错患者的牙齿等;破坏身体的完满性,如强奸等。

此案例中,乙擅自为甲理发的情形属于破坏甲身体的完整性,即使是头发、指甲也属于他人身体的一部分,因此乙侵犯了甲的身体权,甲可以向乙主张自己的权利。

719.什么是健康权?

答:根据民法典第一千零四条的规定,自然人享有健康权。

健康权是指自然人以自己身体的生理机能和心理机能的正常运作和功能的正常发挥,维持人体生命活动的利益为内容的具体人格权。法条规定任何组织或者个人不得侵害他人的健康权,他人如果实施加害行为,导致自然人的生理机能或者心理机能无法正常运作,处于疾病或者丧失部分能力的,就构成对健康权的侵害。

720.甲和乙是商业竞争对手,甲看不惯乙很久了。一天,两人一同参加一个宴席,在酒席上甲使尽浑身解数让乙喝了很多杯高度数酒,最后导致乙酒精中毒住院治疗。请问,甲恶意劝酒的行为是否侵害了乙的权益?

答:甲恶意劝酒导致乙酒精中毒住院治疗的行为,侵犯了乙的健康权。

根据民法典第一千零四条的规定,保护自然人身体的生理机能和心理机能免受他人侵害。健康权和身体权存在一定的差异，但有的时候也存在交叉关系。在此案例中，甲只侵害了乙的健康权，没有侵害乙的身体权。例如，医院因过失摘除了病人那一个好的肾脏，这种情形下医院既侵害了患者的健康权，也侵害了患者的身体权，因为肾脏属于身体的组成部分。又如擅自剪掉他人头发、指甲的，这种行为仅侵害了身体权，没有侵害健康权，因为被剪掉头发或者指甲的人，其生理机能和心理机能都能正常运作。

721.民法典第一千零五条的法定救助义务具体是指什么？

答：民法典第一千零五条规定：自然人的生命权、身体权、健康权受到侵害或者处于其他危难情形的，负有法定救助义务的组织或者个人应当及时施救。

此法条规定的法定救助义务的保护范围并不包括所有的人格权，只限于自然人的生命权、身体权和健康权。负有法定救助义务的组织或个人，包括特殊职业的法定救助义务，如消防员、警察等；法定安全保障义务，如民法典第一千一百九十八条规定的经营场所、公共场所的经营者、管理者或者群众性活动的组织者，未尽到安全保障义务，造成他人损害的，应当承担侵权责任；合同附随的救助义务，如民法典第八百二十二条，在客运合同中，承运人在运输过程中，应当尽力救助患有急病、分娩、遇险的旅客等。

722.法律对于无偿捐献人体细胞、人体组织、人体器官和遗体有什么规定？

答：根据民法典第一千零六条的规定，只有完全民事行为能力人有权依法自主决定无偿捐献其人体细胞、人体组织、人体器官、遗体。精神病人等限制民事行为能力人和无民事行为能力人不能实施捐献行为。此外，任何组织或者个人不得强迫、欺骗、利诱完全民事行为能力人进行捐献。

完全民事行为能力人同意捐献的，必须采用书面形式或者以订立遗嘱的形式。如果自然人生前未表示不同意捐献的，该自然人死亡后，可以由其配偶、成年子女以及父母共同决定捐献，决定捐献的也必须采用书面形式。

723.人体细胞、人体组织、人体器官和遗体能否进行买卖？

答：任何人体细胞、人体组织、人体器官和遗体都属于人的身体组成部分。根据民法典第一千零七条的规定，我国禁止以任何形式买卖人体细胞、人体组织、人体器官、遗体。进行人体细胞、人体组织、人体器官和遗体买卖的行为都属于违法行为，也都是无效的行为。

自然人且为完全民事行为能力人只能以捐献的方式将自己的身体组成部分或者遗体交于他人。

724. 对于人体临床试验，民法典人格权编中有什么规定？

答：民法典第一千零八条规定：为研制新药、医疗器械或者发展新的预防和治疗方法，需要进行临床试验的，应当依法经相关主管部门批准并经伦理委员会审查同意，向受试者或者受试者的监护人告知试验目的、用途和可能产生的风险等详细情况，并经其书面同意。

此外，该法条还规定，进行临床试验的，不得向受试者收取试验费用。

725. 法律对于从事人体基因、人体胚胎等医学和科研活动有什么法定限制？

答：民法典第一千零九条规定：从事与人体基因、人体胚胎等有关的医学和科研活动，应当遵守法律、行政法规和国家有关规定，不得危害人体健康，不得违背伦理道德，不得损害公共利益。

726. 什么是性骚扰？法律对此有何规定？

答：性骚扰行为是指行为人违背权利人的意志，实施性交以外的侵害权利人性自主权的行为。性自主权是一种人格利益，是指自然人按照自己的意志行使其性利益的具体人格权。

民法典第一千零一十条规定：违背他人意愿，以言语、文字、图像、肢体行为等方式对他人实施性骚扰的，受害人有权依法请求行为人承担民事责任。

机关、企业、学校等单位应当采取合理的预防、受理投诉、调查处置等措施，防止和制止利用职权、从属关系等实施性骚扰。

民法典第一千零一十条保护的权利主体不限于女性，男性也享有性自主权，也受此法条的保护。

727. 什么是人身自由权？

答：人身自由权是一种人格权，自然人享有人身自由权。

根据民法典第一千零一十一条的规定，侵犯自然人人身自由权的情形有两种：

（一）以非法拘禁等方式剥夺、限制他人的行动自由；

（二）非法搜查他人身体。

人身自由受到侵犯的受害人有权依法请求行为人承担民事责任。

第三章　姓名权和名称权

728.小明可以许可他人使用自己的姓名吗？

答：可以。

民法典第一千零一十二条规定：自然人享有姓名权，有权依法决定、使用、变更或者许可他人使用自己的姓名，但是不得违背公序良俗。

小明可以许可他人使用自己的姓名，但是此种使用不得违背公序良俗。

729.小明创办了"明日公司"，公司也像自然人一样拥有名称权吗？

答：公司有名称权。

民法典第一千零一十三条规定：法人、非法人组织享有名称权，有权依法决定、使用、变更、转让或者许可他人使用自己的名称。

公司作为法人也像自然人一样拥有名称权，同时诸如个人独资企业、合伙企业、不具有法人资格的专业服务机构等非法人组织也拥有名称权。

730.民法典是如何保护公司的名称权的？

答：民法典第一千零一十四条规定：任何组织或者个人不得以干涉、盗用、假冒等方式侵害他人的姓名权或者名称权。

如果故意以非法手段侵害自然人的姓名权或者法人、非法人组织的名称权，都要承担侵权责任。

731.小明可以随其外公的姓氏吗？

答：可以。

民法典第一千零一十五条规定：自然人应当随父姓或者母姓，但是有下列情形之一的，可以在父姓和母姓之外选取姓氏：

（一）选取其他直系长辈血亲的姓氏；

（二）因由法定扶养人以外的人扶养而选取扶养人姓氏；

（三）有不违背公序良俗的其他正当理由。

少数民族自然人的姓氏可以遵从本民族的文化传统和风俗习惯。

小明除了可以随父亲或母亲的姓氏外，还可以随外公的姓氏。如果小明是少数民族，那么他可以遵从本民族的文化传统来选取姓氏。当然，选取姓氏的理由不能违背公序良俗。

732. 小明想要改自己的姓名，需要哪些法律流程？

答：小明需要向有关机关办理登记手续。

民法典第一千零一十六条第一款规定：自然人决定、变更姓名，或者法人、非法人组织决定、变更、转让名称的，应当依法向有关机关办理登记手续，但是法律另有规定的除外。

《中华人民共和国户口登记条例》第十七条规定：户口登记的内容需要变更或者更正的时候，由户主或者本人向户口登记机关申报；户口登记机关审查属实后予以变更或者更正。

户口登记机关认为必要的时候，可以向申请人索取有关变更或者更正的证明。

《中华人民共和国户口登记条例》第十八条规定：公民变更姓名，依照下列规定办理：

（一）未满十八周岁的人需要变更姓名的时候，由本人或者父母、收养人向户口登记机关申请变更登记；

（二）十八周岁以上的人需要变更姓名的时候，由本人向户口登记机关申请变更登记。

所以，小明如果已经年满十八周岁，他可以前往其户籍所在地的公安分局户证窗口，领取申请表格，并提供所需资料，经审批后即可改名；若小明未满十八周岁，则由小明或者父母、收养人向户口登记机关申请变更登记。

733. 小明将自己的名字改为"晓明"，那么晓明之前以"小明"的名字所签署的购房合同还具有约束力吗？

答：有法律约束力。

民法典第一千零一十六条第二款规定：民事主体变更姓名、名称的，变更前实施的民事法律行为对其具有法律约束力。

"小明"变更名字前签署的合同依旧约束"晓明"，虽然更改了名字，但是民事主体始终为同一个人。

734. 小明是一个当红的声乐担当，他出道时所用的名字是艺名"晓明"，艺名"晓明"也受到法律的保护吗？

答：受到法律保护。

民法典第一千零一十七条规定：具有一定社会知名度，被他人使用足以造成公众混淆的笔名、艺名、网名、译名、字号、姓名和名称的简称等，参照适用姓名权和名称权保护的有关规定。

晓明出道后名气很大，其艺名"晓明"具有相当大的社会知名度，并且如果被他人使用足以造成混淆，所以该艺名也受到民法典的保护。

第四章　肖　像　权

735. 自然人可以怎样使用自己的肖像权？民法典是怎样定义肖像的？

答：民法典第一千零一十八条规定：自然人享有肖像权，有权依法制作、使用、公开或者许可他人使用自己的肖像。

肖像是通过影像、雕塑、绘画等方式在一定载体上所反映的特定自然人可以被识别的外部形象。

736. 小明闲时逛街，在不知情的情况下被街拍摄影师拍下自己的照片，并被发布到网络上营利。请问，小明可以引用民法典哪一条来保护自己的肖像权？

答：民法典第一千零一十九条规定：任何组织或者个人不得以丑化、污损，或者利用信息技术手段伪造等方式侵害他人的肖像权。未经肖像权人同意，不得制作、使用、公开肖像权人的肖像，但是法律另有规定的除外。

未经肖像权人同意，肖像作品权利人不得以发表、复制、发行、出租、展览等方式使用或者公开肖像权人的肖像。

737. 小明的一组照片在网络上引起极大关注，在某艺术院校的摄影课上，老师可以使用小明的这组照片来讲解构图等拍摄技巧吗？

答：可以。

民法典第一千零二十条规定：合理实施下列行为的，可以不经肖像权人同意：

（一）为个人学习、艺术欣赏、课堂教学或者科学研究，在必要范围内使用肖像权人已经公开的肖像；

（二）为实施新闻报道，不可避免地制作、使用、公开肖像权人的肖像；

（三）为依法履行职责，国家机关在必要范围内制作、使用、公开肖像权人的肖像；

（四）为展示特定公共环境，不可避免地制作、使用、公开肖像权人的肖像；

（五）为维护公共利益或者肖像权人合法权益，制作、使用、公开肖像权人的肖像的其他行为。

艺术院校老师的行为属于该条第一项所规定的行为，故艺术院校的老师可以为了课堂教学在必要范围内使用小明已经公开的肖像。

738.电视台在拍摄报道抗洪抢险的新闻时，小明作为救援人员在转运受灾群众时出现在了电视台的画面中。请问，电视台的拍摄是否侵犯小明的肖像权？

答：不侵犯。

民法典第一千零二十条规定：合理实施下列行为的，可以不经肖像权人同意：

（一）为个人学习、艺术欣赏、课堂教学或者科学研究，在必要范围内使用肖像权人已经公开的肖像；

（二）为实施新闻报道，不可避免地制作、使用、公开肖像权人的肖像；

（三）为依法履行职责，国家机关在必要范围内制作、使用、公开肖像权人的肖像；

（四）为展示特定公共环境，不可避免地制作、使用、公开肖像权人的肖像；

（五）为维护公共利益或者肖像权人合法权益，制作、使用、公开肖像权人的肖像的其他行为。

电视台的行为属于该条第二项所规定的行为，所以电视台在拍摄报道抗洪抢险的新闻时可以拍摄小明的肖像。

739.张三犯诈骗罪现脱逃在外，现只有其在ATM取款时所拍摄的照片能够辨别其面部。请问，公安机关可以公布此张照片来通缉张三吗？

答：可以。

民法典第一千零二十条规定：合理实施下列行为的，可以不经肖像权人同意：

（一）为个人学习、艺术欣赏、课堂教学或者科学研究，在必要范围内使用肖像权人已经公开的肖像；

（二）为实施新闻报道，不可避免地制作、使用、公开肖像权人的肖像；

（三）为依法履行职责，国家机关在必要范围内制作、使用、公开肖像权人的肖像；

（四）为展示特定公共环境，不可避免地制作、使用、公开肖像权人的肖像；

（五）为维护公共利益或者肖像权人合法权益，制作、使用、公开肖像权人的肖像的其他行为。

公安机关的行为属于该条第三项所规定之行为，故公安机关可以公布此张照片来通缉张三。

740. 小明是一名模特，其与经纪公司签订了肖像许可使用合同，现双方对合同中"许可范围"的解释产生了争议，应当如何解释合同？

答：应当作出有利于肖像权人的解释。

民法典第一千零二十一条规定：当事人对肖像许可使用合同中关于肖像使用条款的理解有争议的，应当作出有利于肖像权人的解释。

741. 演员小明在与经纪公司签署的合同中没有写明肖像许可使用的期限，现小明想要退出娱乐圈回家继承家族企业，小明可以解除肖像许可使用合同吗？

答：可以随时解除。

民法典第一千零二十二条第一款规定：当事人对肖像许可使用期限没有约定或者约定不明确的，任何一方当事人可以随时解除肖像许可使用合同，但是应当在合理期限之前通知对方。

小明可以随时解除合同，但是应当在合理期限之前通知经纪公司，以便经纪公司签新人。

742. 小明是一名专业歌手，他的声音受到法律保护吗？

答：受到法律保护。

民法典第一千零二十三条第二款规定：对自然人声音的保护，参照适用肖像权保护的有关规定。

第五章　名誉权和荣誉权

743.法律对于个人名誉权的保护具体包括哪些？

答：民法典第一千零二十四条第二款规定：名誉是对民事主体的品德、声望、才能、信用等的社会评价。

744.演员张某在签署演艺合同的过程中通过"阴阳合同"来偷税漏税，某新闻网站根据客观事实写了一篇报道批评张某此种行为，降低了张某的社会评价，该新闻网站需要承担民事责任吗？

答：不需要。

民法典第一千零二十五条规定：行为人为公共利益实施新闻报道、舆论监督等行为，影响他人名誉的，不承担民事责任。

新闻网站是基于客观事实进行舆论监督，不承担民事责任。

745.某娱乐新闻网站在报道演员张某偷税漏税的案件时，对张某使用了侮辱性的语言，该网站需要承担民事责任吗？

答：需要。

民法典第一千零二十五条规定了"行为人为公共利益实施新闻报道、舆论监督等行为，影响他人名誉的，不承担民事责任"的例外情况，即"使用侮辱性言辞等贬损他人名誉"。该网站使用侮辱性语言报道张某，需要承担民事责任。

746.某娱乐新闻网站在报道演员张某偷税漏税的案件时，使用了来自娱乐记者卓某的"小道消息"。卓某过往提供的各种小道消息真假参半，在业内名声很差，并且此次提供的信息为张某10年之前的上市公司持股情况。该娱乐网站未经核查消息即在对张某的报道中使用，造成了张某社会评价的降低。该娱乐网站需要承担民事责任吗？

答：需要。

民法典第一千零二十六条规定：认定行为人是否尽到前条第二项规定的合理核实义务，应当考虑下列因素：

（一）内容来源的可信度；

（二）对明显可能引发争议的内容是否进行了必要的调查；

（三）内容的时限性；

（四）内容与公序良俗的关联性；

（五）受害人名誉受贬损的可能性；

（六）核实能力和核实成本。

卓某在业内本就名声很差，消息真假参半，故此消息来源的可信度本身就很低，并且10年前的信息已经不具有时效性，同时对于上市公司的持股情况是很容易查询的，由此可认定构成民法典第一千零二十五条第二项"对他人提供的严重失实内容未尽到合理核实义务"的情形，娱乐网站需要向张某承担法律责任。

747.一次小明在散步途中看到一女子失足坠入河中，便奋力将其救出水面。事后张某以"小明的人生"为题描述了小明的生平和见义勇为的救人经历，并出版成书引发轰动，但却编造了其救人后向被救女子索要"感谢费"的情节，并使用侮辱性语言描写小明的唯利是图、贪婪自私。张某需要承担民事责任吗？

答：需要。

民法典第一千零二十七条第一款规定：行为人发表的文学、艺术作品以真人真事或者特定人为描述对象，含有侮辱、诽谤内容，侵害他人名誉权的，受害人有权依法请求该行为人承担民事责任。

748.小明在一次散步途中看到一女子失足坠入河中，便奋力将其救出水面，之后电视台报道了小明见义勇为的行为，小洋看到此新闻报道后，决定将此段勇救落水女子的情节加入其正在创作的小说当中，并且为了塑造小说主人公"张三"立体复杂的人物形象，小洋在其小说中对此段见义勇为情节进行了改编，改编为张三救人后用暴力威胁手段向被救女子索要"感谢费"，塑造了张三唯利是图、贪婪自私的人物形象。请问，小洋侵害了小明的名誉权吗？

答：没有侵害。

民法典第一千零二十七条第二款规定：行为人发表的文学、艺术作品不以特定人为描述对象，仅其中的情节与该特定人的情况相似的，不承担民事责任。

小洋并未以小明为描述对象，其所创作的小说是以"张三"为描述对象，而张三是艺术作品中虚构的人物，仅仅是其小说中张三"见义勇为"这一特定情节与小明的经历相似，对于索要"感谢费"情节的描写是为了塑造小说主人公张三的形象，并没有降低小明的社会评价，因此张三不需要承担民事责任。

749. 在报道小明见义勇为的时候，某网站捏造小明救人后向被救女子索要钱财的情形，致使小明的社会评价降低。小明可以怎样维护自己的权利？

答：民法典第一千零二十八条规定：民事主体有证据证明报刊、网络等媒体报道的内容失实，侵害其名誉权的，有权请求该媒体及时采取更正或者删除等必要措施。

小明有权要求该网站删除不实报道，或者要求其更正报道。

750. 小明去银行发现自己的信用卡的信用额度记录错误，自己已经还款的金额还被记录为欠款，导致其信用卡额度降低。小明如何维护自己的权利？

答：小明有权提出异议并请求采取更正、删除等必要措施。

民法典第一千零二十九条规定：民事主体可以依法查询自己的信用评价；发现信用评价不当的，有权提出异议并请求采取更正、删除等必要措施。信用评价人应当及时核查，经核查属实的，应当及时采取必要措施。

小明可以要求银行更改自己的信用额度，并删除错误的欠款信息。

751. 小明见义勇为救助了落水女子，该省见义勇为基金会决定向小明授予"见义勇为英雄"称号，但是这一称号并未被记录在小明的个人档案中。请问，小明该如何维护自己的权益？

答：小明可以请求记载其名誉称号。

民法典第一千零三十一条第二款规定：获得的荣誉称号应当记载而没有记载的，民事主体可以请求记载；获得的荣誉称号记载错误的，民事主体可以请求更正。

第六章　隐私权和个人信息保护

752. 王某想入股A市的B股份有限公司，但准备入股时，该公司人员打听得知王某的家庭结构等隐私信息。请问，上述行为合法吗？

答：不合法。

民法典第一千零三十二条第一款规定：自然人享有隐私权。任何组织或者个人不得以刺探、侵扰、泄露、公开等方式侵害他人的隐私权。

753. 杨某是一名美术老师，但有偷拍女性私密部位的不良癖好，某日在地铁站中，当事人李某在坐地铁过程中发现杨某在用摄像机偷拍其裙底，杨某当场被抓获。但杨某拒不承认其偷拍行为，认为是为了行为艺术，不算是偷拍。请问，杨某的抗辩是否成立？

答：不成立。

根据民法典第一千零三十三条第四项的规定，拍摄、窥视他人身体的私密部位属于侵害他人隐私权的方式。故上述杨某的行为构成侵害他人的隐私权，应当承担民事责任。

754. 一日小明接到一个诈骗电话，对方声称自己是北京市公安局西城分局出入境管理部门的民警，并且正确念出了小明的姓名、出生日期、身份证号、电话号码等信息，并称小明有一条违法的入境记录需要本人前往公安局进行处理。请问，该电信诈骗团伙是否窃取了小明的个人信息？

答：该电信诈骗团伙窃取了小明的个人信息。

民法典第一千零三十四条第一、第二款规定：自然人的个人信息受法律保护。

个人信息是以电子或者其他方式记录的能够单独或者与其他信息结合识别特定自然人的各种信息，包括自然人的姓名、出生日期、身份证件号码、生物识别信息、住址、电话号码、电子邮箱、健康信息、行踪信息等。诈骗团伙正确说出来小明的姓名、出生日期、身份证号、电话号码等信息，已经构成窃取小明的个人信息。

755.王某得到一笔月结的工资1万元，碍于没有银行卡无法储存，便决定到离家很近的A银行去办理银行卡并把该笔钱存进去。当王某到达银行，银行的工作人员要求王某填写相关具体的个人信息以完成开户手续。但王某认为A银行的行为属于侵犯客户个人隐私权，遂拒绝填写并打算向法院提起诉讼。请问，王某该行为是否可以得到支持？

答：不能得到支持。

民法典第一千零三十五条规定：处理个人信息的，应当遵循合法、正当、必要原则，不得过度处理，并符合下列条件：

（一）征得该自然人或者其监护人同意，但是法律、行政法规另有规定的除外；

（二）公开处理信息的规则；

（三）明示处理信息的目的、方式和范围；

（四）不违反法律、行政法规的规定和双方的约定。

个人信息的处理包括个人信息的收集、存储、使用、加工、传输、提供、公开等。

756.王某打算去B银行办理一张自己的信用卡，但是银行工作人员要求王某提供其财产信息和信用额度等。请问，银行工作人员的行为符合法律规定吗？

答：符合。

民法典第一千零三十六条规定：处理个人信息，有下列情形之一的，行为人不承担民事责任：

（一）在该自然人或者其监护人同意的范围内合理实施的行为；

（二）合理处理该自然人自行公开的或者其他已经合法公开的信息，但是该自然人明确拒绝或者处理该信息侵害其重大利益的除外；

（三）为维护公共利益或者该自然人合法权益，合理实施的其他行为。

757.张某在手机电话客户公司办理一张该市的手机卡，但填写后因工作人员的疏忽，误把张某的姓写成了吴，以至于张某办理相关业务时受到阻碍限制。请问，张某应该如何处理？

答：民法典第一千零三十七条第一款规定：自然人可以依法向信息处理者查阅或者复制其个人信息；发现信息有错误的，有权提出异议并请求及时采取更正等必要措施。

758.吴某打算去一家健身会所健身,但因健身会所相关规定:满50周岁以上的会员是一个月4000元,未满50周岁的是一个月3000元。吴某今年刚满49岁,看到一个月3000元的价钱认为很划算,于是决定交钱并开始健身。在交完价款之后,该健身会所老板认为可以钻空子,私自让工作人员把吴某的年龄改成51岁,这样可以借此机会向吴某多要1000元,吴某得知此事并决定起诉该健身会所。请问,吴某的起诉能得到法律支持吗?

答: 能。

民法典第一千零三十八条第一款规定:信息处理者不得泄露或者篡改其收集、存储的个人信息;未经自然人同意,不得向他人非法提供其个人信息,但是经过加工无法识别特定个人且不能复原的除外。

759.张某和李某在该市的民政局登记结婚之后,该民政局人员未经当事人同意,擅自把张某、李某夫妇二人的结婚照片以及其他相关个人信息卖给某婚庆公司做宣传推广用途,事后张某、李某二人在浏览网站时发现该婚庆公司有二人的结婚登记信息。请问,上述民政局的行为是否合法?

答: 不合法。

民法典第一千零三十九条规定:国家机关、承担行政职能的法定机构及其工作人员对于履行职责过程中知悉的自然人的隐私和个人信息,应当予以保密,不得泄露或者向他人非法提供。

第五编　婚姻家庭

第一章 一般规定

760. 民法典婚姻家庭编入典后有哪些新的变化？

答：民法典婚姻家庭编与原来的婚姻法相比较，有如下四个方面的重大变化：

（一）取消了"患有医学上认为不应当结婚的疾病作为婚姻无效的原因"，相应地增加了结婚前重大疾病的告知义务。

民法典第一千零五十三条规定：一方患有重大疾病的，应当在结婚登记前如实告知另一方；不如实告知的，另一方可以向人民法院请求撤销婚姻。

（二）增加了婚姻无效或者被撤销的，过错方的损害赔偿责任。

（三）对夫妻共同债务进行了更为详细的规定，确立了"共债共签"的基本规则。

依据民法典第一千零六十四条规定，只有夫妻双方共同签名或者一方事后追认等共同意思表示所负的债务或者虽然是一方以个人名义所负的债务但是用于夫妻共同生活、共同生产经营的才为夫妻共同债务，否则即为负债人一方的个人债务；

（四）确立了"离婚冷静期"制度。

民法典第一千零七十七条规定：自婚姻登记机关收到离婚登记申请之日起三十日内，任何一方不愿意离婚的，可以向婚姻登记机关撤回离婚登记申请。

前款规定期限届满后三十日内，双方应当亲自到婚姻登记机关申请发给离婚证；未申请的，视为撤回离婚登记申请。

（五）增加了对离婚时恶意隐匿财产方的惩罚机制。

民法典第一千零九十二条规定：夫妻一方隐藏、转移、变卖、毁损、挥霍夫妻共同财产，或者伪造夫妻共同债务企图侵占另一方财产的，在离婚分割夫妻共同财产时，对该方可以少分或者不分。离婚后，另一方发现有上述行为的，可以向人民法院提起诉讼，请求再次分割夫妻共同财产。

761. 小红的父母出于商业目的的考虑，强迫小红与其生意合作伙伴之子结婚，是否符合民法典的立法精神？

答：不符合。

民法典第一千零四十一条规定：婚姻家庭受国家保护。

实行婚姻自由、一夫一妻、男女平等的婚姻制度。

保护妇女、未成年人、老年人、残疾人的合法权益。

小红的父母不能强迫小红出于商业目的与其他人结婚，这种强迫结婚的行为违背了民法典保护婚姻自由的法律制度。

762. 情景一：小张刚满18岁，家在贵州山区，他有一个身有残疾的哥哥，父母为了给哥哥娶媳妇，准备让小张和邻村的老王家换亲。

情景二：老张已婚，但是以感情不和为由，在外面与李某同居，并公开以夫妻相称。

情景三：小王今年13岁，多次在学校殴打同学，在家访中，得知孩子父亲经常酒后殴打其妻和小王，老师知道后遂报警。

请问，上述三种情景分别违反了民法典中哪些关于婚姻家庭的禁止性规定？

答：民法典第一千零四十二条规定：禁止包办、买卖婚姻和其他干涉婚姻自由的行为。禁止借婚姻索取财物。

禁止重婚。禁止有配偶者与他人同居。

禁止家庭暴力。禁止家庭成员间的虐待和遗弃。

情景一中小张的父母为小张包办婚姻，违反了该法条第一款的禁止性规定；情景二中的老张与李某同居并公开以夫妻相称，构成重婚，违反了该法条第二款的禁止性规定；情景三中的小王父亲经常酒后殴打妻子和儿子，构成家庭暴力，违反了该法条第三款的禁止性规定。

763. 在婚姻家庭中应当遵循什么原则？

答：民法典第一千零四十三条规定：家庭应当树立优良家风，弘扬家庭美德，重视家庭文明建设。

夫妻应当互相忠实，互相尊重，互相关爱；家庭成员应当敬老爱幼，互相帮助，维护平等、和睦、文明的婚姻家庭关系。

家庭是最小的社会单元，只有每一个家庭都幸福美满，整个社会才会和谐有序，民法典中此法条原则性规定，旨在倡导优良家风，有助于树立人们内心的道德准则。

764. 民法典中的亲属、近亲属和家庭成员包括哪些？

答：民法典第一千零四十五条规定：亲属包括配偶、血亲和姻亲。

配偶、父母、子女、兄弟姐妹、祖父母、外祖父母、孙子女、外孙子女为近亲属。

配偶、父母、子女和其他共同生活的近亲属为家庭成员。

第二章 结 婚

765. 小张和小李一起长大，小张从小就喜欢小李，但是成年后，小李已经有了男朋友，小张悲痛欲绝并心生歹意。一日，他来到小李家，将事先准备好的外形逼真的塑料道具刀架在了小李母亲的脖子上，声称如果小李不跟他结婚，就要伤害小李的母亲。请问，小张的行为违反了民法典哪条规定？

答：民法典第一千零四十六条规定：结婚应当男女双方完全自愿，禁止任何一方对另一方加以强迫，禁止任何组织或者个人加以干涉。

小张以伤害小李母亲的行为来威胁小李，要求小李与其结婚，已经构成了对小李的强迫。虽然他手中的刀是不具有伤害性的塑料道具刀，但是因为其外形逼真，仍在精神上造成了小李的恐惧，已达到了对小李的强迫。

766. 法定结婚年龄是多少？

答：民法典第一千零四十七条规定：结婚年龄，男不得早于二十二周岁，女不得早于二十周岁。

婚姻的自然属性和社会属性要求，结婚只有达到一定的年龄，才能具备适合的生理条件和心理条件，也才能履行夫妻义务，承担家庭和社会的责任。所以，尽管我国法律保护婚姻自由，但并非所有公民都可以成为婚姻法律关系的主体，只有达到法律规定的结婚年龄的人才可以结婚。我国婚姻法关于结婚年龄的规定，不是必婚年龄，也不是最佳结婚年龄，而是结婚的最低年龄，是划分违法婚姻与合法婚姻的年龄界限。只有达到了法定结婚年龄才能结婚，否则就是无效的婚姻。

767. 民法典规定禁止结婚的情形是什么？

答：民法典第一千零四十八条规定：直系血亲或者三代以内的旁系血亲禁止结婚。

禁止近亲结婚的规定，有伦理上的考虑，避免近亲间的跨代婚姻；也有对于保护儿童的考虑：近亲结婚更易促成童婚的发生；更重要的是基于生物学的考虑：近亲结婚会增大遗传疾病和基因缺陷的概率，而男女双方血亲越远，结婚后对后代遗传基因的影响越小。

768.民法典规定的结婚登记是如何要求的？

答：民法典第一千零四十九条规定：要求结婚的男女双方应当亲自到婚姻登记机关申请结婚登记。符合本法规定的，予以登记，发给结婚证。完成结婚登记，即确立婚姻关系。未办理结婚登记的，应当补办登记。

只有办理结婚登记，才能成立合法的婚姻关系，双方的婚姻关系才发生法律效力，才会受到国家和法律的承认和保护；同时，结婚登记可以避免重婚的出现，有助于对重婚者的管理和监控。国家通过结婚登记可以对婚姻的建立进行监督，保障婚姻自由，防止包办买卖婚姻等其他干涉婚姻自由行为的发生，保障一夫一妻制，防止重婚，保障男女双方和后代的身体健康，防止早婚、近血亲结婚，从而维护法律的严肃性，巩固社会主义的婚姻家庭制度。

769.小张和小李是一对恋人，准备结婚，小张家一直想找个上门女婿，所以坚持要求小李入赘到小张家，这样是否可以？

答：可以。

根据民法典第一千零五十条的规定，婚后双方互为家庭成员，登记结婚后，按照男女双方约定，女方可以成为男方家庭的成员，男方可以成为女方家庭的成员。

结婚行为是两个人组成新家庭的过程，为了维护家庭关系的稳定，促进婚姻关系的和谐，婚姻双方互为家庭成员。

770.民法典中规定什么情况下属于婚姻无效？

答：民法典第一千零五十一条规定：有下列情形之一的，婚姻无效：

（一）重婚；

（二）有禁止结婚的亲属关系；

（三）未到法定婚龄。

无效婚姻是指因不具备法定结婚要件的男女结合，在法律上不具有婚姻效力的制度。因欠缺婚姻成立的法定要件而不发生法律效力的婚姻。重婚违反了我国一夫一妻的婚姻家庭制度，严重违背了社会主义道德风尚，影响家庭稳定和社会安定；近亲结婚会产生生物遗传中的问题；达到法定结婚年龄是我国婚姻有效的构成要件，故民法典将上述三种情况规定为婚姻无效。

771. 小张被拐骗到偏远山区，被迫和李某某登记结婚，并被限制人身自由。经过两年的打拐，小张被解救出来，这种婚姻效力如何？

答：小张可以向法院申请撤销婚姻。

民法典第一千零五十二条规定：因胁迫结婚的，受胁迫的一方可以向人民法院请求撤销婚姻。

请求撤销婚姻的，应当自胁迫行为终止之日起一年内提出。

被非法限制人身自由的当事人请求撤销婚姻的，应当自恢复人身自由之日起一年内提出。

小张可以自被解救之日起一年内向人民法院请求撤销此婚姻。

772. 小张和小王经人介绍结婚，但是婚前小张及其家人隐瞒了小张已是癌症晚期的实情。婚后两个月小张突然发病被送往ICU（重症监护室），小王这才发现小张婚前隐瞒重大疾病，此时小王可以撤销婚姻吗？

答：可以撤销。

民法典第一千零五十三条规定：一方患有重大疾病的，应当在结婚登记前如实告知另一方；不如实告知的，另一方可以向人民法院请求撤销婚姻。

请求撤销婚姻的，应当自知道或者应当知道撤销事由之日起一年内提出。

随着医学的进步，一些重大疾病将可能治愈，为保持法律的延续性，该法条并未规定何种疾病为重大疾病，对于重大疾病的界定可与患有医学上认为不应当结婚的疾病类比，具体应当交由下位法或者行政、卫生部门继续细化立法。

773. 小张和小王因为不够法定结婚年龄，根据农村的惯例，由双方媒人撮合，采取同居的方式"结婚"。2年后，小王因在外打工认识了小李，产生了感情，遂决定抛弃小张。小张因无生活来源，要求小王对其承担夫妻义务并支付扶养费。请问，小张的主张能否得到支持？

答：小张的主张不能得到支持，因为小张和小王未达法定结婚年龄。

民法典第一千零五十一条规定：有下列情形之一的，婚姻无效：

（一）重婚；

（二）有禁止结婚的亲属关系；

（三）未到法定婚龄。

故他们的婚姻属于无效婚姻。而根据民法典第一千零五十四条第一款的规定，婚姻无效和被撤销的法律后果，无效的或者被撤销的婚姻自始没有法律约束力，当事人不具有夫妻的权利和义务。同居期间所得的财产，由当事人协议处理；协议不成的，由人民法院根据照顾无过错方的原则判决。

由于小王和小张的婚姻属于无效婚姻，小张和小王不具有夫妻的权利和义务，故小张的主张不能得到支持。

774.婚姻被宣告无效或被撤销后，同居期间所得财产应当如何处理？

答：民法典第一千零五十四条第一款规定：无效的或者被撤销的婚姻自始没有法律约束力，当事人不具有夫妻的权利和义务。同居期间所得的财产，由当事人协议处理；协议不成的，由人民法院根据照顾无过错方的原则判决。对重婚导致的无效婚姻的财产处理，不得侵害合法婚姻当事人的财产权益。

第三章　家庭关系

775.小明和小红结婚后，小明卧病在床，小红一直不闻不问，小明该如何维护自己的权利？

答：小明可以要求小红给付扶养费。

民法典第一千零五十九条规定：夫妻有相互扶养的义务。

需要扶养的一方，在另一方不履行扶养义务时，有要求其给付扶养费的权利。

776.小明和小红系夫妻，一日小明去超市买熟食，小明食用后中毒住进医院，原来小明从超市买的熟食已经变质。请问，小红可以去超市要求其承担违约责任吗？

答：可以。

民法典第一千零六十条第一款规定：夫妻一方因家庭日常生活需要而实施的民事法律行为，对夫妻双方发生效力，但是夫妻一方与相对人另有约定的除外。

小明买熟食的行为是因家庭日常生活所实施的，该买卖行为对夫妻双方均发生效力，故小明和小红均是与超市的买卖合同的当事人，小红可以要求超市承担违约责任。

777. 小明和小红系夫妻，小明订购了一个月的鲜奶，当月最后一天送货员送奶时小明不在家，只有小红在家，小红即向送货员表示要继续订购一年的鲜奶。转天送货员在送货时只有小明在家，小明却表示自己并不想继续订购一年鲜奶，其与小红已经约定好，由小明管理生活中的饮食开支，小红并不负责，小明当即拒绝收下配送的鲜奶，并要求要回已经支付的鲜奶价款。请问，小明可以要回订购一年鲜奶所付的价款吗？

答：不能。

民法典第一千零六十条第二款规定：夫妻之间对一方可以实施的民事法律行为范围的限制，不得对抗善意相对人。

该案例中小明和小红之间关于民事法律行为范围的限制不得对抗不知情的第三人送货员，所以对于送货员来说，小明和小红之间的约定对其不发生效力，小明不可以要回订购一年鲜奶所付的价款。

778. 小明在婚后1年出版了一本书，获得了很大一笔稿费，3年后小明与小红离婚，小红可以要求分割小明的稿费吗？

答：可以。

根据民法典第一千零六十二条的规定，夫妻在婚姻关系存续期间所得的下列财产，为夫妻的共同财产，归夫妻共同所有。其中第三项规定了"知识产权的收益"，小明婚后所得稿费为夫妻共同财产。

779. 小明在与小红结婚前，小明的父母出资为小明购买了一套住房，3年后小明与小红离婚，小红可以要求分割上述房产吗？

答：不能。

民法典第一千零六十三条第一项规定，一方的婚前财产为夫妻一方的个人财产。小明的该套房产为小明的婚前财产，不能作为夫妻共同财产分割。

780. 小明在送小红去上班的路上，遭遇车祸，小明身负重伤，小红毫发无伤，肇事司机向小明赔付了医药费、误工费等共计100万元，离婚后小红可以主张分割这100万元吗？

答：不可以。

民法典第一千零六十三条第二项规定：一方因受到人身损害获得的赔偿或者补偿，属于夫妻一方的个人财产，此赔偿款属于小明的个人财产，小红不得主张分割。

781. 小明和小红结婚后，小红为了装修婚房向张三借款50万元，小明和小红离婚后，张三可以要求小明还钱吗？

答：可以。

民法典第一千零六十四条第一款规定：夫妻双方共同签名或者夫妻一方事后追认等共同意思表示所负的债务，以及夫妻一方在婚姻关系存续期间以个人名义为家庭日常生活需要所负的债务，属于夫妻共同债务。

小红为了装修婚房向张三借款属于为家庭日常生活需要所负的债务，此50万元的债务属于夫妻共同债务，张三可以要求小明偿还借款。

782. 小明和小红结婚后，小明为了其弟结婚向张三借款50万元，小明和小红离婚后，张三可以要求小红还钱吗？

答：不可以。

民法典第一千零六十四条第二款规定：夫妻一方在婚姻关系存续期间以个人名义超出家庭日常生活需要所负的债务，不属于夫妻共同债务；但是，债权人能够证明该债务用于夫妻共同生活、共同生产经营或者基于夫妻双方共同意思表示的除外。

小明借款的目的是补贴其弟结婚，并不是家庭日常生活，所以不属于夫妻共同债务。

783. 小红和小明结婚后是否可以约定夫妻分别财产制？采取何种形式？

答：可以。需要采用书面形式约定。

民法典第一千零六十五条第一款规定：男女双方可以约定婚姻关系存续期间所得的财产以及婚前财产归各自所有、共同所有或者部分各自所有、部分共同所有。约定应当采用书面形式。

784. 小明和小红结婚后，小红为了装修婚房向张三借款50万元，张三知道小明和小红约定了夫妻分别财产制，小明和小红离婚后，张三可以要求小明还钱吗？

答：不能。

民法典第一千零六十五条第三款规定：夫妻对婚姻关系存续期间所得的财产约定归各自所有，夫或者妻一方对外所负的债务，相对人知道该约定的，以夫或者妻一方的个人财产清偿。

张三知晓小明和小红约定了分别财产制，则只可以向小红要求还钱，而不可以向小明要求还钱。

785. 小明和小红结婚后,小明变卖其夫妻共同所有房屋进行赌博,将卖房所得价款挥霍一空,小红该如何维护自己的权利?

答:小红可以请求法院分割共同财产。

民法典第一千零六十六条规定:婚姻关系存续期间,有下列情形之一的,夫妻一方可以向人民法院请求分割共同财产。

(一)一方有隐藏、转移、变卖、毁损、挥霍夫妻共同财产或者伪造夫妻共同债务等严重损害夫妻共同财产利益的行为。

…………

786. 小明和小红结婚后,小明卧病在床,急需30万元来做手术,小红不同意支付手术费,小明该如何维护自己的权利?

答:小明可以请求法院分割共同财产。

民法典第一千零六十六条规定:婚姻关系存续期间,有下列情形之一的,夫妻一方可以向人民法院请求分割共同财产:

…………

(二)一方负有法定扶养义务的人患重大疾病需要医治,另一方不同意支付相关医疗费用。

787. 小明和小红离婚后,其子小亮归女方小红抚养,小明从不过问小亮的生活,也从未支付过抚养费,小红该如何维护小亮的合法权利?

答:可以要求小明支付抚养费。

民法典第一千零六十七条第一款规定:父母不履行抚养义务的,未成年子女或者不能独立生活的成年子女,有要求父母给付抚养费的权利。

788. 李老太有一对成年子女小明和小红,李老太中风住院后,小明和小红一直对李老太不闻不问,现李老太没有能力支付医院的住院费,她该如何维护自己的合法权利?

答:可以要求小明和小红给付赡养费。

民法典第一千零六十七条第二款规定:成年子女不履行赡养义务的,缺乏劳动能力或者生活困难的父母,有要求成年子女给付赡养费的权利。

789. 小亮在幼儿园跟同学玩耍过程中不慎推倒同学小刚并导致小刚受伤，小刚的父母如何保护小刚的权利？

答：可以要求小亮的父母赔偿小刚的医药费等。

民法典第一千零六十八条规定：父母有教育、保护未成年子女的权利和义务。未成年子女造成他人损害的，父母应当依法承担民事责任。

790. 小亮的父母离婚后，其母与别人再婚，而此时小亮的母亲已经没有生活能力了，小亮的母亲是否有权要求成年的小亮支付赡养费？

答：可以。

民法典第一千零六十九条规定：子女应当尊重父母的婚姻权利，不得干涉父母离婚、再婚以及婚后的生活。子女对父母的赡养义务，不因父母的婚姻关系变化而终止。

小亮对母亲的赡养义务不因母亲再婚而终止，因此母亲仍有权要求小亮支付赡养费。

791. 小明和小红从小一起长大，那个青葱岁月一起奔跑的少年，那个风绕过发梢牵住作别夕阳手腕的少女，最终敌不过生命盛大的告别，毕业后也没有兑现那句记不清说了多少次"要领证"的承诺。但是小明和小红已经有了"爱的结晶"小亮，在一个风和日丽的下午小明穿上外套走出门去，一去不复返，小亮看着爸爸离去的背影，手中却抓不住时光的流沙。小红该如何维护女儿小亮的权利？

答：可以要求小明支付女儿小亮的抚养费。

民法典第一千零七十一条规定：非婚生子女享有与婚生子女同等的权利，任何组织或者个人不得加以危害和歧视。

不直接抚养非婚生子女的生父或者生母，应当负担未成年子女或者不能独立生活的成年子女的抚养费。

小亮作为非婚生子女，也享有与婚生子女同样的权利，小明如果不直接抚养小亮，则应当负担小亮的抚养费。

792. 小明和小红婚后有一女小亮，随着小亮的长大，小明越看越觉得小亮不像自己，在小亮一次学校的体检中，小明发现小亮是B型血，而小明和小红均为O型血。小明一下昏了头，他没想到自己养别人的孩子养了这么多年，他该如何维护自己的权利？

答：可以向人民法院提起诉讼，请求否认亲子关系。

民法典第一千零七十三条第一款规定：对亲子关系有异议且有正当理由的，父或者母可以向人民法院提起诉讼，请求确认或者否认亲子关系。

793. 大玮是当地著名的企业家，其子小明与小红结婚后育有一女小亮，一家三口在一次旅行途中突遭意外车祸，小明、小红都去世了，此时大玮对小亮是否有抚养义务？

答：有抚养义务。

民法典第一千零七十四条第一款规定：有负担能力的祖父母、外祖父母，对于父母已经死亡或者父母无力抚养的未成年孙子女、外孙子女，有抚养的义务。

794. 大玮是小亮的祖父，小亮的爸爸小明离婚后便遭受打击辞了职，从此浑浑噩噩，没有收入来源。小亮深知父亲吃了没文化的亏，便奋起读书，现已成为当地知名律所的高级合伙人，大玮现卧病在床，无力支付医药费，他可以请求小亮支付医药费吗？

答：可以。

民法典第一千零七十四条第二款规定：有负担能力的孙子女、外孙子女，对于子女已经死亡或者子女无力赡养的祖父母、外祖父母，有赡养的义务。

大玮可以请求小亮履行赡养义务。

795. 小亮的父母在其 2 岁时因为意外车祸早早去世，从那时起小亮的堂姐小慧便开始照顾她，小亮在堂姐的陪伴与照顾下慢慢长大，一转眼 30 年过去了，小亮已成为当地知名律所的高级合伙人，而堂姐在工作中的一次意外事故中导致高位截瘫，现没有收入来源，生活凄苦，此时堂姐可以请求小亮向其支付扶养费吗？

答：可以。

民法典第一千零七十五条第二款规定：由兄、姐扶养长大的有负担能力的弟、妹，对于缺乏劳动能力又缺乏生活来源的兄、姐，有扶养的义务。

小亮由堂姐扶养长大，现堂姐丧失了劳动能力，又缺乏生活来源，小亮对堂姐有扶养义务。

第四章 离 婚

796.张三、李四因感情不和想解除婚姻关系,他们首选的离婚方式是什么?

答:民法典第一千零七十六条规定:夫妻双方自愿离婚的,应当签订书面离婚协议,并亲自到婚姻登记机关申请离婚登记。

离婚协议应当载明双方自愿离婚的意思表示和对子女抚养、财产以及债务处理等事项协商一致的意见。

张三和李四应首选协议离婚,因为与诉讼离婚相比,协议离婚是较为经济、快捷的离婚方式,双方就离婚相关问题达成协议后,经过离婚冷静期婚姻登记机关就可以办理离婚证,解除婚姻关系。双方当事人可以对自己的财产分割、子女抚养权的归属等问题作出最适当的安排,同时无需经历漫长的诉讼程序。

797.张三和李四因为感情不和决定协议离婚,他们决定在5月20日当天去民政局办理离婚手续,他们离婚的手续是什么?

答:民法典第一千零七十七条规定:自婚姻登记机关收到离婚登记申请之日起三十日内,任何一方不愿意离婚的,可以向婚姻登记机关撤回离婚登记申请。

前款规定期限届满后三十日内,双方应当亲自到婚姻登记机关申请发给离婚证;未申请的,视为撤回离婚登记申请。

协议离婚的双方,需先向婚姻登记机关递交申请,三十日离婚冷静期后方可申请离婚证,完成离婚。

798.张三、李四因感情不和,自愿协议离婚,张三净身出户,家中有120平方米房子一套、××牌汽车一辆等动产、不动产均归李四所有,以换取7岁儿子张小帅的抚养权。李四同意,但表示双方仍需共同负担去年向王五借贷的房屋装修金5万元,张三拒绝承担该装修金。请问,此时婚姻登记机关可以向张三、李四发给离婚证吗?

答:不可以。

民法典第一千零七十八条规定:婚姻登记机关查明双方确实是自愿离婚,

并已经对子女抚养、财产以及债务处理等事项协商一致的，予以登记，发给离婚证。

张三、李四未对债务事项处理协商一致，不能发给离婚证。

799. 张三因与李四感情不和，决定离婚，但李四不同意，无法达成协议离婚，此时张三有什么途径办理离婚？

答：由有关组织予以调解或者向法院提起离婚诉讼。

民法典第一千零七十九条规定：夫妻一方要求离婚的，可以由有关组织进行调解或者直接向人民法院提起离婚诉讼。

人民法院审理离婚案件，应当进行调解；如果感情确已破裂，调解无效的，应当准予离婚。

有下列情形之一，调解无效的，应当准予离婚：

（一）重婚或者与他人同居；

（二）实施家庭暴力或者虐待、遗弃家庭成员；

（三）有赌博、吸毒等恶习屡教不改；

（四）因感情不和分居满二年；

（五）其他导致夫妻感情破裂的情形。

一方被宣告失踪，另一方提起离婚诉讼的，应当准予离婚。

经人民法院判决不准离婚后，双方又分居满一年，一方再次提起离婚诉讼的，应当准予离婚。

800. 张三、李四是一对夫妻，张三是一名现役海军军人，李四与张三感情不和，张三多次殴打李四，李四忍无可忍，便向法院提起离婚诉讼，张三不同意。请问，法院受理该离婚诉讼吗？

答：受理。

民法典第一千零八十一条规定：现役军人的配偶要求离婚，应当征得军人同意，但是军人一方有重大过错的除外。

801. 张三、李四是一对夫妻，婚后感情不和，李四想离婚，张三不准，后因李四查出已经怀孕一个月，为了孩子考虑没有离婚，怀孕三个月后李四不幸流产，李四决定向法院提起离婚诉讼。请问，法院是否受理该离婚诉讼？

答：受理。

民法典第一千零八十二条规定：女方在怀孕期间、分娩后一年内或者终止妊娠后六个月内，男方不得提出离婚；但是，女方提出离婚或者人民法院认为确有必要受理男方离婚请求的除外。

李四为女方，即使是在终止妊娠六个月内，依然可以提出离婚诉讼。

802.张三、李四当年因误会离婚，阔别一年，再次相见两个人解开误会遂决定复婚，两个人撕掉了离婚证，重新翻出结婚证。请问，两人的这种复婚行为有法律效力吗？

答：没有法律效力。

民法典第一千零八十三条规定：离婚后，男女双方自愿恢复婚姻关系的，应当到婚姻登记机关重新进行结婚登记。

所以，他们应重新去婚姻登记机关进行结婚登记。

803.张三、李四因感情不和离婚，二人育有一个七周岁的女儿张小小。由于张三、李四两人对张小小的抚养权协商无法达成一致，遂提请离婚诉讼，一审法院的法官就问女儿张小小，愿意跟谁走？小小哭着说要跟妈妈在一起，法官遂判定母亲李四获得女儿的抚养权。请问，该判决的依据是否充分？

答：不充分。

民法典第一千零八十四条规定：父母与子女间的关系，不因父母离婚而消除。离婚后，子女无论由父或者母直接抚养，仍是父母双方的子女。

离婚后，父母对于子女仍有抚养、教育、保护的权利和义务。

离婚后，不满两周岁的子女，以由母亲直接抚养为原则。已满两周岁的子女，父母双方对抚养问题协议不成的，由人民法院根据双方的具体情况，按照最有利于未成年子女的原则判决。子女已满八周岁的，应当尊重其真实意愿。

张小小已满七周岁，未满八周岁，应由人民法院根据双方的具体情况，按照最有利于未成年子女的原则判决。不能直接根据子女意愿判决。

804.张三、李四因感情不和经法院诉讼离婚，育有一女张小小，法院判决中表明，张小小由母亲李四直接抚养，父亲张三负担每年10万元的抚养费直到张小小22周岁大学毕业。张小小在16周岁时不幸因病需要高额医药费，向其父张三要求每年追加抚养费5万元作为医药费，张三以离婚判决具有法律效力拒绝追加支付抚养费。请问，该过程中有何不合法现象？

答：张三不得以法院判决拒绝超出判决原定数额的合理要求。

民法典第一千零八十五条规定：离婚后，子女由一方直接抚养的，另一方应当负担部分或者全部抚养费。负担费用的多少和期限的长短，由双方协议；协议不成的，由人民法院判决。

前款规定的协议或者判决，不妨碍子女在必要时向父母任何一方提出超过协议或者判决原定数额的合理要求。

805. 李四因张三长期吸毒影响二人感情进行诉讼离婚，其女6周岁的张小小被判由母亲李四抚养。离婚后父亲张三申请要探望女儿，母亲李四以张三的病不利于女儿身心健康为由拒绝。请问，母亲李四的做法是否合理？

答：合理。

民法典第一千零八十六条规定：离婚后，不直接抚养子女的父或者母，有探望子女的权利，另一方有协助的义务。

行使探望权利的方式、时间由当事人协议；协议不成的，由人民法院判决。

父或者母探望子女，不利于子女身心健康的，由人民法院依法中止探望；中止的事由消失后，应当恢复探望。

即在父亲的毒瘾没有完全戒除到可以探望的标准之前，母亲有理由拒绝父亲的探望。

806. 张三、李四结婚，有一刚满周岁女儿张小小，后因张三酗酒恶习难改，忍无可忍的李四向法院提起离婚诉讼，两人对价值约100万元的共同财产分割产生争议。如果你是法官，该如何判定分割财产？

答：财产倾向女方即可（孩子未满两周岁，直接由女方抚养）。

民法典第一千零八十七条规定：离婚时，夫妻的共同财产由双方协议处理；协议不成的，由人民法院根据财产的具体情况，按照照顾子女、女方和无过错方权益的原则判决。

对夫或者妻在家庭土地承包经营中享有的权益等，应当依法予以保护。

807. 张三、李四婚后因感情不和协议离婚，协商中，女方李四表示因为张三一直在外面工作，家中老人都是由自己照料的，要求张三补偿。张三表示，赡养老人是子女义务，不会补偿，那谁是对的？

答：李四。

民法典第一千零八十八条规定：夫妻一方因抚育子女、照料老年人、协助另一方工作等负担较多义务的，离婚时有权向另一方请求补偿，另一方应当给予补偿。具体办法由双方协议；协议不成的，由人民法院判决。

808. 张三、李四婚后因感情不和遂决定离婚，婚前张三因做生意资金周转，瞒着李四向王五借款10万元，此外，婚后二人曾为购买婚房共同向王五借款50万元，截至离婚时二人尚剩余18万元没有偿还王五，请问离婚后双方应当如何清偿债务？

答： 张三应当向王五偿还婚前所借的10万元，张三、李四应共同偿还剩余的18万元所借购房款。

民法典第一千零八十九条规定：离婚时，夫妻共同债务应当共同偿还。共同财产不足清偿或者财产归各自所有的，由双方协议清偿；协议不成的，由人民法院判决。

民法典第一千零六十四条规定：夫妻双方共同签名或者夫妻一方事后追认等共同意思表示所负的债务，以及夫妻一方在婚姻关系存续期间以个人名义为家庭日常生活需要所负的债务，属于夫妻共同债务。

张三婚前向王五借款，李四对此并不知情，也没有事后追认，故此笔10万元的婚前借款既没有夫妻双方共同签名，也没有李四的事后追认，所以并不属于夫妻共同债务，需要张三一人承担还款义务。婚后二人为了购买婚房共同向王五借款50万元，属于夫妻双方"共同签名"的情况，故此50万元属于夫妻共同债务，现尚余18万元未偿还，张三、李四应当共同偿还。

809. 张三、李四因感情不和遂协议离婚，离婚后三个月张三因为破产生活穷困潦倒，李四却发展快餐连锁店成为餐饮界标杆，事业辉煌。请问，李四是否应当给予张三帮助？

答： 可以不给予帮助。

民法典第一千零九十条规定：离婚时，如果一方生活困难，有负担能力的另一方应当给予适当帮助。具体办法由双方协议；协议不成的，由人民法院判决。

离婚经济帮助指离婚时，而不包括离婚后。

810. 张三、李四是一对夫妻，由于张三长期有酗酒恶习，醉酒后经常暴打两人的儿子张小三，李四不堪忍受，并因此和张三离婚。请问，母亲李四是否有权向张三请求损害赔偿？

答： 有权。

民法典第一千零九十一条规定：有下列情形之一，导致离婚的，无过错方有权请求损害赔偿：

（一）重婚；

（二）与他人同居；

（三）实施家庭暴力；

（四）虐待、遗弃家庭成员；

（五）有其他重大过错。

811. 张三、李四婚后因感情不和离婚，李四向张三提出离婚后，在离婚冷静期内，张三偷偷摸摸伙同王五假借借款之名创造夫妻共同债务，企图侵吞更多夫妻共同财产，离婚后被李四发现。请问，此时李四有何救济途径？

答：向法院提起诉讼，请求再次分割夫妻共同财产。

民法典第一千零九十二条规定：夫妻一方隐藏、转移、变卖、毁损、挥霍夫妻共同财产，或者伪造夫妻共同债务企图侵占另一方财产的，在离婚分割夫妻共同财产时，对该方可以少分或者不分。离婚后，另一方发现有上述行为的，可以向人民法院提起诉讼，请求再次分割夫妻共同财产。

第五章 收 养

812. 小明今年7岁，从小父母双亡，无人抚养。请问，小明可以寻求法律帮助依法被收养吗？

答：可以。

民法典第一千零九十三条规定：下列未成年人，可以被收养：

（一）丧失父母的孤儿；

（二）查找不到生父母的未成年人；

（三）生父母有特殊困难无力抚养的子女。

小明符合该法条规定的第一种情形，因此可以被收养。

813. 小明从小被收养在福利院，在其成年之日当天，一对没有孩子的夫妇欲收养小明。请问，儿童福利机构可以作为送养人送养小明吗？

答：可以。

民法典第一千零九十四条规定：下列个人、组织可以作送养人：

（一）孤儿的监护人；

（二）儿童福利机构；
（三）有特殊困难无力抚养子女的生父母。
小明未成年，符合被收养的条件。

814.小明今年13岁，一次事故导致其父亲张某下半身终身瘫痪，其母亲李某身体并无大碍，然因其父亲张某瘫痪导致家庭收入照比以往降低很多。贫困的家庭无法继续养育小明，小明母亲李某欲将小明送至李某的同事吴某处。请问，该情形下是否可以得到法律支持？

答：可以。

民法典第一千零九十四条规定：下列个人、组织可以作送养人：
（一）孤儿的监护人；
（二）儿童福利机构；
（三）有特殊困难无力抚养子女的生父母。
该情形中虽小明的母亲李某尚具备完全行为能力，但是由于父亲残疾导致家境拮据，已经符合该法条第三项的规定，属于有特殊困难并且无力继续抚养小明，故法律应支持小明母亲的送养。

815.小张是一个孤儿，被监护人吴某收养，后因吴某患上癌症无法再抚养小明，想将其送养给自己的姐姐，之后吴某的姐姐爽快答允。请问，这样做可以吗？

答：可以。

民法典第一千零九十六条规定：监护人送养孤儿的，应当征得有抚养义务的人同意。有抚养义务的人不同意送养、监护人不愿意继续履行监护职责的，应当依照本法第一编的规定另行确定监护人。

816.张某和李某夫妇育有一子小张某，夫妇二人都年过35岁，张某和李某双方经济收入稳定且都受过高等教育，双方身体都无疾病特征也无任何犯罪记录，而后二人决定再收养一个孩子陪伴其子小张某。请问，法律予以支持吗？

答：可以。

民法典第一千零九十八条规定：收养人应当同时具备下列条件：
（一）无子女或者只有一名子女；
（二）有抚养、教育和保护被收养人的能力；

（三）未患有在医学上认为不应当收养子女的疾病；

（四）无不利于被收养人健康成长的违法犯罪记录；

（五）年满三十周岁。

817.小明的监护人王某死于疾病，以至于小明无人抚养。而后经过福利机构打听得知，王某的远房表哥贾大的妹妹贾二多年没有生育能力，又因其丈夫在五年前犯过盗窃罪被抓入监狱，随后夫妇二人决定离婚。目前贾某的妹妹是单身状态，因其只有小学学历，经济收入微薄，生活很是拮据，她与小明相差30岁。这种情况下贾二可以收养王某的孩子小明吗？

答：可以。

民法典第一千零九十九条规定：收养三代以内旁系同辈血亲的子女，可以不受本法第一千零九十三条第三项、第一千零九十四条第三项和第一千一百零二条规定的限制。

华侨收养三代以内旁系同辈血亲的子女，还可以不受本法第一千零九十八条第一项规定的限制。

民法典第一千零九十三条规定：下列未成年人，可以被收养：

（一）丧失父母的孤儿；

（二）查找不到生父母的未成年人；

（三）生父母有特殊困难无力抚养的子女。

民法典第一千零九十四条规定：下列个人、组织可以作送养人：

（一）孤儿的监护人；

（二）儿童福利机构；

（三）有特殊困难无力抚养子女的生父母。

民法典第一千一百零二条规定：无配偶者收养异性子女的，收养人与被收养人的年龄应当相差四十周岁以上。

因为小明是贾二三代以内旁系同辈血亲的子女，虽然二人相差小于40周岁，但是贾二仍可以收养小明。

818.无子女的李某张某夫妇，一直想收养一个孩子，二人可以收养几名子女？

答：两名。

民法典第一千一百条规定：无子女的收养人可以收养两名子女；有子女的收养人只能收养一名子女。

收养孤儿、残疾未成年人或者儿童福利机构抚养的查找不到生父母的未成年人，可以不受前款和本法第一千零九十八条第一项规定的限制。

819. 李某与其丈夫郝某多年一直未有孩子，李某从当地的儿童福利机构合法收养甲某。然而待李某将甲某领养回家时，其丈夫郝某又觉得甲某非自己亲生，觉得丢人，决定让李某自己收养甲某。郝某并不打算收养甲某的行为是否应该支持？

答：不可以。

民法典第一千一百零一条规定：有配偶者收养子女，应当夫妻共同收养。

有配偶者收养子女后，李某成为甲某的养母，郝某成为甲某的养父，夫妻应当共同收养甲某。

820. 张某今年38岁，两年前与妻子李某协议离婚，之后一直保持单身状态，而后其又打算领养一名16岁的女孩杨某，该请求是否合法？

答：不合法。

民法典第一千一百零二条规定：无配偶者收养异性子女的，收养人与被收养人的年龄应当相差四十周岁以上。

821. 夫妻A与B因第三者C的介入，婚姻破裂，二人离婚，二人育有一子D。后A与E再婚，E与前妻小非育有儿子G和女儿H，A与E结婚后，E成为了D的继父。现A和B均同意E收养D，请问E可以收养继子D为养子吗？

答：可以。

民法典第一千一百零三条规定：继父或者继母经继子女的生父母同意，可以收养继子女，并可以不受本法第一千零九十三条第三项、第一千零九十四条第三项、第一千零九十八条和第一千一百条第一款规定的限制。

民法典第一千零九十三条规定：下列未成年人，可以被收养：

（一）丧失父母的孤儿；

（二）查找不到生父母的未成年人；

（三）生父母有特殊困难无力抚养的子女。

民法典第一千零九十四条规定：下列个人、组织可以作送养人：

（一）孤儿的监护人；

（二）儿童福利机构；

（三）有特殊困难无力抚养子女的生父母。

民法典第一千零九十八条规定：收养人应当同时具备下列条件：

（一）无子女或者只有一名子女；

（二）有抚养、教育和保护被收养人的能力；

（三）未患有在医学上认为不应当收养子女的疾病；

（四）无不利于被收养人健康成长的违法犯罪记录；

（五）年满三十周岁。

民法典第一千一百条规定：无子女的收养人可以收养两名子女；有子女的收养人只能收养一名子女。

收养孤儿、残疾未成年人或者儿童福利机构抚养的查找不到生父母的未成年人，可以不受前款和本法第一千零九十八条第一项规定的限制。

虽然E已经有一子一女，但是仍然可以收养D。

822. 张某欲将自己10岁的儿子送给其哥哥，但又因其哥哥早年有抢劫的犯罪记录，导致张某儿子内心恐惧不愿意被父亲的哥哥抚养。该如何处理？

答：根据民法典第一千一百零四条的规定，收养人和送养人应该服从收养自愿规则，即收养人收养与送养人送养，应当双方自愿。收养8周岁以上未成年人的，应当征得被收养人的同意。

如果张某儿子不同意，则不能进行收养，否则收养无效。

823. 张某李某夫妇合法收养一名男孩柯某，但一直苦恼于不清楚如何处理收养关系之间的成立问题。该如何处理？

答：民法典第一千一百零五条规定：收养应当向县级以上人民政府民政部门登记。收养关系自登记之日起成立。

收养查找不到生父母的未成年人的，办理登记的民政部门应当在登记前予以公告。

收养关系当事人愿意签订收养协议的，可以签订收养协议。

收养关系当事人各方或者一方要求办理收养公证的，应当办理收养公证。

县级以上人民政府民政部门应当依法进行收养评估。

824. 当收养关系成立之后，其被收养人的户口登记应当如何处理？

答：民法典第一千一百零六条规定：收养关系成立后，公安机关应当按照国家有关规定为被收养人办理户口登记。

825.小明是一名孤儿，其生父母在去世之前曾委托多年好友吴某，待双方去世之后收养小明。该行为产生的关系能否适用民法典"收养"一章规定？

答：不能。

民法典第一千一百零七条规定：孤儿或者生父母无力抚养的子女，可以由生父母的亲属、朋友抚养；抚养人与被抚养人的关系不适用本章规定。

小明和其父母好友吴某的关系不适用民法典"收养"一章规定。

826.张某因病去世，其妻李某欲将其14岁的女儿甲某送养给他人，此时张某的父母可否有优先抚养的权利？

答：有优先抚养权。

民法典第一千一百零八条规定：配偶一方死亡，另一方送养未成年子女的，死亡一方的父母有优先抚养的权利。

827.我国对于涉外收养有没有相关规定？

答：有。

民法典第一千一百零九条规定：外国人依法可以在中华人民共和国收养子女。

外国人在中华人民共和国收养子女，应当经其所在国主管机关依照该国法律审查同意。收养人应当提供由其所在国有权机构出具的有关其年龄、婚姻、职业、财产、健康、有无受过刑事处罚等状况的证明材料，并与送养人签订书面协议，亲自向省、自治区、直辖市人民政府民政部门登记。

前款规定的证明材料应当经收养人所在国外交机关或者外交机关授权的机构认证，并经中华人民共和国驻该国使领馆认证，但是国家另有规定的除外。

828.李某和其丈夫张某决定把孩子甲某送养至吴某处，之后该事情被李某的弟弟得知。请问，李某和张某或者吴某是否有权利要求李某的弟弟保守秘密？

答：有权利。

民法典第一千一百一十条规定：收养人、送养人要求保守收养秘密的，其他人应当尊重其意愿，不得泄露。

829. 请问，收养的效力什么时候开始生效？

答：民法典第一千一百一十一条规定：自收养关系成立之日起，养父母与养子女间的权利义务关系，适用本法关于父母子女关系的规定；养子女与养父母的近亲属间的权利义务关系，适用本法关于子女与父母的近亲属关系的规定。

养子女与生父母以及其他近亲属间的权利义务关系，因收养关系的成立而消除。

830. 李某张某夫妇收养一名孤儿杨某，而后二人因孩子姓随谁发生纠纷。请问，此时法律应当如何解决？

答：民法典第一千一百一十二条规定：养子女可以随养父或者养母的姓氏，经当事人协商一致，也可以保留原姓氏。

831. 李某张某夫妇以收养的名义收养甲某，但实际上是为了拐卖孩子，此时该收养行为效力如何？

答：该收养行为无效。

民法典第一千一百一十三条规定：有本法第一编关于民事法律行为无效规定情形或者违反本编规定的收养行为无效。

无效的收养行为自始没有法律约束力。

民法典第一百五十三条规定：违反法律、行政法规的强制性规定的民事法律行为无效。但是，该强制性规定不导致该民事法律行为无效的除外。

违背公序良俗的民事法律行为无效。

拐卖属于违反刑法的行为，故此种收养行为无效。

832. 李某、张某把其子甲某送养给王某、杨某二人之后发现，王某、杨某二人并没有按照实际约定抚养甲某，甚至还经常虐待殴打甲某，李某、张某心疼甲某，要求与王某、杨某夫妇二人解除收养关系协议，但王某、杨某并不答应该请求。请问，李某、张某应该如何解决此次纠纷？

答：民法典第一千一百一十四条第二款规定：收养人不履行抚养义务，有虐待、遗弃等侵害未成年养子女合法权益行为的，送养人有权要求解除养父母与养子女间的收养关系。送养人、收养人不能达成解除收养关系协议的，可以向人民法院提起诉讼。

833. 甲某已经23岁，因经常赌博导致经常向其养父母要钱偿还赌债，多次向养父母要钱的行为导致双方关系持续恶化。但甲某认为养父母不履行抚养义务，拒绝解除协议。请问，此种情形该如何处理？

答：民法典第一千一百一十五条规定：养父母与成年养子女关系恶化、无法共同生活的，可以协议解除收养关系。不能达成协议的，可以向人民法院提起诉讼。

834. 根据上述案例，当事人解除收养关系应当进行什么程序？

答：民法典第一千一百一十六条规定：当事人协议解除收养关系的，应当到民政部门办理解除收养关系登记。

835. 当甲某成年后与养父母解除收养关系后，甲某的生父母与甲某的关系状况如何？

答：民法典第一千一百一十七条规定：收养关系解除后，养子女与养父母以及其他近亲属间的权利义务关系即行消除，与生父母以及其他近亲属间的权利义务关系自行恢复。但是，成年养子女与生父母以及其他近亲属间的权利义务关系是否恢复，可以协商确定。

836. 成年的甲某在解除收养关系后，其养父母因岁数大身体多病导致生活来源很少，已知在收养期间甲某也曾虐待过其养父母。请问，养父母可以向甲某请求支付赡养费吗？

答：可以。

民法典第一千一百一十八条规定：收养关系解除后，经养父母抚养的成年养子女，对缺乏劳动能力又缺乏生活来源的养父母，应当给付生活费。因养子女成年后虐待、遗弃养父母而解除收养关系的，养父母可以要求养子女补偿收养期间支出的抚养费。

生父母要求解除收养关系的，养父母可以要求生父母适当补偿收养期间支出的抚养费；但是，因养父母虐待、遗弃养子女而解除收养关系的除外。

第六编 继 承

第一章 一般规定

837. 民法典继承编入典后有哪些新变化?

答：民法典继承编与原来的继承法相比较具有如下四个方面的重大变化：

（一）扩大了遗产的范围，由原来列举式的规定修改为抽象概括式规定。

依据民法典第一千一百二十二条的规定，凡是自然人死亡时遗留下的个人合法财产均属于遗产。

（二）增加了遗嘱的类型，新增加了打印遗嘱。

民法典第一千一百三十六条规定：打印遗嘱应当有两个以上见证人在场见证。遗嘱人和见证人应当在遗嘱每一页签名，注明年、月、日。

（三）增加了一种丧失继承权的情形。

民法典第一千一百二十五条新增了"以欺诈、胁迫手段迫使或者妨碍被继承人设立、变更或者撤回遗嘱，情节严重"时继承人丧失继承权。

（四）引入了"遗产管理人制度"。

民法典第一千一百四十五条至第一千一百四十九条规定了遗产管理人的选任、职责、权利义务等。

838. 小米家祖宅半夜因房屋电线老化而发生火灾，由于火势过大，小米的祖父母和父亲不幸丧生。因为不能确定死者的具体死亡时间，那么三者的死亡顺序该如何推定？

答：推定小米的祖父和祖母同时死亡，父亲晚于祖父母死亡。

民法典第一千一百二十一条规定：继承从被继承人死亡时开始。

相互有继承关系的数人在同一事件中死亡，难以确定死亡时间的，推定没有其他继承人的人先死亡。都有其他继承人，辈分不同的，推定长辈先死亡；辈分相同的，推定同时死亡，相互不发生继承。

本题中，小米的祖父与祖母为长辈且有继承人，所以推定先死亡；小米的父亲为晚辈且有继承人，所以推定后死亡。

839.王先生与其母亲在外游玩时遭遇意外,双双丧命,不能确定死亡的先后顺序。王先生留下遗产10万元,王母留下遗产20万元。现有以下继承人:王先生的哥哥王大,王先生的配偶张小姐,王先生的儿子小王。请问,遗产该如何分配?

答: 三人每人10万元。

民法典第一千一百二十一条第二款规定:相互有继承关系的数人在同一事件中死亡,难以确定死亡时间的,推定没有其他继承人的人先死亡。都有其他继承人,辈分不同的,推定长辈先死亡;辈分相同的,推定同时死亡,相互不发生继承。

据此,应推定王母先死亡,王母的遗产在其第一顺位继承人,王先生与王大中分配,王大分得10万元。王先生的遗产增加至20万元。王先生的遗产在其第一顺位继承人张小姐和小王之间分配,三人每人10万元。

840.武某父亲去世后给武大留下遗产,因陈年旧怨武某不想继承父亲留下的遗产。请问,武某该如何放弃继承?

答: 武某应当在遗产处理前以书面形式表明放弃继承遗产。

民法典第一千一百二十四条第一款规定:继承开始后,继承人放弃继承的,应当在遗产处理前,以书面形式作出放弃继承的表示;没有表示的,视为接受继承。

841.保姆得知去世的雇主通过遗嘱给自己留了一份财产后,过了三个月才去雇主家表示接受这份财产并索要,遭到雇主继承人的拒绝。请问,保姆的请求是否应当得到支持?为什么?

答: 保姆的请求不应当得到支持。

民法典第一千一百二十四条第二款规定:受遗赠人应当在知道受遗赠后六十日内,作出接受或者放弃受遗赠的表示;到期没有表示的,视为放弃受遗赠。

保姆在知道受遗赠的六十日内没有作出接受遗赠的意思表示,被视为放弃受遗赠,所以不能再索要遗赠物。

842. 小鑫和父兄就家产分配问题爆发争吵，（一）小鑫心生恨意，拿起茶几上的水果刀分别刺向父亲和哥哥的胸部，最终小鑫的父亲和哥哥伤重不治而亡；（二）小鑫和父亲同住，长期殴打老父，不高兴时还不给其父饭吃；（三）小鑫暴力殴打其父以强迫父亲更改遗嘱内容，给自己多分财产；（四）小鑫将父亲留下的遗嘱修改，企图自己继承全部遗产。如果以上情形分别发生，小鑫能否继承其父的遗产？

答：若小鑫为继承遗产而故意杀害父亲和哥哥，则彻底丧失继承权，不能继承其父亲的遗产。若小鑫长期虐待其父或者采取不正当手段自行或者威胁其父更改遗嘱内容，原则上会丧失继承权不能继承其父的遗产；但如果小鑫就其行为真诚悔改，父亲宽恕其行为或者遗嘱中仍将其列为继承人的，小鑫仍可以继承其父的财产。

民法典第一千一百二十五条规定：继承人有下列行为之一的，丧失继承权：

（一）故意杀害被继承人；

（二）为争夺遗产而杀害其他继承人；

（三）遗弃被继承人，或者虐待被继承人情节严重；

（四）伪造、篡改、隐匿或者销毁遗嘱，情节严重；

（五）以欺诈、胁迫手段迫使或者妨碍被继承人设立、变更或者撤回遗嘱，情节严重。

继承人有前款第三项至第五项行为，确有悔改表现，被继承人表示宽恕或者事后在遗嘱中将其列为继承人的，该继承人不丧失继承权。

受遗赠人有本条第一款规定行为的，丧失受遗赠权。

第二章　法定继承

843. 李先生因病去世后没有留下遗嘱。其父母、妻子仍在世，没有子女，其遗产继承顺序如何？

答：没有特别约定的情况下，李先生的父亲、母亲和妻子三人平分其遗产。民法典第一千一百二十七条第一款、第二款规定：遗产按照下列顺序继承：

（一）第一顺序：配偶、子女、父母；

（二）第二顺序：兄弟姐妹、祖父母、外祖父母。

继承开始后，由第一顺序继承人继承，第二顺序继承人不继承；没有第一顺序继承人继承的，由第二顺序继承人继承。

民法典第一千一百三十条第一款规定：同一顺序继承人继承遗产的份额，一般应当均等。

本题中，李先生的父母及妻子属于第一顺序的法定继承人，一般情况下李先生的遗产由三人平分。

844.白先生因病去世后没有留下遗嘱。其父母与妻子皆已离世，没有子女，还有一个同胞姐姐和表姐在世。请问，谁可以继承白先生的遗产？

答：白先生的同胞姐姐。

民法典第一千一百二十七条规定：遗产按照下列顺序继承：

（一）第一顺序：配偶、子女、父母；

（二）第二顺序：兄弟姐妹、祖父母、外祖父母。

继承开始后，由第一顺序继承人继承，第二顺序继承人不继承；没有第一顺序继承人继承的，由第二顺序继承人继承。

本编所称子女，包括婚生子女、非婚生子女、养子女和有扶养关系的继子女。

本编所称父母，包括生父母、养父母和有扶养关系的继父母。

本编所称兄弟姐妹，包括同父母的兄弟姐妹、同父异母或者同母异父的兄弟姐妹、养兄弟姐妹、有扶养关系的继兄弟姐妹。

本案例中，白先生没有第一顺序继承人，故其遗产应当由第二顺序继承人继承。白先生的同胞姐姐为其第二顺序继承人，其表姐不是继承人。所以白先生的遗产应当由其同胞姐姐继承。

845.安琪的父亲早年因交通事故意外身亡。近日，安琪的祖父因病去世，没有留下遗嘱。请问，安琪能否继承其祖父的遗产？

答：安琪可以继承。

民法典第一千一百二十八条规定：被继承人的子女先于被继承人死亡的，由被继承人的子女的直系晚辈血亲代位继承。

被继承人的兄弟姐妹先于被继承人死亡的，由被继承人的兄弟姐妹的子女代位继承。

代位继承人一般只能继承被代位继承人有权继承的遗产份额。

本案例中，安琪的父亲为继承人，祖父为被继承人。虽然安琪的父亲早于其祖父死亡，但是安琪作为被继承人的子女的直系晚辈血亲，可以代位继承父有权继承的财产份额。

846. 小明的父亲因车祸去世后，小明的母亲一直赡养着小明的祖父母。小明的祖父因病去世后，小明的母亲可以继承他的遗产吗？

答：可以。

民法典第一千一百二十九条规定：丧偶儿媳对公婆，丧偶女婿对岳父母，尽了主要赡养义务的，作为第一顺序继承人。

小明的母亲作为丧偶儿媳，对其公婆尽了主要的赡养义务，应当作为第一顺序继承人，可以继承小明祖父的遗产。

847. 阿黄有两个儿子，大儿子因病常年卧床，生活不能自理，没有收入来源。阿黄去世后，没有留下遗嘱。阿黄的大儿子能否多继承一些遗产呢？

答：阿黄的大儿子可以多继承一些遗产。

民法典第一千一百三十条第一款、第二款规定：同一顺序继承人继承遗产的份额，一般应当均等。

对生活有特殊困难又缺乏劳动能力的继承人，分配遗产时，应当予以照顾。

阿黄的大儿子缺乏劳动能力且没有收入来源，在分配遗产时应当予以照顾，可以多分一些。

848. 梅阿公因病去世后，没有留下遗嘱。他有四个子女，因梅阿公遗产的分配发生矛盾，每日争吵不休。请问，该如何解决这个问题？

答：梅阿公的子女们可以就遗产分割的时间、办法和份额先进行协商；协商不成的，可以让人民调解委员会进行调解，或者向人民法院提起诉讼。

民法典第一千一百三十二条规定：继承人应当本着互谅互让、和睦团结的精神，协商处理继承问题。遗产分割的时间、办法和份额，由继承人协商确定；协商不成的，可以由人民调解委员会调解或者向人民法院提起诉讼。

梅阿公的子女们为其法定继承人，应当先进行协商，协商不成再另寻调解或者以诉讼的方式解决遗产纠纷。

第三章　遗嘱继承和遗赠

849. 自然人可以通过遗嘱将个人财产赠与国家吗？

答：可以。

民法典第一千一百三十三条第三款规定：自然人可以立遗嘱将个人财产赠与国家、集体或者法定继承人以外的组织、个人。

所以国家可以成为遗赠的对象。

850. 兰阿公欲通过自书遗嘱的形式立下遗嘱，请问，他应该注意哪些问题？

答：兰阿公应当亲笔书写该遗嘱，签上自己的名字，并且注明遗嘱写下的具体日期。

民法典第一千一百三十四条规定：自书遗嘱由遗嘱人亲笔书写，签名，注明年、月、日。

851. 雷阿婆欲通过代书遗嘱的形式立下遗嘱，她应该注意哪些问题？

答：雷阿婆应当找两位及以上见证人在场，其中一位见证人负责书写遗嘱，然后由代书人、其他见证人和自己亲笔签名，并注明具体日期。

民法典第一千一百三十五条规定：代书遗嘱应当有两个以上见证人在场见证，由其中一人代书，并由遗嘱人、代书人和其他见证人签名，注明年、月、日。

852. 刘大爷欲通过打印遗嘱的形式立下遗嘱，他应该注意哪些问题？

答：刘大爷应当找两位及以上见证人在场，见证人及刘大爷本人应当在遗嘱的每一页都亲笔签名，并注明具体日期。

民法典第一千一百三十六条规定：打印遗嘱应当有两个以上见证人在场见证。遗嘱人和见证人应当在遗嘱每一页签名，注明年、月、日。

853. 王大娘欲通过录音录像的形式立下遗嘱，她应该注意哪些问题？

答：王大娘应当找两位及以上的见证人，并在录音录像中记录下自己和见证人的姓名或肖像，以及立下遗嘱的具体日期。

民法典第一千一百三十七条规定：以录音录像形式立的遗嘱，应当有两个以上见证人在场见证。遗嘱人和见证人应当在录音录像中记录其姓名或者肖像，以及年、月、日。

854.陈大娘病危时在医院口头留下遗嘱，后来通过医生的竭力救治转危为安。陈大娘身体恢复后，通过自书遗嘱的形式重新订立了一份遗嘱。请问，哪一份遗嘱具有法律效力？

答：陈大娘后书写的遗嘱具有法律效力。

民法典第一千一百三十八条规定：遗嘱人在危急情况下，可以立口头遗嘱。口头遗嘱应当有两个以上见证人在场见证。危急情况消除后，遗嘱人能够以书面或者录音录像形式立遗嘱的，所立的口头遗嘱无效。

陈大娘在危急情况下所立的口头遗嘱，因其后续新立的自书遗嘱而无效。所以陈大娘后立的自书遗嘱才具有法律效力。

855.小花今年14岁，小花的父亲想要立下一份代书遗嘱，小花可以当见证人吗？

答：小花不可以当遗嘱见证人。

民法典第一千一百四十条规定：下列人员不能作为遗嘱见证人：

（一）无民事行为能力人、限制民事行为能力人以及其他不具有见证能力的人；

（二）继承人、受遗赠人；

（三）与继承人、受遗赠人有利害关系的人。

小花既是不具有见证能力的限制民事行为能力人，又是父亲的继承人，所以小花不能成为遗嘱见证人。

856.孟大爷有两个儿子，大儿子因病常年卧床，生活不能自理，没有收入来源。孟大爷不喜欢大儿子，所以不想留给他遗产。请问，孟大爷这样做可以吗？

答：不可以。

民法典第一千一百四十一条规定：遗嘱应当为缺乏劳动能力又没有生活来源的继承人保留必要的遗产份额。

孟大爷的大儿子缺乏劳动能力也没有生活来源，所以孟大爷的遗嘱中应当为其保留必要的财产份额。

857. 秦阿姨曾经立下一份遗嘱，将自己所有的一栋别墅留给大儿子。后来，秦阿姨将这栋别墅无偿过户给了二女儿。秦阿姨过世后，大儿子和二女儿因为这栋别墅的归属权而发生纠纷。请问，谁是这栋别墅的所有人？

答： 秦阿姨的二女儿是这栋别墅的所有人。

民法典第一千一百四十二条规定：遗嘱人可以撤回、变更自己所立的遗嘱。

立遗嘱后，遗嘱人实施与遗嘱内容相反的民事法律行为的，视为对遗嘱相关内容的撤回。

立有数份遗嘱，内容相抵触的，以最后的遗嘱为准。

秦阿姨将该栋别墅无偿过户给二女儿的民事法律行为与其先前所立遗嘱的内容相反，视为对遗嘱相关内容的撤回，所以大儿子不能够通过遗嘱继承该栋别墅，二女儿才是这栋别墅的所有人。

858. 陈阿婆是限制民事行为能力人，她立下的遗嘱有效吗？

答： 陈阿婆立下的遗嘱无效。

民法典第一千一百四十三条第一款规定：无民事行为能力人或者限制民事行为能力人所立的遗嘱无效。

陈阿婆为限制民事行为能力人，所以她的遗嘱无效。

859. 祝某的二儿子通过暴力威胁让祝某立下了一份遗嘱，遗嘱内容是祝某将其全部合法财产都留给二儿子继承。请问，这份遗嘱是否具有法律效力？

答： 这份遗嘱不具有法律效力。

民法典第一千一百四十三条第二款规定：遗嘱必须表示遗嘱人的真实意思，受欺诈、胁迫所立的遗嘱无效。

祝某受二儿子暴力胁迫立下的遗嘱，不能表示其真实意思，所以无效。

860. 胡大爷去世后，他的大儿子伪造了一份遗嘱，企图继承胡大爷的全部遗产。请问，这份遗嘱有效吗？

答： 这份遗嘱无效。

民法典第一千一百四十三条第三款规定：伪造的遗嘱无效。

所以胡大爷大儿子伪造的这份遗嘱不具有法律效力。

861.范某去世后留下了一份遗嘱,遗嘱中将自己的三栋别墅留给儿子,一栋别墅和一个庄园留给女儿。范某的女儿知道后篡改了遗嘱,将遗嘱的内容更改为一栋别墅留给儿子,三栋别墅和庄园留给女儿。请问,范某女儿篡改后的遗嘱,是否有效?

答:篡改的内容无效。

民法典第一千一百四十三条第四款规定:遗嘱被篡改的,篡改的内容无效。

第四章 遗产的处理

862.邱某生前留下一份遗嘱,要求继承其全部遗产的儿子邱大必须给没有遗产可继承的女儿邱二购买一栋价值200万元的房屋。但是邱大在没有正当理由的情况下,并没有按照遗嘱的要求为邱二购买房屋。请问,邱二该怎么办?

答:邱二可以请求人民法院取消邱大继承遗产的权利。

民法典第一千一百四十四条规定:遗嘱继承或者遗赠附有义务的,继承人或者受遗赠人应当履行义务。没有正当理由不履行义务的,经利害关系人或者有关组织请求,人民法院可以取消其接受附义务部分遗产的权利。

邱大故意不履行为邱二购买房屋的义务,所以邱二可以请求人民法院取消邱大继承全部遗产的权利。

863.王某有三个儿子,分别是王大、王二和王三。王某去世前指定王大为遗产执行人。王某去世后继承开始,该由谁来担任遗产管理人?

答:由王大担任遗产管理人。

民法典第一千一百四十五条规定:继承开始后,遗嘱执行人为遗产管理人;没有遗嘱执行人的,继承人应当及时推选遗产管理人;继承人未推选的,由继承人共同担任遗产管理人;没有继承人或者继承人均放弃继承的,由被继承人生前住所地的民政部门或者村民委员会担任遗产管理人。

王大是遗产执行人,所以继承开始后,自动成为遗产管理人。

864.王某生前没有指定遗嘱执行人,三位继承人没有放弃继承,也没有推选遗产管理人。请问,应当由谁担任遗产管理人?

答:应当由三位继承人共同担任遗产管理人。

民法典第一千一百四十五条规定：继承开始后，遗嘱执行人为遗产管理人；没有遗嘱执行人的，继承人应当及时推选遗产管理人；继承人未推选的，由继承人共同担任遗产管理人；没有继承人或者继承人均放弃继承的，由被继承人生前住所地的民政部门或者村民委员会担任遗产管理人。

所以三位继承人未推选遗产管理人的，由三位继承人共同担任。

865. 王某生前没有指定遗产执行人，他的两位继承人互相推选，都不想担任遗产管理人，并因此发生争议。请问，该如何解决这个问题？

答：利害关系人可以向人民法院申请指定遗产管理人。

民法典第一千一百四十六条规定：对遗产管理人的确定有争议的，利害关系人可以向人民法院申请指定遗产管理人。

所以可以请求法院指定遗产管理人以解决争议。

866. 继承开始后王大成为遗产管理人，王大应该履行哪些职责？

答：民法典第一千一百四十七条规定：遗产管理人应当履行下列职责：

（一）清理遗产并制作遗产清单；

（二）向继承人报告遗产情况；

（三）采取必要措施防止遗产毁损、灭失；

（四）处理被继承人的债权债务；

（五）按照遗嘱或者依照法律规定分割遗产；

（六）实施与管理遗产有关的其他必要行为。

所以王大应当履行这些职责。

867. 王大成为遗产管理人后，故意将遗产中的一个古董花瓶调包，给继承人造成了损害。请问，王大需要承担民事责任吗？

答：王大需要承担相应的民事责任。

民法典第一千一百四十八条规定：遗产管理人应当依法履行职责，因故意或者重大过失造成继承人、受遗赠人、债权人损害的，应当承担民事责任。

因此，王大故意将遗产中的古董花瓶掉包，给继承人造成损失，应当依法承担民事责任。

868. 王大是老王的遗产管理人，王大可以获得报酬吗？

答：王大可以获得报酬。

民法典第一千一百四十九条规定：遗产管理人可以依照法律规定或者按照约定获得报酬。

因此，王大作为遗产管理人可以获得报酬。

869. 赵某有两个儿子。赵大是个痴子，同赵某一起生活；赵二在外地生活。赵某去世后，谁应当通知赵二关于赵某去世的消息？

答：赵某生前所在单位或者住所地的居民委员会、村民委员会负责通知。

民法典第一千一百五十条规定：继承开始后，知道被继承人死亡的继承人应当及时通知其他继承人和遗嘱执行人。继承人中无人知道被继承人死亡或者知道被继承人死亡而不能通知的，由被继承人生前所在单位或者住所地的居民委员会、村民委员会负责通知。

赵大和赵二都是赵某的继承人。赵大患有痴呆症，不能通知赵二，所以应当由赵某生前所在单位或者住所地的居民委员会、村民委员会通知赵二。

870. 存有遗产的人负有什么义务？

答：存有遗产的人应当妥善保管遗产。

民法典第一千一百五十一条规定：存有遗产的人，应当妥善保管遗产，任何组织或者个人不得侵吞或者争抢。

871. 小明爷爷去世后，小明父亲没有放弃继承，但在遗产分割前因为车祸去世。已知遗嘱对于继承人死亡后的遗产归属没有例外安排。请问，小明可以继承父亲原本应该继承的遗产吗？

答：可以。

民法典第一千一百五十二条规定：继承开始后，继承人于遗产分割前死亡，并没有放弃继承的，该继承人应当继承的遗产转给其继承人，但是遗嘱另有安排的除外。

所以小明作为其父亲的继承人，可以转继承这份遗产。

872. 张某和孙某是夫妻。张某去世后，留下一栋房屋，为张某和孙某共同所有。请问，张某可以在遗嘱中将该房屋留给自己的儿子吗？

答：不可以。

民法典第一千一百五十三条规定：夫妻共同所有的财产，除有约定的外，遗产分割时，应当先将共同所有的财产的一半分出为配偶所有，其余的为被继承人的遗产。

遗产在家庭共有财产之中的，遗产分割时，应当先分出他人的财产。

该栋房屋为张某和孙某共同所有，只有该房屋一半的份额属于张某的遗产，可以任其处置。所以张某不能在遗嘱中将该栋房屋作为遗产直接让他的儿子继承。

873.老孙的法定继承人是他的两个儿子：大孙和小孙。小孙和老孙二人关系向来紧张。老孙去世后，遗嘱中将一栋公寓留给小孙继承，小孙拒绝继承。请问，这栋公寓该由谁继承？

答：这栋公寓应当按照法定继承中的继承人顺序，由大孙继承。

民法典第一千一百五十四条规定：有下列情形之一的，遗产中的有关部分按照法定继承办理：

（一）遗嘱继承人放弃继承或者受遗赠人放弃受遗赠；

（二）遗嘱继承人丧失继承权或者受遗赠人丧失受遗赠权；

（三）遗嘱继承人、受遗赠人先于遗嘱人死亡或者终止；

（四）遗嘱无效部分所涉及的遗产；

（五）遗嘱未处分的遗产。

874.谭某因交通事故意外离世，他的妻子肚子里还怀着一个胎儿。请问，这个胎儿可以继承谭某的遗产吗？

答：这个胎儿不能直接继承谭某的遗产，但是应当为胎儿保留其继承份额。待胎儿分娩时，出生为死体的，为其保留的继承份额按照法定继承办理；胎儿正常分娩的，则可以继承谭某的遗产。

民法典第一千一百五十五条规定：遗产分割时，应当保留胎儿的继承份额。胎儿娩出时是死体的，保留的份额按照法定继承办理。

未分娩的胎儿不能直接继承遗产，应当根据其分娩时的状态进行判定。

875.夏大和夏二共同继承了父亲留下来的一栋房屋，这部分遗产该如何进行分割？

答：可以采取折价、适当补偿或者共有的方法处理。

民法典第一千一百五十六条规定：遗产分割应当有利于生产和生活需要，不损害遗产的效用。

不宜分割的遗产，可以采取折价、适当补偿或者共有等方法处理。

房屋为不宜分割的遗产，所以夏大和夏二可以采取折价、适当补偿或者共有的方法处理。

876. 林某与劳某为夫妻，林某去世后，通过遗嘱将居住的房屋留给妻子劳某。后来，劳某与他人再婚，继续在原来的房屋里居住。林某的父母要求劳某搬出继承的房屋。请问，林某父母的要求是否应当得到支持？

答：林某父母的要求不应当得到支持。

民法典第一千一百五十七条规定：夫妻一方死亡后另一方再婚的，有权处分所继承的财产，任何组织或者个人不得干涉。

林某死亡后，劳某再婚，其如何处置继承而来的房屋，不应当受到林某父母的干涉。

877. 安先生不是李老头的法定继承人，他是否可以与李老头签订协议约定：由安先生赡养李老头，为其送终，在李老头死后继承李老头的遗产，这样可以吗？

答：可以。

民法典第一千一百五十八条规定：自然人可以与继承人以外的组织或者个人签订遗赠扶养协议。按照协议，该组织或者个人承担该自然人生养死葬的义务，享有受遗赠的权利。

878. 高某去世后，留下价值200万元的遗产，由其儿子继承。高某的儿子常年因病卧床，缺乏劳动能力，也没有收入来源。高某生前对乔某负有价值200万元未偿还的债务，这笔债务该如何偿还？

答：这笔债务应当从高某留下来的价值200万元的遗产中优先扣除，以偿还乔某。又因为高某的儿子缺乏劳动能力又没有生活来源，所以应当为其保留必要的遗产份额以维持生计。

民法典第一千一百五十九条规定：分割遗产，应当清偿被继承人依法应当缴纳的税款和债务；但是，应当为缺乏劳动能力又没有生活来源的继承人保留必要的遗产。

879. 田某是田家村的村民，没有法定继承人。田某去世后，他的遗产归属如何？

答：田某去世后，其遗产归田家村集体所有。

民法典第一千一百六十条规定：无人继承又无人受遗赠的遗产，归国家所有，用于公益事业；死者生前是集体所有制组织成员的，归所在集体所有制组织所有。

田某是田家村的村民，所以其遗产归田家村集体所有。

880. 杨某从逝世的父亲那里继承了价值200万元的遗产，同时又得知父亲生前对外欠有价值250万元的债务。请问，杨某应当替父亲偿还多少债务？

答：应当偿还200万元的债务。

民法典第一千一百六十一条规定：继承人以所得遗产实际价值为限清偿被继承人依法应当缴纳的税款和债务。超过遗产实际价值部分，继承人自愿偿还的不在此限。

继承人放弃继承的，对被继承人依法应当缴纳的税款和债务可以不负清偿责任。

杨某只从父亲那里继承了价值200万元的遗产，因此无论其父生前对外欠债多少，杨某所应当偿还的数额以200万元为限，如有超出部分，杨某对此不负清偿责任。

881. 从某将价值100万元的房屋遗赠给刘某，将价值100万元的轿车通过遗嘱留给其孙子继承。从某去世后，剩下价值200万元的遗产通过法定继承的程序留给法定继承人。已知从某对外负有300万元的债务，其法定继承人该如何偿还这笔债务？

答：首先，法定继承人应当以其继承的价值200万元的遗产为限偿还部分债务；余下100万元的债务，由受遗赠人刘某和遗嘱继承人的从某孙子按比例各承担50万元。

民法典第一千一百六十二条规定：执行遗赠不得妨碍清偿遗赠人依法应当缴纳的税款和债务。

民法典第一千一百六十三条规定：既有法定继承又有遗嘱继承、遗赠的，由法定继承人清偿被继承人依法应当缴纳的税款和债务；超过法定继承遗产实际价值部分，由遗嘱继承人和受遗赠人按比例以所得遗产清偿。

从某通过法定继承留下的遗产不足以偿还其全部债务，所以超出部分需要由受遗赠人刘某和遗嘱继承人从某的孙子按比例共同承担。刘某从从某处获得价值100万元的遗赠，从某的孙子通过遗嘱继承获得价值100万元的遗产，所以按照比例二者各应该承担50万元的债务。

第七编　侵权责任

第一章　一般规定

882. 民法典侵权责任编有哪些制度创新与亮点？

答：民法典侵权责任编的创新与亮点非常多，主要归结为如下八个方面：

（一）增加了"自助行为"作为侵权责任的抗辩事由，从而与正当防卫、紧急避险共同构成了完整的自力救济体系。

（二）增加了知识产权侵权的"惩罚性损害赔偿"制度。

民法典第一千一百八十五条规定：故意侵害他人知识产权，情节严重的，被侵权人有权请求相应的惩罚性赔偿。

这表明了我国法律对于知识产权保护力度的加强，为创新经济保驾护航。

（三）增加了破坏生态的特殊侵权责任。

民法典侵权责任编将2010年版侵权责任法第八章规定的环境污染责任修改为"环境污染和生态破坏责任"，从而加强对生态保护，也是民法总则第九条规定的绿色环保原则的体现。

（四）在环境污染和生态破坏责任中增加了公益诉讼机制，并增加了生态环境修复责任作为污染环境与生态破坏的救济措施。

（五）增加了污染环境与生态破坏侵权的"惩罚性损害赔偿制度"。

民法典第一千二百三十二条规定：侵权人违反法律规定故意污染环境、破坏生态造成严重后果的，被侵权人有权请求相应的惩罚性赔偿。

（六）完善了网络侵权的救济程序和救济措施，增加了网络用户做出不侵权声明的权利与机会，防止恶意投诉从而给网络用户造成不当损害。

（七）确立"自甘风险"规则。民法典第一千一百七十六条规定：自愿参加具有一定风险的文体活动，因其他参加者的行为受到损害的，受害人不得请求其他参加者承担侵权责任；但是，其他参加者对损害的发生有故意或者重大过失的除外。

（八）确立"好意同乘"驾驶人责任减免规则。民法典第一千二百一十七条规定：非营运机动车发生交通事故造成无偿搭乘人损害，属于该机动车一方责任的，应当减轻其赔偿责任，但是机动车使用人有故意或者重大过失的除外。

因此，在好意同乘情况下，尽管发生了交通事故，但是机动车一方可以减轻赔偿责任，以鼓励这种驾驶人与搭乘人相互良善的社会交往机制。

883. 公共停车场内，钱某和梁某因争抢停车位而发生争吵，愤怒情绪下的钱某用铁棍将梁某轿车的挡风玻璃砸碎。请问，钱某是否应当对梁某的损失承担责任？为什么？

答：钱某应当对梁某的损失承担责任。

民法典第一千一百六十五条第一款规定：行为人因过错侵害他人民事权益造成损害的，应当承担侵权责任。

钱某使用铁棍砸碎梁某轿车的挡风玻璃，主观上具有故意，客观上侵犯了梁某对轿车享有的所有权，给梁某造成了损害，且钱某的行为与该损害之间具有因果关系，所以应当承担相应的民事责任。

884. 朱某在朋友家吃饭，并事先告诉朋友自己对花生过敏，蔬菜沙拉里不能放花生酱。因厨房事务繁忙，朋友误将花生酱当作芝麻酱加入蔬菜沙拉中，朱某食用后因过敏发生休克，被送入医院抢救，共发生5000元的治疗费用。请问，朱某的朋友是否应当对朱某的损失承担责任？为什么？

答：朋友应当对朱某的损失承担责任。

民法典第一千一百六十五条第一款规定：行为人因过错侵害他人民事权益造成损害的，应当承担侵权责任。

由于朋友失误放错酱的行为导致朱某过敏休克并产生5000元的治疗费用，主观上具有过失，客观上造成了朱某的损害，朋友的行为与损害之间具有因果关系，应当承担相应的民事责任。

885. 7岁的小华用石头将邻居家的玻璃打碎，给邻居造成价值100元的损害。请问，小华的监护人是否应当承担侵权责任？

答：小华的监护人应当承担侵权责任。

民法典第一千一百六十六条规定：行为人造成他人民事权益损害，不论行为人有无过错，法律规定应当承担侵权责任的，依照其规定。

监护人责任是典型的无过错责任，所以小华的监护人应当为小华的侵权行为承担无过错替代侵权责任。

886. 施某多次被小混混邓某勒索，施某能否请求邓某承担停止侵害的侵权责任？

答：可以。

民法典第一千一百六十七条规定：侵权行为危及他人人身、财产安全的，被侵权人有权请求侵权人承担停止侵害、排除妨碍、消除危险等侵权责任。

所以施某可以请求邓某承担停止向其勒索的侵权责任。

887. 小明和小颖都是某美术学院大三年级的学生，趁无人注意，在××餐厅背面的白墙上进行了艺术涂鸦，为覆盖涂鸦，××餐厅花费500元为墙面重新上漆。请问，小明和小颖应当如何承担侵权责任？为什么？

答：小明和小颖对给××餐厅造成的损害承担连带责任。

民法典第一千一百六十八条规定：二人以上共同实施侵权行为，造成他人损害的，应当承担连带责任。

小明和小颖共同实施了侵权行为，给××餐厅造成了500元的损害，应当承担连带责任。

888. 何某19岁，谢某20岁，两人都是完全民事行为能力人。何某与谢某密谋盗窃××商店的香烟。何某实施盗窃行为时，谢某在门口为其放风。二者共盗窃价值5000元的香烟。请问，谢某应当如何承担侵权责任？

答：谢某应当与何某承担连带责任。

民法典第一千一百六十九条第一款规定：教唆、帮助他人实施侵权行为的，应当与行为人承担连带责任。

谢某为何某放风，对何某的盗窃行为起到了帮助作用，应当与何某承担连带责任。

889. 谢某教唆9岁的小学生小明去××商店盗窃香烟，小明趁店主不注意，将货架上的香烟偷走，给店主造成价值200元的损失。请问，谁应当承担侵权责任？为什么？

答：谢某应当承担侵权责任。

民法典第一千一百六十九条第二款规定：教唆、帮助无民事行为能力人、限制民事行为能力人实施侵权行为的，应当承担侵权责任；该无民事行为能力人、限制民事行为能力人的监护人未尽到监护职责的，应当承担相应的责任。

谢某教唆未成年人小明实施侵权行为，应当由谢某承担侵权责任。

890.小周与小郑在学校里与小吴交恶。某日课后,小周与小郑将小吴堵在教室后门口,对其进行殴打,并索要钱财,小吴被打成轻伤,且损失了几百元。小吴能否要求小周与小郑承担侵权责任?小周和小郑均辩称自己只是轻轻踢了几下,不应负全责,这种情况又该如何判定?

答:由于小周与小郑的行为导致小吴的人身、财产都受到了损害,因此小吴有权要求其承担侵权责任。如果根据实际情况能够确定具体侵权人,就由该侵权人承担责任;若不能确定,小周与小郑应承担连带责任。

民法典第一千一百七十条规定:二人以上实施危及他人人身、财产安全的行为,其中一人或者数人的行为造成他人损害,能够确定具体侵权人的,由侵权人承担责任;不能确定具体侵权人的,行为人承担连带责任。

891.A某与B某并无意思联络,但都有杀害C某的想法。一日,A某在C某常用的水杯里投下致死剂量的剧毒,C某喝下后,刚出门呼救,被B某在心脏处刺了一刀,当场死亡。A某与B某是否应承担责任?应承担什么责任?

答:A某与B某虽无共谋,但都有杀人的直接故意,且均付诸行动,均能导致被害人C某死亡结果的发生。

民法典第一千一百七十一条规定:二人以上分别实施侵权行为造成同一损害,每个人的侵权行为都足以造成全部损害的,行为人承担连带责任。

892.A某与B某并无意思联络,但都有伤害C某的想法。一日,A某在C某常用的水杯里投下致死剂量一半左右的毒药,后B某也在该水杯中投下致死剂量一半左右的毒药,最终C某喝下后中毒身亡。A某与B某是否应承担责任?应承担什么责任?

答:A某与B某虽无共谋,但都有伤害的直接故意,各自投放了致死剂量一半的毒药后,最终导致死亡结果的发生。

民法典第一千一百七十二条规定:二人以上分别实施侵权行为造成同一损害,能够确定责任大小的,各自承担相应的责任;难以确定责任大小的,平均承担责任。

具体到本题中,A某与B某应平均承担责任。

893.租客在房东允许和监修下进行房屋改造,在事前向房东问询了房屋的基本情况后,租客认为应该不会发生什么事故。其实房东有所隐瞒,眼看租客的装修方式会损坏房屋内部结构却并不提醒,最终导致房屋墙体结构受损。房东向租客索求赔偿,租客认为房东未尽到应尽的提示义务,自己不应负全责。这种情况该如何处理?

答:租客得知的信息有限,其装修行为导致房屋结构受损,给房东造成了损失,应承担一定的侵权责任。但房东明知可能发生的事故却并不提醒,也应承担责任。因此租客的责任可适当减轻。

民法典第一千一百七十三条规定:被侵权人对同一损害的发生或者扩大有过错的,可以减轻侵权人的责任。

894.汽车正常行驶过程中,专业"碰瓷客"突然窜出来,司机躲闪不及时,将其撞伤。司机是否应当对此负责?

答:无需负责。

民法典第一千一百七十四条规定:损害是因受害人故意造成的,行为人不承担责任。

伤害结果是"碰瓷"的人故意造成的,因此司机无需负责。

895.贾某在饭店就餐时与隔壁桌的林某发生争执,饭店的服务生未及时阻拦,贾某举起啤酒瓶欲砸林某,却砸中另一桌就餐的顾客甄某,甄某头破血流不止,送医后花费了5000元的治疗费用。请问,谁应当承担对甄某的侵权责任?

答:贾某应当承担对甄某的侵权责任,饭店应当承担相应的补充责任。

民法典第一千一百七十五条规定:损害是因第三人造成的,第三人应当承担侵权责任。

民法典第一千一百九十八条第二款规定:因第三人的行为造成他人损害的,由第三人承担侵权责任;经营者、管理者或者组织者未尽到安全保障义务的,承担相应的补充责任。经营者、管理者或者组织者承担补充责任后,可以向第三人追偿。

本题中,第三人贾某用啤酒瓶砸伤甄某,侵害了甄某的健康权,给甄某造成价值5000元的经济损害,应当对此承担侵权责任。服务生未及时阻止贾某的行为,饭店作为经营者未尽到安全保障义务,应当承担相应的补充责任。

896.杂技表演过程中,由于托举人员不小心失误,导致被托举者张某摔伤。张某能否请求其他表演者承担侵权责任?事后查明其实是张某平时交恶的队员赵某一直心怀不轨,在正式表演时故意做错了一个动作,导致整体队形出现失误,最终致使张某摔伤,张某能否要求赵某承担侵权责任?

答:张某不得要求其他杂技表演者承担侵权责任,因为除赵某外的表演者并没有侵权故意。张某可以要求赵某承担侵权责任,因为赵某有伤害张某的故意。

民法典第一千一百七十六条规定:自愿参加具有一定风险的文体活动,因其他参加者的行为受到损害的,受害人不得请求其他参加者承担侵权责任;但是,其他参加者对损害的发生有故意或者重大过失的除外。

活动组织者的责任适用本法第一千一百九十八条至第一千二百零一条的规定。

897.王某在一小吃店内吃完饭不想给钱,便试图趁店家不注意溜走。但由于行迹鬼祟,被店主发现,店主扣留了王某的手机,还对王某拳打脚踢,王某被打成轻伤。王某认为自己吃"霸王餐"固然不对,但店主未经其同意拿走其财物是不可取的,自己甚至还被打伤,王某欲就此向店家主张侵权责任。请问,他能得到支持吗?

答:店主扣留吃"霸王餐"的王某的手机,属于紧急情况下的自助行为,在国家机关不能及时保护权利的情况下,店主有权采取合理程度的自我保护行为。但店主扣留手机后还对王某拳打脚踢,超过了自助行为应有的合理限度,自我保护措施不应滥用,店主应当承担侵权责任。

民法典第一千一百七十七条规定:合法权益受到侵害,情况紧迫且不能及时获得国家机关保护,不立即采取措施将使其合法权益受到难以弥补的损害的,受害人可以在保护自己合法权益的必要范围内采取扣留侵权人的财物等合理措施;但是,应当立即请求有关国家机关处理。

受害人采取的措施不当造成他人损害的,应当承担侵权责任。

第二章 损害赔偿

898.当个人因为车祸受到人身伤害甚至导致残疾、死亡的，受害人或受害人近亲属可以主张哪些赔偿？

答：可以主张医疗费、护理费、交通费、营养费、住院伙食补助费等为治疗和康复支出的合理费用，以及因误工减少的收入。造成残疾的，还应当赔偿辅助器具费和残疾赔偿金；造成死亡的，还应当赔偿丧葬费和死亡赔偿金。

民法典第一千一百七十九条规定：侵害他人造成人身损害的，应当赔偿医疗费、护理费、交通费、营养费、住院伙食补助费等为治疗和康复支出的合理费用，以及因误工减少的收入。造成残疾的，还应当赔偿辅助器具费和残疾赔偿金；造成死亡的，还应当赔偿丧葬费和死亡赔偿金。

899.某司机因酒驾交通肇事，撞死过马路的多个来自不同地区的且收入不同的行人，这些受害人近亲属能够主张的死亡赔偿金数额相同吗？

答：可以以相同数额确定死亡赔偿金。

民法典第一千一百八十条规定：因同一侵权行为造成多人死亡的，可以以相同数额确定死亡赔偿金。

所以，这些受害人的近亲属能够主张的死亡赔偿金数额相同。

900.司机姜某在执行单位职务活动的过程中，被交通肇事的另一司机刘某开车撞死，谁可以请求刘某承担侵权责任？姜某单位的车也因此报废，单位之后分立成两个组织，承继权利的组织能否请求刘某承担侵权责任？

答：姜某的近亲属可以请求刘某就其交通肇事行为导致姜某死亡的事实承担侵权责任。单位分立后，承继权利的组织有权请求刘某就交通肇事行为导致车辆报废之损害事实承担侵权责任。

民法典第一千一百八十一条第一款规定：被侵权人死亡的，其近亲属有权请求侵权人承担侵权责任。被侵权人为组织，该组织分立、合并的，承继权利的组织有权请求侵权人承担侵权责任。

901.姜某因交通事故去世后,肇事逃逸人金某被追拿归案。姜某的公司先前为姜某垫付了数万元的治疗费用,可以向金某追偿吗?

答:可以。

民法典第一千一百八十一条第二款规定:被侵权人死亡的,支付被侵权人医疗费、丧葬费等合理费用的人有权请求侵权人赔偿费用,但是侵权人已经支付该费用的除外。

姜某公司有权就为姜某垫付的医疗费请求金某赔偿。

902.某司机被撞后下半身终身残疾,该司机受到严重的精神创伤,能否要求交通肇事司机赔偿其精神损失费?

答:该司机可以依法要求交通肇事司机赔偿一定金额的精神损失费。

民法典第一千一百八十三条第一款规定:侵害自然人人身权益造成严重精神损害的,被侵权人有权请求精神损害赔偿。

所以,被撞导致残疾的该司机可以要求交通肇事司机赔偿精神损失费。

903.贾某母亲由于车祸去世,去世时留下了一枚珍贵玉佩,贾某一直留作纪念。杜某与贾某曾经是好友,但某日大吵一架,杜某打碎了贾某母亲留给她的玉佩。贾某伤心欲绝,得了很严重的抑郁症,精神状态非常不好。贾某能否向杜某要求精神损害赔偿?

答:贾某可以向杜某要求精神损害赔偿。

民法典第一千一百八十三条第二款规定:因故意或者重大过失侵害自然人具有人身意义的特定物造成严重精神损害的,被侵权人有权请求精神损害赔偿。

因为该玉佩具有极大的纪念意义,失去这枚玉佩对贾某造成了严重的精神打击,杜某的行为也是故意的。

904.黄某与范某是好友,范某受黄某委托代管其名下古董。但因渐生嫌隙,某日大吵一架后,范某一时气急,将黄某的所有古董以极低价格卖出。黄某很长时间都不知此事,某日在一市场看到自己原本拥有的古董后,才意识到自己财产受损,但此时古董的市场均价已经有所降低。黄某要求范某按原本的价格进行赔偿,但范某表示只接受按目前的市场价赔偿。请问,应当按照何种标准进行赔偿?

答:应当按照损失发生时的市场价格或其他合理方式计算。

民法典第一千一百八十四条规定:侵害他人财产的,财产损失按照损失发生时的市场价格或者其他合理方式计算。

所以,范某应当按照损失发生时的市场价格或其他合理方式计算。

905.某明星工作室设计了一款应援灯并申请了专利保护。某电商平台见有利可图,便未经授权批量低质生产该应援灯并高价予以售卖,获得巨额利润。该明星工作室能否请求惩罚性赔偿?

答:可以。

民法典第一千一百八十五条规定:故意侵害他人知识产权,情节严重的,被侵权人有权请求相应的惩罚性赔偿。

由于侵权数额巨大,情节严重,所以该明星工作室可以请求惩罚性赔偿。

906.某路口红绿灯某日突然坏了,指示出现错乱,虽然两个司机极力避让,但还是在十字路口交会处发生了交通事故,两车车身均有一定程度的剐蹭,且两人均有一定擦伤。请问,该案中双方的损失如何分担?

答:可以根据实际情况,由双方分担发生的损失。

民法典第一千一百八十六条规定:受害人和行为人对损害的发生都没有过错的,依照法律的规定由双方分担损失。

受害人和行为人对损害的发生都没有过错的,可以根据实际情况,由双方分担损失。这是基于公平原则所制定的关于分担损失的规定。本题中,双方司机都没有过错,所以可以根据实际情况,由双方分担发生的损失。

907.王某与李某发生口角,王某被打成重伤。现王某要求李某赔偿,但由于赔偿数额较大,家庭条件不好,李某及其家人一时难以拿出。这种情况李某该如何解决?

答:王某可与李某及其家人协商,若协商不一致,应当一次性支付全部赔偿费用。但若实在难以一次性支付赔偿全款,可以考虑分期支付的方式,这种情况下李某需要提供一定的担保。

民法典第一千一百八十七条规定:损害发生后,当事人可以协商赔偿费用的支付方式。协商不一致的,赔偿费用应当一次性支付;一次性支付确有困难的,可以分期支付,但是被侵权人有权请求提供相应的担保。

所以,李某可以同王某协商赔偿费支付的方式。

第三章 责任主体的特殊规定

908.小花今年7岁，父母带着她在餐厅吃饭。小花吃饱后端着饮料杯在餐厅内到处走动，不慎撞到一位女士，并将饮料洒到该女士的衣服上，给该女士造成价值2000元的损害。请问，这位女士应当请求谁承担侵权责任？为什么？

答：这位女士应当请求小花的父母承担侵权责任。

民法典第一千一百八十八条第一款规定：无民事行为能力人、限制民事行为能力人造成他人损害的，由监护人承担侵权责任。监护人尽到监护职责的，可以减轻其侵权责任。

小花今年7岁，为无民事行为能力人，对他人造成的损害应当由其监护人即小花的父母承担侵权责任。如果小花父母尽到监护职责，还可以减轻他们的侵权责任。

909.小花今年7岁，父母带着她在餐厅吃饭。小花吃饱后端着饮料杯在餐厅内到处走动，不慎撞到一位女士，并将饮料洒到该女士的衣服上，给女士造成价值2000元的损失。小花的爷爷通过遗嘱给小花留下了部分遗产，为10万元现金。请问，小花的父母可以使用这笔钱支付赔偿费用吗？为什么？

答：可以。

民法典第一千一百八十八条第二款规定：有财产的无民事行为能力人、限制民事行为能力人造成他人损害的，从本人财产中支付赔偿费用；不足部分，由监护人赔偿。

小花是拥有10万元财产的无民事行为能力人，所以可以从其财产中支付赔偿费用。

910.小明的父母要短期出差，将小明拜托给同事张某照顾。小明在院子里玩耍时，不小心用石头砸碎了邻居家的玻璃，造成价值100元的损失。已知小明今年10岁，张某尽到了监护义务。请问，邻居应当请求谁承担侵权责任？为什么？

答：邻居应当请求小明的父母承担侵权责任。

民法典第一千一百八十九条规定：无民事行为能力人、限制民事行为能力人造成他人损害，监护人将监护职责委托给他人的，监护人应当承担侵权责任；受托人有过错的，承担相应的责任。

小明为限制民事行为能力人，尽管小明父母将监护职责委托给张某，当小明造成他人损害时，他们仍应当承担侵权责任。

911.××公司总监大华在驾驶私家车途中，因疲劳驾驶突发心肌梗死而昏迷，驾驶的私家车追尾前方车辆，给前方车主应某造成价值1万元的损失。请问，大华是否应当承担侵权责任？为什么？

答：大华应当承担侵权责任。

民法典第一千一百九十条第一款规定：完全民事行为能力人对自己的行为暂时没有意识或者失去控制造成他人损害有过错的，应当承担侵权责任；没有过错的，根据行为人的经济状况对受害人适当补偿。

大华是完全民事行为能力人，因疲劳驾驶而突发昏迷，对损害的造成具有过错，应当承担侵权责任。

912.××公司总监大华醉酒后驾车，无意识追尾前方车辆，给前方车主应某造成价值两万元的损失。请问，大华是否应当承担侵权责任？为什么？

答：大华应当承担侵权责任。

民法典第一千一百九十条第二款规定：完全民事行为能力人因醉酒、滥用麻醉药品或者精神药品对自己的行为暂时没有意识或者失去控制造成他人损害的，应当承担侵权责任。

大华为完全民事行为能力人，因醉驾失去意识给他人造成了损害，应当承担侵权责任。

913.××交通运输公司货车司机王某在运送货物途中，车厢内的货物不慎向后掉落，砸到后面出租车的挡风玻璃，给出租车司机造成价值5000元的损失。请问，出租车司机应当请求谁承担侵权责任？为什么？

答：出租车司机应当请求××交通运输公司承担侵权责任。

民法典第一千一百九十一条第一款规定：用人单位的工作人员因执行工作任务造成他人损害的，由用人单位承担侵权责任。用人单位承担侵权责任后，可以向有故意或者重大过失的工作人员追偿。

司机王某系因执行工作任务给出租车司机造成了损害，所以出租车司机应当请求××交通运输公司承担侵权责任。如果王某对侵权行为主观上具有故意或者过失，××交通运输公司还可以向他追偿。

914.司机王某被××交通运输公司劳务派遣到平安公司运输货物，在运送货物途中，车厢内的货物不慎向后掉落，砸到后面出租车的挡风玻璃，给出租车司机造成价值5000元的损失。请问，出租车司机应当请求谁承担侵权责任？为什么？

答：出租车司机应当请求平安公司承担侵权责任。

民法典第一千一百九十一条第二款规定：劳务派遣期间，被派遣的工作人员因执行工作任务造成他人损害的，由接受劳务派遣的用工单位承担侵权责任；劳务派遣单位有过错的，承担相应的责任。

司机王某因执行工作任务而造成他人损害，接受其劳务派遣的公司为平安公司，所以出租车司机应当请求平安公司承担侵权责任。如果××交通运输公司有过错，出租车司机也可以请求××公司承担相应的责任。

915.王某雇用的清洁工在擦洗家中玻璃时，不小心将水桶从三楼推下，砸到路过的行人高某，造成高某轻伤。请问，高某应当请求谁承担侵权责任？为什么？

答：高某应当请求王某承担侵权责任。

民法典第一千一百九十二条第一款规定：个人之间形成劳务关系，提供劳务一方因劳务造成他人损害的，由接受劳务一方承担侵权责任。接受劳务一方承担侵权责任后，可以向有故意或者重大过失的提供劳务一方追偿。提供劳务一方因劳务受到损害的，根据双方各自的过错承担相应的责任。

王某为接受个人劳务的一方，应当对清洁工因劳务而造成他人的损害承担侵权责任。

916.王某雇用的园丁在给花园进行浇水时，被邻居沈某丢过来的石头砸伤。请问，园丁可以请求谁承担侵权责任？为什么？

答：园丁可以请求沈某承担侵权责任或者请求王某进行补偿。

民法典第一千一百九十二条第二款规定：提供劳务期间，因第三人的行为造成提供劳务一方损害的，提供劳务一方有权请求第三人承担侵权责任，也有权请求接受劳务一方给予补偿。接受劳务一方补偿后，可以向第三人追偿。

园丁在提供劳务期间因第三人沈某丢掷石头的行为受到损害，所以可以请求第三人沈某或者接受劳务的王某承担侵权责任。如果王某承担侵权责任，他可以向沈某追偿。

917. 王某与沈某签订承揽合同，约定由沈某为王某定制特殊图案的烟花。沈某在制作烟花过程中操作不当，导致烟花意外爆炸，造成沈某重伤。请问，沈某可以请求王某承担侵权责任吗？

答：不可以。

民法典第一千一百九十三条规定：承揽人在完成工作过程中造成第三人损害或者自己损害的，定作人不承担侵权责任。但是，定作人对定作、指示或者选任有过错的，应当承担相应的责任。

王某作为定作人对事故的发生没有过错，所以不应当承担侵权责任。

918. 赵某在某社交平台上大肆辱骂同事杨某，发布大量关于杨某的不实信息，侵害了杨某的名誉权。请问，杨某是否可以请求赵某承担侵权责任？为什么？

答：杨某可以请求赵某承担侵权责任。

民法典第一千一百九十四条规定：网络用户、网络服务提供者利用网络侵害他人民事权益的，应当承担侵权责任。法律另有规定的，依照其规定。

赵某利用网络社交平台侵害了杨某的名誉权，应当承担侵权责任。

919. 赵某在某社交平台上大肆辱骂同事杨某，发布大量关于杨某的不实信息，侵害了杨某的名誉权。杨某能否请求该社交平台处理这些言论？为什么？

答：杨某可以请求该社交平台处理赵某发布的侮辱性言论和不实信息。

民法典第一千一百九十五条第一款规定：网络用户利用网络服务实施侵权行为的，权利人有权通知网络服务提供者采取删除、屏蔽、断开链接等必要措施。通知应当包括构成侵权的初步证据及权利人的真实身份信息。

所以在向该社交平台提供赵某言论侵权的初步证据及本人真实身份信息后，可以请求该社交平台予以处理。

920.赵某在某社交平台上大肆辱骂同事杨某，发布大量关于杨某的不实信息，侵害了杨某的名誉权。杨某向该社交平台提供赵某构成侵权的初步证据及本人真实身份信息后，请求该社交平台删除相关言论和不实信息，该社交平台该如何处理？

答：该社交平台应当及时将该通知转送赵某，并及时删除或屏蔽赵某对杨某的侮辱性言论和不实信息。

民法典第一千一百九十五条第二款规定：网络服务提供者接到通知后，应当及时将该通知转送相关网络用户，并根据构成侵权的初步证据和服务类型采取必要措施；未及时采取必要措施的，对损害的扩大部分与该网络用户承担连带责任。

所以该社交平台应当及时采取必要措施，防止损害进一步扩大。

921.小红发现自己在某商场试衣间更换衣服的视频被用户"劲爆分享达人"上传至×××视频网站，以"劲爆！偷拍某女子换衣全过程"的标题登上该网站的热门搜索榜单前列，并在首页滚动推荐。请问，小红可以请求×××视频网站承担侵权责任吗？

答：可以。

民法典第一千一百九十七条规定：网络服务提供者知道或者应当知道网络用户利用其网络服务侵害他人民事权益，未采取必要措施的，与该网络用户承担连带责任。

小红被偷拍的视频被上传至×××视频网站公开播放，侵犯了小红的隐私权，×××网站知道或应当知道该视频的拍摄与上传属于侵权行为，但未采取必要措施断开或删除该视频链接，仍予以首页推荐，故×××视频网站应当与视频上传者承担连带责任。

922.××游泳馆内一名儿童在泳池中溺水，游泳馆救生员请假不在岗，导致该儿童无人救援而溺亡。请问，××游泳馆的经营者是否应当承担侵权责任？为什么？

答：××游泳馆的经营者应当承担侵权责任。

民法典第一千一百九十八条第一款规定：宾馆、商场、银行、车站、机场、体育场馆、娱乐场所等经营场所、公共场所的经营者、管理者或者群众性活动的组织者，未尽到安全保障义务，造成他人损害的，应当承担侵权责任。

××游泳馆经营者未尽到安全保障义务，导致儿童溺水身亡，应当承担侵权责任。

923. ××体育馆闯入一名男性，手持尖刀，刺伤多名在馆内进行锻炼的会员，造成5人轻伤。请问××体育馆的经营者应该对此承担侵权责任吗？为什么？

答：如果××体育馆的经营者尽到安全保障义务，则无需承担侵权责任；如果××体育馆的经营者未尽到安全保障义务，则应承担相应的补充责任，此后可向造成损害的第三人追偿。

民法典第一千一百九十八条第二款规定：因第三人的行为造成他人损害的，由第三人承担侵权责任；经营者、管理者或者组织者未尽到安全保障义务的，承担相应的补充责任。经营者、管理者或者组织者承担补充责任后，可以向第三人追偿。

924. ××幼儿园组织小朋友去公园秋游。5岁的小红脱离队伍去到不远处的公共厕所，班主任朱某未陪同。小红途中被石头绊倒磕破了脑袋，产生1000元的治疗费用。请问，谁应当对小红受到的损害承担责任？为什么？

答：××幼儿园应当对小红受到的损害承担责任。

民法典第一千一百九十九条规定：无民事行为能力人在幼儿园、学校或者其他教育机构学习、生活期间受到人身损害的，幼儿园、学校或者其他教育机构应当承担侵权责任；但是，能够证明尽到教育、管理职责的，不承担侵权责任。

幼儿园组织小朋友秋游属于小朋友在园学习、生活期间。小红是无民事行为能力人，班主任朱某应当陪同其去公共厕所，就此幼儿园未尽到管理之职责，应当承担侵权责任。

925. ××小学组织五年级学生上体育课，要求完成3000米的跑步。小华跑到一半便晕倒在操场上，因学校救治不及时而死亡。请问，学校是否应当承担侵权责任？

答：××小学应当承担侵权责任。

民法典第一千二百条规定：限制民事行为能力人在学校或者其他教育机构学习、生活期间受到人身损害，学校或者其他教育机构未尽到教育、管理职责的，应当承担侵权责任。

小华为限制民事行为能力人，在校期间学校未尽到管理职责，应当承担侵权责任。

926.××幼儿园内闯入一个园外的人，持刀行凶，造成2名小朋友受伤。请问，幼儿园应当承担侵权责任吗？为什么？

答：如果幼儿园尽到管理职责的，不用承担侵权责任；如果幼儿园未尽到管理职责，应当承担相应的补充责任，可以就此向造成损害的第三人追偿。

民法典第一千二百零一条规定：无民事行为能力人或者限制民事行为能力人在幼儿园、学校或者其他教育机构学习、生活期间，受到幼儿园、学校或其他教育机构以外的第三人人身损害的，由第三人承担侵权责任；幼儿园、学校或者其他教育机构未尽到管理职责的，承担相应的补充责任。幼儿园、学校或者其他教育机构承担补充责任后，可以向第三人追偿。

所以，幼儿园是否承担侵权责任在于其是否尽到管理之职责。

第四章　产品责任

927.任某在家看电视时，电视机突然发生爆炸，造成任某重伤。请问，谁应当承担侵权责任？为什么？

答：电视机的生产者和销售者应当承担侵权责任。

民法典第一千二百零二条规定：因产品存在缺陷造成他人损害的，生产者应当承担侵权责任。

民法典第一千二百零三条第一款规定：因产品存在缺陷造成他人损害的，被侵权人可以向产品的生产者请求赔偿，也可以向产品的销售者请求赔偿。

电视机质量问题属于产品缺陷，给任某造成了损害，所以他可以向电视机的生产者或者销售者请求赔偿。

928.任某在家看电视时，电视机突然发生爆炸，造成任某重伤。任某向电视机的销售者请求损害赔偿时，销售者该如何处理这个问题？为什么？

答：首先，销售者应当对任某承担损害赔偿责任。其次，如果电视机质量问题由生产者导致，销售者向任某赔偿后，可以向生产者追偿；如果电视机质量问题由销售者导致，则应当由销售者自行承担赔偿责任。

民法典第一千二百零三条第二款规定：产品缺陷由生产者造成的，销售者赔偿后，有权向生产者追偿。因销售者的过错使产品存在缺陷的，生产者赔偿后，有权向销售者追偿。

电视机质量问题的责任归属,将确定最终对任某承担损害赔偿的责任人,所以应当分情况讨论。

929. 任某在家看电视时,电视机突然发生爆炸,造成任某重伤。任某向电视机的销售者请求损害赔偿,已知电视机的质量问题是运输过程中电视机进水导致的。请问,电视机的销售者是否应当对任某承担损害赔偿责任?为什么?

答:电视机的销售者应当对任某承担损害赔偿责任。

民法典第一千二百零四条规定:因运输者、仓储者等第三人的过错使产品存在缺陷,造成他人损害的,产品的生产者、销售者赔偿后,有权向第三人追偿。

电视机的销售者应当对任某承担损害赔偿责任。由于电视机的缺陷系由电视机的运输者过错导致,所以销售者有权向运输者追偿。

930. 任某在家看电视时,电视机突然发生爆炸,造成任某重伤。已知电视机的质量问题是运输过程中电视机进水导致的,该批次的电视机都存在此类质量问题。请问,电视机销售者该如何处理这批电视机?为什么?

答:电视机的生产者和销售者应当及时停止销售和召回此批电视机,并向任某负担其因此支付的必要费用。

民法典第一千二百零六条规定:产品投入流通后发现存在缺陷的,生产者、销售者应当及时采取停止销售、警示、召回等补救措施;未及时采取补救措施或者补救措施不力造成损害扩大的,对扩大的损害也应当承担侵权责任。

依据前款规定采取召回措施的,生产者、销售者应当负担被侵权人因此支出的必要费用。

所以,如果电视机的生产者和销售者没有及时采取措施或者采取补救措施不力导致损害扩大,还应当就损害扩大的部分承担相应的侵权责任。

931. 某批次的电视机存在质量问题,电视机的生产者和销售者明知此类缺陷但对此没有采取任何措施。小黄购买了该批次的电视机,在观看电视时电视机突然爆炸,导致小黄重伤。小黄可以请求电视机的生产者和销售者承担何种侵权责任?为什么?

答:小黄可以请求电视机的生产者和销售者赔偿爆炸事故所导致的损害,以及相应的惩罚性赔偿。

民法典第一千二百零七条规定:明知产品存在缺陷仍然生产、销售,或者没有依据前条规定采取有效补救措施,造成他人死亡或者健康严重损害的,被侵权人有权请求相应的惩罚性赔偿。

电视机的生产者与销售者明知电视机存在质量问题而不作为,电视机因质量问题发生的爆炸严重损害了小黄的健康,所以小黄还可以向生产者和销售者请求惩罚性赔偿。

第五章　机动车交通事故责任

932.武某将自己的私家车借给朋友冯某长期使用,冯某驾驶该私家车在高速公路上超速行驶,追尾前方正常行驶的车辆,给前方车主造成价值两万元的损失。请问,谁应当对前方车主承担侵权责任?为什么?

答:冯某承担侵权责任。

民法典第一千二百零九条规定:因租赁、借用等情形机动车所有人、管理人与使用人不是同一人时,发生交通事故造成损害,属于该机动车一方责任的,由机动车使用人承担赔偿责任;机动车所有人、管理人对损害的发生有过错的,承担相应的赔偿责任。

武某为车辆的所有人,冯某为车辆的使用人。因冯某超速行驶发生交通事故并造成损害,应当由车辆的使用人冯某承担相应的赔偿责任。

933.武某将自己的私家车卖给冯某并已经交付冯某使用,但是还未办理机动车过户登记。冯某驾驶该车在高速公路上超速行驶,追尾前方正常行驶的车辆,给前方车主造成价值两万元的损失。请问,谁应当对前方车主承担侵权责任?为什么?

答:冯某承担侵权责任。

民法典第一千二百一十条规定:当事人之间已经以买卖或者其他方式转让并交付机动车但是未办理登记,发生交通事故造成损害,属于该机动车一方责任的,由受让人承担赔偿责任。

尽管还未办理机动车过户登记,但冯某已经占有该车辆并进行使用。发生交通事故的责任在于冯某,所以冯某作为车辆的受让人,应当承担赔偿责任。

934. 贾某的卡车挂靠在××运输公司名下从事道路运输经营活动，因贾某疲劳驾驶与其他车辆发生交通事故，造成他人损害。请问，××运输公司是否应当承担侵权责任？

答：××运输公司应当与贾某承担连带责任。

民法典第一千二百一十一条规定：以挂靠形式从事道路运输经营活动的机动车，发生交通事故造成损害，属于该机动车一方责任的，由挂靠人和被挂靠人承担连带责任。

××运输公司为被挂靠人，贾某为挂靠人，事故责任在贾某一方，所以二者承担连带责任。

935. 金某通过非法手段撬开公共停车场的一辆私家车并驾驶离开。途中因操作不当误将油门当作刹车，追尾前方车辆，并给前方车主造成价值两万元的损失。请问，谁应当对前方车主承担侵权责任？为什么？

答：金某承担侵权责任。

民法典第一千二百一十二条规定：未经允许驾驶他人机动车，发生交通事故造成损害，属于该机动车一方责任的，由机动车使用人承担赔偿责任；机动车所有人、管理人对损害的发生有过错的，承担相应的赔偿责任，但是本章另有规定的除外。

金某擅自驾驶他人私家车并发生交通事故造成损害，事故责任在于金某，故金某应当承担相应的赔偿责任。

936. 覃某驾驶私家车发生交通事故，剐蹭旁边车辆，给对方造成价值500元的损失，由覃某承担全部责任。覃某的机动车已投保。请问，覃某该如何承担责任？

答：应当由对覃某私家车承保的机动车强制保险的保险人在强制保险责任限额内予以赔偿。

民法典第一千二百一十三条规定：机动车发生交通事故造成损害，属于该机动车一方责任的，先由承保机动车强制保险的保险人在强制保险责任限额范围内予以赔偿；不足部分，由承保机动车商业保险的保险人按照保险合同的约定予以赔偿；仍然不足或者没有投保机动车商业保险的，由侵权人赔偿。

本题中，覃某造成的损害赔偿额为500元，在交强险责任限额内，所以直接由承保覃某私家车交强险的承保人进行赔偿即可。

937. 林某从姜某处购买一辆报废的机动车，发生了交通事故，造成他人损害。请问，姜某是否应当承担侵权责任？

答：姜某应当和林某承担连带责任。

民法典第一千二百一十四条规定：以买卖或者其他方式转让拼装或者已经达到报废标准的机动车，发生交通事故造成损害的，由转让人和受让人承担连带责任。

姜某是转让人，林某是受让人，二者应承担连带责任。

938. 小白偷了一辆摩托车在公路上骑行发生交通事故，造成他人损害。请问，小白是否应当承担侵权责任？

答：小白应当承担侵权责任。

民法典第一千二百一十五条规定：盗窃、抢劫或者抢夺的机动车发生交通事故造成损害的，由盗窃人、抢劫人或者抢夺人承担赔偿责任。盗窃人、抢劫人或者抢夺人与机动车使用人不是同一人，发生交通事故造成损害，属于该机动车一方责任的，由盗窃人、抢劫人或者抢夺人与机动车使用人承担连带责任。

保险人在机动车强制保险责任限额范围内垫付抢救费用的，有权向交通事故责任人追偿。

小白既是机动车的盗窃人又是使用人，所以由他承担侵权责任。

939. 小黄驾驶私家车在公路上与后方朱某驾驶的私家车发生严重交通事故，小黄抢救无效身亡。事故责任在朱某一方，朱某跳车逃离事故现场。已知后方私家车已经参加强制保险，损害赔偿如何实现？

答：首先应当由后方私家车的保险人在机动车强制保险责任限额范围内予以赔偿；若超出责任限额的，则由道路交通事故社会救助基金垫付小黄人身伤亡的抢救、丧葬等费用。

民法典第一千二百一十六条规定：机动车驾驶人发生交通事故后逃逸，该机动车参加强制保险的，由保险人在机动车强制保险责任限额范围内予以赔偿；机动车不明、该机动车未参加强制保险或者抢救费用超过机动车强制保险责任限额，需要支付被侵权人人身伤亡的抢救、丧葬等费用的，由道路交通事故社会救助基金垫付。道路交通事故社会救助基金垫付后，其管理机构有权向交通事故责任人追偿。

所以，道路交通事故社会救助基金的管理机构有权向朱某追偿其垫付的费用。

940.下班后林某免费搭乘同事王某的轿车回家,不慎发生交通事故,事故责任在于王某一方,林某受重伤。请问,王某是否应当承担侵权责任?为什么?

答:首先,王某应当承担侵权责任。其次,如果王某主观上对侵权损害没有故意或者重大过失,则应当减轻其赔偿责任。

民法典第一千二百一十七条规定:非营运机动车发生交通事故造成无偿搭乘人损害,属于该机动车一方责任的,应当减轻其赔偿责任,但是机动车使用人有故意或者重大过失的除外。

所以,王某的主观状态决定了其承担侵权责任之轻重。

第六章 医疗损害责任

941.李先生曾在医院做手术,术后身体出现不适症状,李先生认为不适症状系医院手术造成,遂诉至法院,请求医院承担赔偿责任。请问,在何种情况下李先生的主张能得到法院支持?为什么?

答:根据民法典第一千二百一十八条的规定,医疗损害责任是过错责任,也即必须满足以下要件,侵权责任方能成立:医疗机构或医疗人员实施了诊疗行为,患者受到损害,医疗机构或医疗人员具有过错,患者的损害与诊疗行为之间有因果关系。

因此,李先生的主张在满足上述要件的情况下,方能被法院支持。

942.李先生因腹泻在医院挂号就诊,在医院大厅内,由于天花板的告示牌过于老旧,年久失修,掉落后砸伤李先生。请问,李先生可否就此请求医院承担医疗损害责任?为什么?

答:不可以。

根据民法典第一千二百一十八条的规定,医疗损害责任必须是在诊疗活动中造成的损害,李先生被告示牌砸中受伤,并非在诊疗活动中受伤,因而不能请求医院承担医疗损害责任。但李先生依旧可以要求医院承担侵权责任,由于医院违反了安全保障义务,李先生可据此要求医院承担赔偿责任。

943.在下述哪些诊疗活动中,医务人员应当向患者说明医疗风险、替代医疗方案等情况,并取得其同意:切除小张病变的部分肝器官、给小杜移植心脏、给李先生做肠镜、给王先生做癌变化疗。

答:以上诊疗活动均需取得患者或其近亲属的同意。

民法典第一千二百一十九条的规定:需要实施手术、特殊检查、特殊治疗的,医务人员应当及时向患者具体说明医疗风险、替代医疗方案等情况,并取得其明确同意;不能或者不宜向患者说明的,应当向患者的近亲属说明,并取得其明确同意。

上述内容均属于本条规定的范畴。

944.王先生身体不适,去医院就诊,医院检查后发现王先生身患不治之症,为了不使王先生绝望,配合治疗,医院未将此结果告知王先生,但告知了王先生的配偶及父母,配偶及父母也均同意治疗。后王先生偶然得知自己已患不治之症,认为医院侵犯了其知情同意权。请问,是否有法律依据?为什么?

答:在此情形下,医院并未违反法律规定的义务。

民法典第一千二百一十九条第一款规定:医务人员在诊疗活动中应当向患者说明病情和医疗措施。需要实施手术、特殊检查、特殊治疗的,医务人员应当及时向患者具体说明医疗风险、替代医疗方案等情况,并取得其明确同意;不能或者不宜向患者说明的,应当向患者的近亲属说明,并取得其明确同意。

若医院将身患不治之症的消息告知王先生,王先生可能会产生悲观厌世情绪,不再积极配合治疗,因此医院向王先生配偶及父母说明,并取得其同意,符合法律规定。

945.王先生身体不适,在医院就诊,医生诊断后,告诉王先生病情,建议王先生进行手术,并告知其手术费用,但忘记告知王先生此手术可能出现后遗症。王先生同意手术,术后出现后遗症,诉请医院承担赔偿责任,医院认为,医生在手术过程中符合规范,此后遗症是同类型手术的大概率现象,医院不承担责任。请问,医院的抗辩理由是否成立?为什么?

答:不能成立。

根据民法典第一千二百一十九条的规定,需要实施手术的,医务人员应当及时向患者具体说明医疗风险、替代医疗方案等情况,并取得患者或其近亲属明确同意,医务人员未尽到此义务,造成患者损害的,医疗机构应当承担赔偿责任。

医生未告知王先生出现后遗症的风险,违反了此项义务,造成王先生的损害，应当承担赔偿责任。

946.李先生在上班途中突然昏迷，被路人送至医院，医生判断是急性疾病发作，必须立刻进行手术，否则会有生命危险。事出突然，医院无法联系到李先生的近亲属，经院长批准，医生紧急手术，挽回李先生生命。后李先生以手术未经过其本人同意，请求医院承担责任，是否有法律依据？为什么？

答：在此情形下，李先生不能以手术未经自己同意为由，请求医院承担责任。

民法典第一千二百二十条规定：因抢救生命垂危的患者等紧急情况，不能取得患者或者其近亲属意见的，经医疗机构负责人或者授权的负责人批准，可以立即实施相应的医疗措施。

医院的此种处理方法合乎法律。

947.医院在下述何种情形下，将被法律推定在诊疗活动中具有过错：违反法律有关诊疗规范的规定、拒绝提供患者的病历、遗失患者的病历、篡改患者的病历。

答：上述情形均将导致医院被法律推定在诊疗活动中具有过错。

民法典第一千二百二十二条规定：患者在诊疗活动中受到损害，有下列情形之一的，推定医疗机构有过错：

（一）违反法律、行政法规、规章以及其他有关诊疗规范的规定；

（二）隐匿或者拒绝提供与纠纷有关的病历资料；

（三）遗失、伪造、篡改或者违法销毁病历资料。

上述情形均为本条明确列出的情形。

948.李女士在医院分娩过程中，因失血过多，医院为其输入血液。后经查明，该血液制品不合格，因而导致李女士身体损伤，李女士要求医院承担赔偿责任。请问，医院能否以血液制品并非自己生产为由抗辩，不承担责任？为什么？

答：不能。

根据民法典第一千二百二十三条的规定，因输入不合格的血液造成患者损害，患者可以向生产者、血液提供机构请求赔偿，也可以向医疗机构请求赔偿。

因此，如果李女士向医院提出请求，要求医院承担赔偿责任，医院不能拒绝，但医院在赔偿后，有权向负有责任的生产者、血液提供机构追偿。

949. 李先生身体不适，遂去医院就诊，检查结果出来以后，医生详细告知疾病情况，并建议尽快手术，明确告知李先生，若放任不管，疾病会有诸多恶化的风险。李先生想起算命先生曾说，自己今年不适宜开刀，尽管医生已详尽告知风险，他仍拒绝手术。后疾病恶化，李先生能否请求医院承担医疗损害责任？

答：不能。

根据民法典第一千二百二十四条第一款第一项的规定，患者如果不配合医疗机构进行符合诊疗规范的诊疗，则医疗机构不承担赔偿责任。

李先生在医生详细告知病情后仍一意孤行，拒绝符合诊疗规范的手术建议，应当自己承担责任。

根据民法典第一千二百二十四条的规定，在患者拒不配合的情形下，医疗机构或者其医务人员也有过错的，应当承担相应的赔偿责任。

本题中医院不存在过错，因此上述情形医院不承担赔偿责任。

950. 李女士在剖宫产过程中，生命垂危，情况紧急，医院为挽救其生命紧急切除其子宫。李女士苏醒以后，认为医院未能进行论证，未能提供救助自己的最佳方式，因而要求医院承担损害赔偿责任。请问，这能否得到法院支持？为什么？

答：此情形医院无需承担责任。

根据民法典第一千二百二十四条第一款第二项的规定，患者在诊疗活动中受到损害，但医务人员在抢救生命垂危的患者等紧急情况下已经尽到合理诊疗义务的，医疗机构不承担赔偿责任。

在紧急情形下，医院没有时间，无法如普通诊疗活动一样细致严谨，苛责医院在此种情形下承担责任是不公平的。

951. 张女士身患某种软组织肿瘤，此疾病在世界范围内都较罕见，国内的技术水平尚无法判断此种疾病，限于医疗水平，医生误诊为癌症，导致其半边乳房被切除，张女士认为医院行为对自己造成损害。请问，张女士是否能请求医院承担赔偿责任？

答：不能。

根据民法典第一千二百二十四条第一款第三项规定，虽然患者在诊疗活动中受到损害，但限于当时的医疗水平难以诊疗的，医疗机构不承担赔偿责任。

张女士虽然遭受损害，但是原因在于医疗水平的限制，因此医院不承担赔偿责任。

952.张女士因病在甲医院就诊，后因需转至乙医院，张女士请求甲医院提供自己就诊及手术记录等，被甲医院拒绝。甲医院称相关病历资料属于医院内部资料，不便提供。请问，甲医院的主张是否有依据？为什么？

答：甲医院的主张没有依据。

民法典第一千二百二十五条规定：医疗机构及其医务人员应当按照规定填写并妥善保管住院志、医嘱单、检验报告、手术及麻醉记录、病理资料、护理记录等病历资料。

患者要求查阅、复制前款规定的病历资料的，医疗机构应当及时提供。

张女士作为患者，要求查阅或复制病历资料，医院应当及时提供。

953.张女士为明星，某日因身体不适到医院就诊，查出癌症。护士小王无意间发现张女士的病历，大感惊奇，遂将张女士的病情公开发布在社交平台上，请求大家好好珍惜张女士的最后时光。请问，护士小王的做法是否妥当？为什么？

答：不妥当。

民法典第一千二百二十六条规定：医疗机构及其医务人员应当对患者的隐私和个人信息保密。泄露患者的隐私和个人信息，或者未经患者同意公开其病历资料的，应当承担侵权责任。

张女士的病情属于其个人隐私，护士小王未经同意便公开发布，应当承担侵权责任。

第七章　环境污染和生态破坏责任

954.环境污染和生态破坏责任的归责原则是什么？

答：环境污染和生态破坏责任是无过错责任。

民法典第一千二百二十九条规定：因污染环境、破坏生态造成他人损害的，侵权人应当承担侵权责任。

即环境污染和生态破坏责任的构成要件中，不要求污染环境、破坏生态行为实施者要有过错，只要实施了环境污染和生态破坏行为，造成了损害，二者有因果关系，就应当承担责任。

955.李先生在郊区开办冶炼厂，冶炼过程中产生的废水废料均按国家标准处理后排放。经年累月后，附近养殖场的母鸡产蛋量下降，死亡率上升，经查与李先生的冶炼厂废水废料污染有因果关系，养殖场场主据此要求李先生承担赔偿责任。李先生能否以排污符合国家标准为由拒绝赔偿？

答：不能。

民法典第一千二百二十九条规定：因污染环境、破坏生态造成他人损害的，侵权人应当承担侵权责任。

本题中，李先生的排污厂实施了污染环境的排污行为，且造成了养殖场场主的损害，符合民法典本条的规定，即使符合国家标准，处理废水废料过程中没有过错，但排污行为本身造成损害，依旧要承担赔偿责任。

956.李先生在山区建设工厂，产生的废气按照国家标准处理后排放，某日，王先生乘坐火车到某市出差，途中路过此山区，其间王先生未曾下车，次日王先生呼吸系统出现不适，认为是途中路过的工厂排放废气导致，要求李先生赔偿。请问，王先生是否不需要承担任何举证责任？

答：不是。

民法典第一千二百三十条规定：因污染环境、破坏生态发生纠纷，行为人应当就法律规定的不承担责任或者减轻责任的情形及其行为与损害之间不存在因果关系承担举证责任。

规定环境污染责任采取因果关系推定原则，但并不意味着受害人无需承担任何举证责任，受害人应当提供初步或者盖然性的证据，建立污染行为与损害之间的初步联系。

957.王先生在山区承包了一片果园，李先生在山区建设工厂，王先生发现，自从工厂开始运行之后，果园里的果树开始有病死现象，认为是工厂污水排放导致，要求李先生赔偿。李先生认为王先生没有证据证明，果树病死是污水排放所致，因而不予赔偿。请问，李先生的主张是否有法律依据？为什么？

答：李先生的主张没有法律依据。

民法典第一千二百三十条规定：因污染环境、破坏生态发生纠纷，行为人应当就法律规定的不承担责任或者减轻责任的情形及其行为与损害之间不存在因果关系承担举证责任。

也即环境污染责任采取因果关系推定原则，由于环境污染和生态破坏往往有长期性、复杂性的特点，加上技术手段的局限，因果关系的存在证明难度较高，且环境污染和生态破坏的后果较为严重，所以法律规定采取推定因果关系，以增强对环境和生态的保护。

本题中，应当由李先生证明，果树病死并非污水排放所致，否则就应当予以赔偿。

958.若有两个以上污染者同时实施污染环境行为，在判断其各自责任大小时，应当考虑以下哪些要素：污染物的种类、污染物的排放量、污染物的浓度、污染行为对损害后果所起的作用。

答：上述要素均需要考虑。

民法典第一千二百三十一条规定：两个以上侵权人污染环境、破坏生态的，承担责任的大小，根据污染物的种类、浓度、排放量，破坏生态的方式、范围、程度，以及行为对损害后果所起的作用等因素确定。

因此，上述因素都要纳入考量范围。

959.张先生与李先生分别在河流上游开办工厂，过程中出现的废水均按国家标准处理后排放，导致下游何先生的鱼塘中鱼苗大面积死亡。经查，张先生与李先生的单独排放均不会造成鱼苗的死亡，但二者共同排放与鱼苗死亡有因果关系，张先生与李先生是否应当承担赔偿责任？为什么？

答：应当承担。

民法典第一千二百二十九条规定：因污染环境、破坏生态造成他人损害的，侵权人应当承担侵权责任。

民法典第一千二百三十一条规定：两个以上侵权人污染环境、破坏生态的，承担责任的大小，根据污染物的种类、浓度、排放量，破坏生态的方式、范围、程度，以及行为对损害后果所起的作用等因素确定。

因此张先生与李先生实施了排污行为，且二者的排放行为共同造成了何先生的损失，应当按照污染物的种类、浓度、排放量，破坏生态的方式、范围、程度，以及行为对损害后果所起的作用等要素承担责任。

960.环境污染、生态破坏责任中是否存在惩罚性赔偿？如果有，其构成要件是什么？

答：环境污染、生态破坏责任存在惩罚性赔偿。

民法典第一千二百三十二条规定：侵权人违反法律规定故意污染环境、破坏生态造成严重后果的，被侵权人有权请求相应的惩罚性赔偿。

也即若行为人的主观上为故意，且造成了严重后果，则被侵权人有权主张惩罚性赔偿，此时赔偿数额不以被侵权人的损失为限，以示对侵权人行为的否定与惩罚，敦促侵权人保护环境与生态。

961.李先生在山区开办工厂，为了不污染环境，安装了废水处理装置。某日小张路过废水池时，不小心将废水处理器的阀门踢坏，但小张和李先生均不知情。次日工厂照常排污，由于阀门被破坏，污水未经处理便汇入河流，造成下游王先生的鱼苗大面积死亡。王先生能否要求李先生承担环境污染责任？为什么？

答：可以。

民法典第一千二百三十三条规定：因第三人的过错污染环境、破坏生态的，被侵权人可以向侵权人请求赔偿，也可以向第三人请求赔偿。侵权人赔偿后，有权向第三人追偿。

本题中，因为小张的过错，李先生的工厂排放的污水产生了污染环境的后果，王先生可以向李先生请求赔偿，李先生承担赔偿责任后，可以向小张追偿。

962.若侵权人违反国家规定，造成生态环境损害，除了赔偿责任以外，还应当承担哪些责任？

答：生态环境能够修复的，还应当承担修复责任。

民法典第一千二百三十四条规定：违反国家规定造成生态环境损害，生态环境能够修复的，国家规定的机关或者法律规定的组织有权请求侵权人在合理期限内承担修复责任。侵权人在期限内未修复的，国家规定的机关或者法律规定的组织可以自行或者委托他人进行修复，所需费用由侵权人负担。

963.若侵权人违反国家规定，造成生态环境损害，其赔偿责任的范围包含下列哪些部分：调查与评估损害的费用、清除污染的费用、修复生态环境的费用、防止损害扩大所支出的合理费用。

答：上述费用均为赔偿责任包含的范围。

民法典第一千二百三十五条规定：违反国家规定造成生态环境损害的，国家规定的机关或者法律规定的组织有权请求侵权人赔偿下列损失和费用：

（一）生态环境受到损害至修复完成期间服务功能丧失导致的损失；

（二）生态环境功能永久性损害造成的损失；

（三）生态环境损害调查、鉴定评估等费用；

（四）清除污染、修复生态环境费用；

（五）防止损害的发生和扩大所支出的合理费用。

上述所列损失和产生的费用均为民法典明确规定的内容。

964.若侵权人造成生态环境损害，是否仅能由私人主体请求侵权人承担责任？

答：不是。国家规定的机关或者法律规定的组织也有权请求侵权人承担修复环境、赔偿损失的责任。

根据民法典第一千二百三十四条、第一千二百三十五条的规定，违反国家规定造成生态环境损害，国家规定的机关或者法律规定的组织有权请求侵权人在合理期限内承担修复责任。也有权请求侵权人赔偿损失和费用。

第八章　高度危险责任

965.我国民法典中分别列举了哪些高度危险责任，其一般归责原则是什么？

答：民法典第一千二百三十六条对高度危险责任作出一般性的规定，明确高度危险责任为无过错责任。民法典第一千二百三十七条至第一千二百四十四条分别列举了民用核设施致害责任，民用航空器致害责任，高度危险物致害责任，高空、高压、地下挖掘活动致害责任和高速轨道运输工具致害责任，对上述类型的高度危险责任分别予以规定，并规定了责任主体和赔偿限额。

966.如果民用核设施发生核事故，造成他人损害，在何种情形下，民用核设施的营运单位可以不承担侵权责任？

答：若民用核设施的营运单位能够证明，造成损害的原因是战争、武装冲突、暴乱等情形或受害人故意造成的，则不承担责任。

民法典第一千二百三十七条规定：民用核设施或者运入运出核设施的核材料发生核事故造成他人损害的，民用核设施的营运单位应当承担侵权责任；但是，能够证明损害是因战争、武装冲突、暴乱等情形或者受害人故意造成的，不承担责任。

967.王先生因出差所需，乘坐××航空公司的飞机，从北京飞往上海，途中因为飞机颠簸，磕伤头部。请问，在何种情形下，××航空公司不承担侵权责任？

答：××航空公司如能证明，王先生的头部磕伤是其故意所为，则不承担侵权责任。

民法典第一千二百三十八条规定：民用航空器造成他人损害的，民用航空器的经营者应当承担侵权责任；但是，能够证明损害是因受害人故意造成的，不承担责任。

民用航空器致害责任，受害人故意是侵权人的免责事由。

968.李先生开办烟花爆竹厂，厂门无锁，院内也无警告标志。某日，村民小张进厂内上厕所，途中将未熄灭的烟头扔在地上，引燃了地上残留的火药，造成村民小张全身大面积烧伤。此种情形下，小张能否要求李先生承担侵权责任？为什么？

答：可以。

根据民法典第一千二百三十九条的规定，占有或者使用易燃、易爆等高度危险物造成他人损害的，占有人或者使用人应当承担侵权责任。

本题中李先生开设烟花爆竹厂，厂内有火药残留，造成村民小张的损害，应当承担侵权责任。

969.李先生开办烟花爆竹厂，厂门上锁，院内有多处禁止烟火的警告标志，厂门外面也有多处禁火标志。某日，村民小张撬开门锁，进厂内上厕所，途中将未熄灭的烟头扔在地上，引燃了地上残留的火药，造成村民小张全身大面积烧伤。此种情形下，小张能否要求李先生承担侵权责任？为什么？

答：可以，但李先生的责任可以减轻。

民法典第一千二百三十九条规定：占有或者使用易燃、易爆、剧毒、高放射性、强腐蚀性、高致病性等高度危险物造成他人损害的，占有人或者使用人应当承担侵权责任；但是，能够证明损害是因受害人故意或者不可抗力造成的，不承担责任。被侵权人对损害的发生有重大过失的，可以减轻占有人或者使用人的责任。

本题中李先生给厂门上锁，设立了警告标志承担了警示义务，小张撬锁进厂，且无视警告标志，具有重大过失，因此可以减轻李先生的责任。

970.李先生开办工厂，生产有剧毒的化学物品，在专用仓库单独存放，在正常情况下绝对不会外泄。某日当地发生大地震，将仓库损毁，含有剧毒的化学物品外泄，造成小张呼吸系统严重受损。小张能否请求李先生承担赔偿责任？

答：不能。

民法典第一千二百三十九条规定：占有或者使用易燃、易爆、剧毒、高放射性、强腐蚀性、高致病性等高度危险物造成他人损害的，占有人或者使用人应当承担侵权责任；但是，能够证明损害是因受害人故意或者不可抗力造成的，不承担责任。被侵权人对损害的发生有重大过失的，可以减轻占有人或者使用人的责任。

本题中，地震为不可抗力因素，由于地震造成化学品外泄致人损害的，李先生不承担责任。

971.甲村庄附近有条铁路经过，附近的防护网年久失修，脱落殆尽，附近也没有任何警告标志。某日，隔壁村小李从此处经过，不幸被火车撞到，当场死亡。请问，铁路局是否应当承担侵权责任？

答：承担侵权责任。

民法典第一千二百四十条规定：从事高空、高压、地下挖掘活动或者使用高速轨道运输工具造成他人损害的，经营者应当承担侵权责任；但是，能够证明损害是因受害人故意或者不可抗力造成的，不承担责任。被侵权人对损害的发生有重大过失的，可以减轻经营者的责任。

本题中铁路局的火车造成小李死亡，应当承担侵权责任。

972.甲村庄附近有条铁路经过，附近的防护网年久失修，脱落殆尽，附近也没有任何警告标志。村民小李由于感情受挫，萌生轻生念头，留下自杀信件后，决定卧轨。火车经过时，村民小李当即死亡。请问，铁路局是否应当承担侵权责任？

答：不承担责任。

民法典第一千二百四十条规定：从事高空、高压、地下挖掘活动或者使用高速轨道运输工具造成他人损害的，经营者应当承担侵权责任；但是，能够证明损害是因受害人故意或者不可抗力造成的,不承担责任。被侵权人对损害的发生有重大过失的,可以减轻经营者的责任。

本题中,村民小李的死亡是其故意造成的,因而铁路局免责,不承担责任。

973.李先生开办烟花爆竹厂,制作烟花爆竹需要的火药过多,仓库堆放不下,因而丢弃一桶火药在路旁。村民小王路过,不知桶内为何物,将桶捡回家中,途中吸烟时,误将火药点燃,将自己烧成重伤。请问,小王能否请求李先生赔偿?为什么?

答:可以。

民法典第一千二百四十一条规定:遗失、抛弃高度危险物造成他人损害的,由所有人承担侵权责任。所有人将高度危险物交由他人管理的,由管理人承担侵权责任;所有人有过错的,与管理人承担连带责任。

李先生作为火药的所有人,丢弃火药,造成村民小王的损害,应当承担侵权责任。

974.李先生开办烟花爆竹厂,制作烟花爆竹需要的火药过多,仓库堆放不下,因而租用张先生的库房进行储存,李先生向张先生告知储存物易燃,但未告知储存物为火药。后张先生的仓库堆放不下,因而丢弃一桶火药在路旁。村民小王路过,将桶捡回家中,途中吸烟时,误将火药点燃,将自己烧成重伤。小王能向谁请求赔偿?为什么?

答:小王可以请求李先生和张先生承担赔偿责任。

民法典第一千二百四十一条规定:遗失、抛弃高度危险物造成他人损害的,由所有人承担侵权责任。所有人将高度危险物交由他人管理的,由管理人承担侵权责任;所有人有过错的,与管理人承担连带责任。

李先生作为火药所有人,未能向张先生说明储存物为火药,有过错,应当与管理人张先生承担连带责任。

975.李先生开办烟花爆竹厂,制作烟花爆竹需要的火药单独存放,仓库上锁,标有易燃易爆标志,安装防盗装置,且派小张全天看管。某日,犯罪团伙暴力击晕小张,摧毁防盗装置及门锁,抢走仓库内火药。犯罪团伙在运输过程中过于暴力导致火药爆炸,造成路人小王受伤。请问,小王应当向谁请求赔偿,为什么?

答:小王应当向犯罪团伙请求赔偿。

民法典第一千二百四十二条规定：非法占有高度危险物造成他人损害的，由非法占有人承担侵权责任。所有人、管理人不能证明对防止非法占有尽到高度注意义务的，与非法占有人承担连带责任。

本题中李先生已尽到高度注意义务，可以不承担责任。

976. 李先生开办烟花爆竹厂，制作烟花爆竹需要的火药单独存放，仓库无锁，某日，盗窃犯盗走仓库内火药。盗窃犯在运输过程中过于暴力导致火药爆炸，造成路人小王受伤。请问，小王应当向谁请求赔偿？为什么？

答：小王可以向李先生或盗窃犯请求赔偿。

民法典第一千二百四十二条规定：非法占有高度危险物造成他人损害的，由非法占有人承担侵权责任。所有人、管理人不能证明对防止非法占有尽到高度注意义务的，与非法占有人承担连带责任。

本题中李先生未能尽到高度注意义务，应当与盗窃犯承担连带责任。

977. 高度危险责任的赔偿责任是否有限额，如果有限额，是否有例外情形？

答：法律规定有限额的，高度危险责任的赔偿最高额度遵照法律的规定；但侵权人有故意和重大过失的，不依照限额规定。

民法典第一千二百四十四条规定：承担高度危险责任，法律规定赔偿限额的，依照其规定，但是行为人有故意或者重大过失的除外。

第九章　饲养动物损害责任

978. 李先生一家外出郊游，夜晚在山上扎营，不幸被野外蜜蜂蛰伤，在医院就诊，花去千余元。请问，李先生能否向他人主张饲养动物损害责任赔偿？为什么？

答：不能。

民法典第一千二百四十五条规定：饲养的动物造成他人损害的，动物饲养人或者管理人应当承担侵权责任；但是，能够证明损害是因被侵权人故意或者重大过失造成的，可以不承担或者减轻责任。

该题中野外蜜蜂不是被饲养的动物，而是野外动物，无人饲养，不存在动物饲养人或者管理人，因而李先生无法主张饲养动物损害责任赔偿。

979. 李先生家中养了一只乌龟，某日李先生将乌龟从阳台扔下，恰好砸中路边行人王先生，将王先生砸伤。请问，王先生能否向李先生主张饲养动物损害责任赔偿？为什么？

答：不能。

民法典第一千二百四十五条规定：饲养的动物造成他人损害的，动物饲养人或者管理人应当承担侵权责任；但是，能够证明损害是因被侵权人故意或者重大过失造成的，可以不承担或者减轻责任。

本题中，李先生的乌龟砸伤人并非乌龟本身的危险导致的，而是李先生高空抛物的行为导致的，因此不属于饲养动物损害责任。王先生可请求李先生承担从建筑物中抛掷物品致害的责任。

980. 饲养动物损害责任的一般归责原则是什么？

答：在一般情况下，饲养动物损害责任是无过错责任。

民法典第一千二百四十五条规定：饲养的动物造成他人损害的，动物饲养人或者管理人应当承担侵权责任；但是，能够证明损害是因被侵权人故意或者重大过失造成的，可以不承担或者减轻责任。

根据民法典，本条中，饲养动物损害责任的构成要件，仅有饲养动物行为及他人损害结果，以及根据"造成"可解释出的因果关系要件，并无对侵权行为人的主观心态要求，即不要求饲养动物人主观上有过错，也即在一般情况下，饲养动物损害责任是无过错责任。

近年来宠物伤人事件频发，规定无过错责任是为了敦促饲养人遵守规定，防止饲养动物给他人造成损害。

981. 李先生养了一只宠物狗，某日遛狗时，没有按照规定给狗戴嘴套，也没有牵狗绳。遛狗途中，行人王先生不小心踩到狗爪，宠物狗受惊冲出，咬伤王先生。请问，王先生能否请求李先生承担全部的饲养动物损害责任？为什么？

答：可以。

民法典第一千二百四十六条规定：违反管理规定，未对动物采取安全措施造成他人损害的，动物饲养人或者管理人应当承担侵权责任；但是，能够证明损害是因被侵权人故意造成的，可以减轻责任。

本题中，李先生违反管理规定，纵使王先生不小心踩到狗爪，但也不构成故意，不能成为李先生的减责和免责事由，因而李先生应当承担全部责任。

982. 李先生养了一只宠物狗，某日遛狗时，按照规定给狗戴嘴套，也拴了牵狗绳。遛狗途中，行人王先生故意激怒宠物狗，并将手伸进宠物狗嘴中，宠物狗受惊咬伤王先生。请问，王先生能否请求李先生承担全部的饲养动物损害责任？为什么？

答：不能。

民法典第一千二百四十五条规定：饲养的动物造成他人损害的，动物饲养人或者管理人应当承担侵权责任；但是，能够证明损害是因被侵权人故意或者重大过失造成的，可以不承担或者减轻责任。

即被侵权人有故意或重大过失，是饲养动物损害责任的减轻或免除事由。

本题中，王先生故意挑逗宠物狗，因而不能请求李先生承担全部的饲养动物损害责任。

983. 李先生偷偷饲养了禁止饲养的烈性犬，某日遛狗时，按照规定给狗戴了嘴套，也拴了牵狗绳。遛狗途中，行人王先生挑逗狗，结果被烈性犬咬成重伤。请问，王先生能否请求李先生承担全部的饲养动物损害责任？为什么？

答：可以。

民法典第一千二百四十七条规定：禁止饲养的烈性犬等危险动物造成他人损害的，动物饲养人或者管理人应当承担侵权责任。

本条并未规定减责事由，原因在于，国家禁止饲养的烈性犬或其他危险动物本身具有严重危险，饲养人如果违反国家规定，偷偷饲养，会给公共安全造成极大隐患，本身便属于法律不可容忍的危险。给他人造成损害的，即使受害人有重大过失，也不能减轻或免除责任。李先生违反规定偷偷饲养，即使遛狗时按照规定做了防护措施，行人王先生也有重大过失，也不能成为免责或减责事由，李先生应当承担全部责任。

984. 相较于饲养动物损害责任的一般归责原则，动物园的动物造成损害的，动物园承担责任的归责原则有无特殊之处？

答：动物园的饲养动物损害责任是过错推定责任，也即动物园饲养的动物造成损害的，推定动物园具有过错，但动物园能证明自己没有过错的，不承担责任。

民法典第一千二百四十八条规定：动物园的动物造成他人损害的，动物园应当承担侵权责任；但是，能够证明尽到管理职责的，不承担侵权责任。

如此规定给予了动物园一定程度的宽容与优待。

985.动物园的动物造成他人损害的，动物园在何种情形下不承担侵权责任？

答：动物园如能证明自己已尽到管理职责的，不承担侵权责任。

民法典第一千二百四十八条规定：动物园的动物造成他人损害的，动物园应当承担侵权责任；但是，能够证明尽到管理职责的，不承担侵权责任。

实践中，动物园是否已尽到管理职责，应当根据具体案情具体分析，一般情况下，动物园需要设置安全围栏，设立明显的警告标志，还应当配备专业的管理人员，管理游客行为，保护游客安全等。

986.李先生饲养了一只小猫，几个月后，李先生认为小猫没有想象的可爱，且饲养成本高昂，遂将小猫丢弃。小猫在流浪期间，将行人王先生抓伤。请问，王先生能否请求李先生承担赔偿责任？为什么？

答：可以。

民法典第一千二百四十九条规定：遗弃、逃逸的动物在遗弃、逃逸期间造成他人损害的，由动物原饲养人或者管理人承担侵权责任。

本题中，小猫被李先生遗弃后，在遗弃期间造成王先生的损伤，应当由动物原饲养人李先生承担侵权责任。

987.李先生养了一只宠物狗，某日遛狗时，按照规定给狗戴了嘴套，也拴了牵狗绳。遛狗途中，行人王先生趁李先生不备，解开狗的嘴套和牵狗绳，并挑逗狗，导致宠物狗冲出，咬伤路人张先生。请问，张先生可向谁主张赔偿责任？

答：张先生可向李先生或王先生主张赔偿责任。

民法典第一千二百五十条规定：因第三人的过错致使动物造成他人损害的，被侵权人可以向动物饲养人或者管理人请求赔偿，也可以向第三人请求赔偿。动物饲养人或者管理人赔偿后，有权向第三人追偿。

本题中因为第三人王先生的过错，导致张先生受损害，张先生可向宠物饲养人李先生或有过错的第三人王先生主张赔偿责任。

988.李先生养了一只宠物狗，某日遛狗时，按照规定给狗戴了嘴套，也拴了牵狗绳。遛狗途中，行人王先生趁李先生不备，解开狗的嘴套和狗绳，并挑逗狗，导致宠物狗冲出，咬伤路人张先生。张先生向李先生主张赔偿责任，李先生承担赔偿责任后能否向王先生追偿？

答：可以。

民法典第一千二百五十条规定：因第三人的过错致使动物造成他人损害的，被侵权人可以向动物饲养人或者管理人请求赔偿，也可以向第三人请求赔偿。动物饲养人或者管理人赔偿后，有权向第三人追偿。

本题中，李先生作为动物饲养人，向张先生承担赔偿责任后有权向有过错的第三人王先生追偿。

第十章 建筑物和物件损害责任

989.建筑物倒塌造成他人损害的，有可能承担责任的主体都有哪些？

答：建筑物倒塌致损的，可能承担责任的主体有：建筑的建设单位与施工单位，所有人、管理人、使用人或者第三人。

民法典第一千二百五十二条规定：建筑物、构筑物或者其他设施倒塌、塌陷造成他人损害的，由建设单位与施工单位承担连带责任，但是建设单位与施工单位能够证明不存在质量缺陷的除外。建设单位、施工单位赔偿后，有其他责任人的，有权向其他责任人追偿。

因所有人、管理人、使用人或者第三人的原因，建筑物、构筑物或者其他设施倒塌、塌陷造成他人损害的，由所有人、管理人、使用人或者第三人承担侵权责任。

990.李先生经营一家餐馆，聘请张先生的装修团队装置招牌，装好之后，李先生没有查验便投入使用。某日，招牌掉落，砸中行人王先生，致其重伤。请问，王先生可以向谁主张赔偿责任？

答：王先生可以向李先生主张赔偿责任。

民法典第一千二百五十三条规定：建筑物、构筑物或者其他设施及其搁置物、悬挂物发生脱落、坠落造成他人损害，所有人、管理人或者使用人不能证明自己没有过错的，应当承担侵权责任。所有人、管理人或者使用人赔偿后，有其他责任人的，有权向其他责任人追偿。

本题中，李先生没有查验便投入使用，不能证明自己没有过错，若李先生赔偿之后，有证据证明是张先生装修有缺陷，则可以向张先生追偿。

991.李先生在高楼居住，某日，李先生因不想下楼扔垃圾，直接将垃圾袋从阳台抛出，不幸砸中路人王先生，造成其重伤。请问，王先生能否向李先生请求损害赔偿？

答：可以。

民法典第一千二百五十四条第一款规定：禁止从建筑物中抛掷物品。从建筑物中抛掷物品或者从建筑物上坠落的物品造成他人损害的，由侵权人依法承担侵权责任；经调查难以确定具体侵权人的，除能够证明自己不是侵权人的外，由可能加害的建筑物使用人给予补偿。可能加害的建筑物使用人补偿后，有权向侵权人追偿。

近年来高空抛物致人损伤的事件时有发生，高空抛物者应当承担侵权责任。

992.某日路人王先生在行走途中被楼上掉下的烟灰缸砸成重伤。公安机关介入后，由于没有监控录像和目击证人，未能找到加害人，此种情形下，王先生能否请求损害赔偿？

答：可以。

民法典第一千二百五十四条第一款规定：禁止从建筑物中抛掷物品。从建筑物中抛掷物品或者从建筑物上坠落的物品造成他人损害的，由侵权人依法承担侵权责任；经调查难以确定具体侵权人的，除能够证明自己不是侵权人的外，由可能加害的建筑物使用人给予补偿。可能加害的建筑物使用人补偿后，有权向侵权人追偿。

本题中，公安机关未能找到侵权人，则居住楼上的所有住户，除能证明自己不是侵权人的以外，均需给予王先生补偿。

993.某日路人王先生在行走途中被楼上掉下的烟灰缸砸成重伤。公安机关介入后，由于没有监控录像和目击证人，未能找到加害人，住在一楼的张先生实验鉴定证明，从一楼抛出烟灰缸绝对无法将人砸成重伤。请问，张先生是否需要向王先生承担补偿责任？

答：不需要。

民法典第一千二百五十四条第一款规定：禁止从建筑物中抛掷物品。从建筑物中抛掷物品或者从建筑物上坠落的物品造成他人损害的，由侵权人依法承担侵权责任；经调查难以确定具体侵权人的，除能够证明自己不是侵权人的外，由可能加害的建筑物使用人给予补偿。可能加害的建筑物使用人补偿后，有权向侵权人追偿。

本题中，张先生已证明自己不可能是侵权人，因而不用承担补偿责任。

994. 某日路人王先生在行走途中被楼上掉下的烟灰缸砸成重伤。公安机关介入后，由于没有监控录像和目击证人，未能找到加害人。经查，此小区月内已发生数次高空抛物伤人事件，物业并未采取任何措施防止此类事件再次发生。请问，王先生能否请求小区物业承担损害赔偿责任？

答：可以。

民法典第一千二百五十四条第二款规定：物业服务企业等建筑物管理人应当采取必要的安全保障措施防止前款规定情形的发生；未采取必要的安全保障措施的，应当依法承担未履行安全保障义务的侵权责任。

本题中，小区月内已多次发生高空抛物伤人事件，物业并未采取安全保障措施防止高空抛物情形发生，应当承担责任。

995. 某日路人王先生在行走途中被楼上掉下的烟灰缸砸成重伤，由于没有监控录像和目击证人，未能找到加害人。请问，王先生是否只能自己寻找加害人？

答：可以请求公安等机关予以调查，公安机关应当调查。

民法典第一千二百五十四条第三款规定：发生本条第一款规定的情形的，公安等机关应当依法及时调查，查清责任人。

由于高空抛物行为恶劣，且极易造成人员伤亡，还有可能构成刑事责任，因此民法典规定公安等机关也应当及时调查，公权力的介入有利于早日确定加害人，以便后续民事甚至刑事责任的承担，遏制高空抛物的不良风气。

996. 张先生为盖菜园，将土堆和砖块放在家门口附近的公共道路上，邻居发现后，向公共道路管理部门说明此情况。公共道路管理部门未敦促张先生清理，也没有在附近放置防护栏和警告标志。夜晚，路人王先生不慎被砖块绊倒，摔倒受伤。请问，王先生应该请求谁承担赔偿责任？

答：张先生和公共道路管理部门均应承担责任。

民法典第一千二百五十六条规定：在公共道路上堆放、倾倒、遗撒妨碍通行的物品造成他人损害的，由行为人承担侵权责任。公共道路管理人不能证明已经尽到清理、防护、警示等义务的，应当承担相应的责任。

本题中，张先生在公共道路上堆放物品，公共道路管理部门知情后未能尽到义务，造成王先生的损伤，因此张先生和公共道路管理部门都应承担责任。

997. 堆放物倒塌、滚落或者滑落致害责任，因林木折断、倾倒或者果实坠落等致害责任，此两种责任的归责原则是什么？

答：过错推定原则。

民法典第一千二百五十五条和第一千二百五十七条分别规定了堆放物倒塌、滚落或者滑落致害责任和因林木折断、倾倒或者果实坠落等致害责任，由堆放人或林木的所有人或者管理人证明自己没有过错，否则就应当承担侵权责任。

998. 施工团队为了铺设暖气通道开挖路面，王先生夜晚开车经过道路时不慎跌入路坑，造成车辆剐蹭。经查，附近没有明显标志，也没有围栏。王先生能否请求施工团队承担赔偿责任？

答：可以。

民法典第一千二百五十八条第一款规定：在公共场所或者道路上挖掘、修缮安装地下设施等造成他人损害，施工人不能证明已经设置明显标志和采取安全措施的，应当承担侵权责任。

本题中，施工团队在公共道路上挖掘，没有放置明显标志，也没有采取安全措施，应当承担侵权责任。

999. 甲自来水公司在阳光小区进行管道维修工程，因开挖下水道，造成小区路面上出现大坑，自来水公司在大坑边树立一深色警戒牌，提醒小区居民不要靠近。当天夜晚，因光线不好，小区居民刘某下班途中掉入大坑，造成左腿骨折，被人发现后刘某被送往医院治疗，花费医疗费5000元。请问，刘某能否请求甲自来水公司赔偿损失？为什么？

答：能。

民法典第一千二百五十八条规定：在公共场所或者道路上挖掘、修缮安装地下设施等造成他人损害，施工人不能证明已经设置明显标志和采取安全措施的，应当承担侵权责任。

甲自来水公司虽然设置了警戒牌，但没有考虑到该警戒牌为深色，在夜间一般无法看清，现有证据无法证明其已经尽到注意义务，应对刘某的损害承担赔偿责任。

1000. 张某夜间驾驶小汽车时发生爆胎，他换好轮胎后将废胎丢弃在道路上。后高中生小李骑自行车回家时碰到该废胎，自行车侧翻散架，李某左肩受伤，花费医疗费1万元。请问，李某能否要求张某赔偿医疗费？为什么？

答：能。

民法典第一千二百五十六条中规定：在公共道路上堆放、倾倒、遗撒妨碍通行的物品造成他人损害的，由行为人承担侵权责任。

所以，李某能够要求张某赔偿医疗费用。